大雅

为一种品格注脚

希尼系列

开垦地：

诗选 1966—1996（上）

［爱尔兰］谢默斯·希尼　著
Seamus Heaney

黄灿然　译

广西人民出版社

给玛丽

作者说明

这本书收录的诗作，比通常会收录在一本《诗选》里的要多些，又比一本《诗合集》要少些：它属于两类诗集之间的某个位置。

我趁机收录了几首没有包括在以前的诗集中的诗，并从我根据索福克勒斯《菲罗克忒忒斯》翻译而成的《特洛伊之疗》（1990）中摘取了几个短片段，形成一组诗。同样地，《斯威尼飞逃》是从我根据中世纪爱尔兰作品《斯威尼的疯狂》翻译而成的《斯威尼失常》（1983）中摘选的一个部分，该作品讲述斯威尼在莫伊拉之役中遭圣罗南诅咒，变成一只担惊受怕的飞行动物后的悔罪生活。

《停留站》曾于1975年以小册子形式，由乌尔斯特人出版社出版。最初的作品是1970年在伯克利写的。

组诗《斯泰逊岛》[①] 写的是一系列梦幻邂逅，以多尼戈尔郡一个小岛为背景。自中世纪以来，就有朝圣者去那个小岛参加规定的悔罪仪式（或“驻站”）。

《为周年纪念而作的维拉内拉诗》是为创办于1636年的哈佛大学350周年纪念而写的。《字母表》则是为1984年哈佛大学优等生和毕业生联谊会活动而作的。

我收录了《相信诗歌》一文，作为诗集的跋。这似乎是讲得通的，因为这个演讲所覆盖的地面，当初也正是由这个演讲前面那些诗开垦的。

谢·希

① 有别于同名诗集《斯泰逊岛》。

目　录

选自《一个自然主义者之死》（1966）

003　挖掘
005　一个自然主义者之死
007　谷仓
009　摘黑莓
011　搅乳日
013　跟随者
015　期中假
017　占卜者
018　诗
020　个人的诗泉

022　安泰（1966）

024　题解

选自《进入黑暗之门》（1969）

029　非法分子

031　铁匠铺

032　盖茅屋顶的人

033　半岛

035　献给短发党人的安魂曲

036　女水神

038　妻子的故事

040　夜里开车

041　记忆的遗物

043　内伊湖组诗

043　1. 在湖滨

044　2. 越出马尾藻海

045　3. 诱饵

046　4. 放线

047　5. 收线

049　6. 回归

050　7. 幻象

052　天籁

054　荆豆地

056　种植园

059　班恩河黏土

061　沼泽地

063　题解

选自《熬过冬季》（1972）

071 饲料

073 沼泽橡

075 阿纳霍里什

077 男仆

079 土地

082 雨的礼物

087 图姆

089 布罗亚赫

091 神谕

092 向后看

094 一首新歌

096 另一边

100 火绒（选自《北方贮藏物》）

102 图伦男子

105 纳尔士斯

106 结婚日

108 新郎的母亲

109 避暑别墅

113 小夜曲

115 海岸女人

118 地狱的边境

120 私生子

122 晚安

123 炉边

124　　西行

127　　题解

选自《停留站》（1975）

141　　筑巢地
142　　七月
143　　英国的困难
145　　来客
146　　试飞
147　　漂离者
148　　隐修
149　　西部的停留站
150　　恩克陀斯

151　　题解

选自《北方》（1975）

155　　摩斯巴恩：两首献诗
155　　　1. 阳光
157　　　2. 种子裁切者
158　　葬礼仪式

164 北方
167 维京人的都柏林：样品
173 骨梦
180 沼泽女王
183 格劳巴勒男子
186 惩罚
189 奇异的果实
190 亲属关系
198 联合法案
200 赫拉克勒斯与安泰
202 无论你说什么都什么也别说（选）
206 歌唱学校
207 1. 恐怖部
210 2. 警察来访
212 3. 奥兰治鼓，蒂龙，1966
212 4. 1969 年夏天
214 5. 领养
215 6. 暴露

218 题解

选自《田间耕作》（1979）

231 牡蛎
233 三件组

233 杀戮之后
234 女预言家
235 在水边
237 图姆路
239 一杯水
240 贝格湖滨
243 伤亡人员
249 獾
252 歌手的屋子
255 颚音缪斯
256 格兰莫尔十四行诗
264 一种身后
266 水獭
268 臭鼬
270 嫉妒之梦
271 田间耕作
275 歌
276 残余
278 丰收蝴蝶结
280 纪念弗朗西斯·莱德威奇
283 乌戈利诺

288 题解

选自《斯威尼失常》(1983)

299　斯威尼飞逃

319　野兔的名字（1981）

选自《斯泰逊岛》(1984)

325　地铁
327　黑刺李杜松子酒
329　契诃夫在萨哈林
331　沙岩纪念品
333　货架寿命（选）
333　　花岗岩碎片
334　　老熨斗
335　　来自特尔斐的石头
336　变得陌生
338　出生地
341　易
343　路上的蝙蝠
345　给凯瑟琳·安的榛木棍
347　给迈克尔和克里斯托弗的风筝
349　铁路儿童
350　赤颈鸭
351　希拉纳吉

354　“是啊”（选自《田间小路》）
355　沟背之王
360　斯泰逊岛
397　斯威尼再生（选）
397　　第一个批注
397　　斯威尼再生
398　　在山毛榉中
399　　第一个王国
400　　第一次飞逃
402　　漂泊
404　　神职人员
405　　隐士
406　　大师
407　　抄经员
409　　冬青
410　　艺术家
410　　旧圣像
411　　想当年
412　　在路上

417　为周年纪念而作的维拉内拉诗（1986）

419　**题解**

选自《山楂灯笼》（1987）

433 字母表
438 界标
440 来自写作的边境
442 山楂灯笼
443 来自良心共和国
446 冰雹
449 石头裁决
450 匙形假饵
452 清理
461 牛奶厂
462 许愿树
463 格罗图斯和科文蒂娜
465 沃尔夫·托恩
467 来自期待之乡
470 淤泥异象
473 消失的岛屿
474 粗筛

475 题解

选自《特洛伊之疗》（1990）

487 来自楞诺斯岛的声音

选自《幻视》(1991)

497　金枝
499　标记
502　父与子
504　幻视
508　八月之夜
509　视野
511　干草叉
513　长凳床
515　重访格兰莫尔（选）
515　Ⅰ. 拼字游戏
516　Ⅱ. 幼儿床
516　Ⅴ. 除邪十四行诗
517　Ⅶ. 天窗
519　枕上的头
521　佳景
523　轮中轮
526　寄养
528　方形（选）
528　轻松
536　背景
541　跨越
546　方形

555　一次越轨（1994）

557　题解

选自《酒精水准仪》（1996）

573　雨棒
575　薄荷
576　四十年代的沙发
580　继续撑下去
585　两部卡车
588　布拉斯李子
591　积极介入
595　圣凯文与黑鸟
597　航线（选）
600　迈锡尼守望者
600　　1. 守望者的战争
602　　2. 卡珊德拉
606　　3. 他的黎明幻象
607　　4. 那些夜晚
610　　5. 他对水的遐思
613　砂砾路
615　莫约拉河畔的怀特比
616　“诗人椅”
619　秋千
623　两幅拐杖画
625　电话

627　差使
628　今晚在威克洛也有一只狗在吠叫
630　海滩
631　散步
633　在泉源
635　在班纳赫
637　图伦
639　附笔

640　题解

652　相信诗歌
671　希尼诗歌的背景和主题
683　参考资料
691　译后记

选自《一个自然主义者之死》（1966）*

* “一个自然主义者之死”亦是一个诗人的诞生。（科科伦）

被希尼最初的评论者挑出来赞美的希尼第一本诗集的特色，依然是最明显的特色。他早年农村经验中被观察和被回忆的诸事实，被以一种具有伟大丰富性和直接性的愉悦感官的语言传达出来。（科科伦）

这本诗集涉及童真的失去、朝着成年前进以及这样的“旅程”所意味的一切。诗集还使读者瞥见希尼成为一位作者的理由，他对先辈的赞赏和年轻的他对自然的扭曲观点。（戴利）

挖　掘[*]

在我的食指与拇指之间
夹着粗短的笔；舒适如一支枪。

我窗下，传来清脆的锉磨声
当铁铲切入含砂砾的地面：
父亲在挖掘。我往下看

直到他绷紧的臀部在花圃间
弯下去又挺起来，恍若二十年前
他有节奏地弓身于马铃薯垄
在那里挖掘。

粗陋的靴踩着铲头，柄
贴着膝盖内侧使劲撬动；
他锄掉高高的叶茎，将明亮的铲边深深埋进去，
把新马铃薯掀到四下里，我们拾起，
喜欢它们在我们手里冷硬的感觉。

---

* 本诗题解见第 24 页。

上帝作证，老头还能挥舞铁铲。
如同他的老头。

祖父一天里在托纳沼泽地
铲的泥炭比任何人都要多。
有一次我给他送一瓶牛奶，
用纸随便塞住瓶口。他直起身
喝了，又立即开始干活，
利落地又切又割，把草泥[①]
抛到肩后，不断往深处
寻找好泥炭。挖掘。

马铃薯霉的冷味，湿泥炭的嘎扎声
和啪嗒声，切下活根茎的短促刀声
在我头脑里回响。
但我没有像他们那样干活的铁铲。

在我的食指与拇指之间
夹着这支粗短的笔。
我将用它挖掘。

---

① 泥炭可用作肥料，泥炭被一层草泥覆盖着。

一个自然主义者之死*

整年亚麻池在小镇的中心
溃脓；碧绿而昏倦的
亚麻已腐烂，被厚厚的草泥层压着。
每天它在惩罚的阳光下热得喘不过气来。
泡沫发出微弱的咕噜声，绿头蝇
在臭味的周围纺起响亮的声纱。
蜻蜓出没，斑蝶飞舞，
但最瞩目的是池岸阴影里
如堵塞的水般繁殖的蛙卵
那温暖而浓稠的黏液。这里，每逢春天
我就会给一个个果酱罐装满凝胶似的
斑卵，把它们排列在家里窗台上，
在学校架子上，然后等待和观察
直到发胖的斑卵爆破，成了灵活
游动的蝌蚪。沃尔丝老师会给我们讲
爹地蛙为什么称作牛蛙，
它怎样呱呱叫，妈咪蛙怎样
生下数百个小蛋，而这就是

---

* 本诗题解见第 24 页。

蛙卵。你还可以用蛙来判断天气，
因为有阳光它们就变成黄色，一下雨
它们就变成褐色。

接着在一个炎烈的日子，当田野散发
草丛中牛粪的恶臭，愤怒的蛙群
突然入侵亚麻池。我躲进树篱，
害怕那一大片我从未听过的粗嘎
蛙叫。空气中回荡着密集的低音合唱。
就在那池里，肚子巨大的蛙群在草泥层上
扳起扳机；它们松弛的脖子鼓胀如帆。有的跳跃：
吧嗒声和扑通声发出猥亵的威胁。有的蹲着
摆出泥巴手榴弹的姿势，愚钝的头在放屁。
我感到恶心，转身就跑。这些黏液大王
集合在那里准备复仇，而我知道
如果我把手伸入蛙卵，蛙卵就会一把抓住它。

谷 仓*

打好的谷粒堆积如象牙色的砂子
或坚固如双耳麻袋里的水泥。
霉味的黑暗贮存着一大批
农具、挽具、犁铧。

地板是鼠灰色、光滑、寒冷的混凝土。
没有任何窗子，只有两束窄窄的
镀金微尘，从两个三角墙高处豁开的
通气孔射进来。唯一的门意味着整个

夏天都没有穿堂风，当锌皮烫热如火炉。
一把镰刀的锋缘，一把洁净的铁铲，一把干草叉的尖齿：
明亮的物件慢慢地显露，当你走进去。
接着你便感到蜘蛛网在阻塞你的肺

于是快速逃入阳光照耀的院子里——
以及逃入夜里，当蝙蝠纷纷飞舞
在睡眠的高椽上空，明亮的眼睛从角落里

* 本诗题解见第 24 页。

一堆堆谷物中凝视，凶猛，一眨不眨。

黑暗吞噬如屋顶下的空间。我就像糠
等待从通气豁口飞入的鸟儿来啄走。
我趴在地上，躲避上面的恐惧。
一个个双耳麻袋移动如盲目的大老鼠。

摘黑莓

——给菲利普·霍布斯鲍姆[①]

八月底，只要整个星期
都有暴雨和阳光，黑莓就会熟。
最初，只有一颗，一团光滑的紫色凝块
在其他红果或青果中间，像一块硬结。
你吃下那第一颗，果肉甜如
变浓的葡萄酒；里面有夏天的血，
血斑留在舌头上，让人渴望
再去采摘。接着红果也开始变成墨色，那种渴望
驱使我们带着牛奶罐、豌豆罐、果酱罐出去，
荆棘钩破皮肤，湿草擦亮我们的靴子。
我们在牧草地、麦田和马铃薯垄周围
跋涉和采摘，直到罐子都装够了，
直到叮当响的罐底盖满了
青果，而堆在上面的大团黑莓燃烧
如一盘眼睛。我们双手布满了

① 英国教师、诗人、批评家，希尼所属的“贝尔法斯特集团”的灵魂人物。

荆棘的扎痕，手掌黏如蓝胡子[1]的。

我们用澡盆把鲜莓贮藏在牛棚里，
但当澡盆满了，我们发现有一层毛，
一层鼠灰色的霉菌，饱食我们的贮藏物。
果汁也在发臭。果子一离开树
就开始发酵，甜果肉会变酸。
我总是感到想哭。一罐罐可爱的果实
全都有腐味，实在不公平。
每年我都希望它们能保鲜，明知它们不会。

① 蓝胡子，法国民间故事人物，杀了六个妻子。这里的意思是指他双掌沾满了血。

搅乳日

一层厚皮，粗纹如石灰石拉毛墙面，
逐渐在食物储藏室四个如同
陶制大炸弹的瓦罐顶上变硬。
经过母牛腺体、反刍食物和乳房的热酿造之后
透气而冰凉的陶器把脱脂乳发酵，迎接
搅乳日，这一天紧箍的搅乳桶会被
用热水壶扑通扑通冲洗，繁忙的刷子
在风干的木材上荡起优美的回声。
清洁好之后，它便立在厨房的石板地面上。

四个瓦罐摆出来，它们内部的白奶油
从厚罐口泻入消过毒的搅乳桶。
一根状如巨大威士忌搅拌棒的松木
柱塞，猛插进去，把罐口封住。
母亲第一个先搅，为连续几小时
哐啷咣当的节奏定调。大家双臂发疼。
双手起疱。脸颊和衣服溅满了
松软的牛奶。

终于，金色的斑点

开始舞蹈。接着，他们倒进热水，
清洁一个桦木碗
和几把波纹状的小乳酪铲。
他们短促的搅动加快，突然间
一层黄凝乳压着翻滚的白乳，
厚重而浓腻，如凝结的阳光，
他们把它捞进锡制宽滤器里滴淌，
然后堆在木碗里，像镀金的砂砾。

搅乳日之后，屋子会长时间弥漫难闻的气味，
刺鼻如硫磺矿。那些空瓦罐
重又沿着墙边排列，柔软的
印制板上的黄油堆在食物储藏室的架子上。
而在屋子里我们能量丰沛地轻松走动，
我们的大脑变成水晶，充满洁净的松木搅乳器，
酸味牛奶的泼溅声和汩汩声，
湿黄油块上小铲的噼啪声。

跟随者

父亲用两匹马犁田，
他肩膀弓起，像一张鼓胀的帆
拉紧在犁柄与犁沟之间。
马匹在他的咂舌声中使尽全力。

一个专家。他会装上犁板，
安上亮铿铿的尖头钢犁铧。
泥土层持续不断地翻滚。
来到垄头，他只把缰绳

一拨，两匹冒汗的马便转过身
重新回到田里。他的眼睛
眯成一条缝，斜乜着地面，
准确地测量犁沟间的距离。

我跌跌撞撞跟在他的钉靴后，
有时候绊倒在光滑的草泥上；
有时候他把我驮在背上
随着他的脚步晃上晃下。

我想长大，想犁田，
想闭起一只眼，绷紧一只手臂。
但我能做的，只是跟随
他宽大的影子，在农地里转悠。

我是个讨厌鬼，总是踉踉跄跄，
哇哇乱叫。但如今
是父亲他跌跌撞撞老落在
我后面，并且甩不掉。

期中假

整个上午我坐在学校医务室里
数着宣告下课的钟声。[①]
两点钟，邻居开车把我送回家。

在门廊里我见到父亲在哭——
他平时总是从容应付丧事——
大块头吉姆·埃文斯说这是个沉重打击。

我进屋时，婴儿咕咕叫，哈哈笑，
摇晃婴儿车；我很不自在
当老人们站起来握我的手

告诉我他们“为我的不幸感到难过”。
低语声告诉陌生人我是家中老大，
在外面读书，母亲一边把我的手

攥在她手里，一边咳出愤怒无泪的叹息。

---

① 这两句是指，学校在得知希尼家出事时，便把希尼送到医务室，与其他学生隔开。

十点钟，救护车抵达，
尸体已被护士们止了血并包裹好。

第二天早上我走进那个房间里。雪花莲
和烛光给床边带来抚慰；我六个星期来
第一次看见他。更苍白了，

左边太阳穴浮现罂粟花似的红肿，
他躺在四英尺的匣子里像躺在婴儿床里。
没有惹眼的伤疤，保险杠不着痕迹地撞倒他。

四英尺的匣子，一年一英尺。

占卜者*

从绿篱笆砍下一根有叉的榛树棍子
他握住它 V 形的枝杈：
在地面上兜圈，寻找水的
精气，神经质但很专业地

不慌忙。精气现身，尖锐如螫针。
卜棍猛地一动，准确地抽搐，
泉水突然通过绿榛树[①]
广播它的秘密位置[②]。

旁观者会要求让他们试一试。
他二话没说把占棍交给他们。
它在他们手中毫无动静，直到他冷淡地
握住他们期待的手腕。榛树又颤动起来。

---

* 本诗题解见第 24 页。

① “绿榛树”在较早版本里作“绿天线”。

② “位置”（stations）亦可译为“电台”，尤其是结合早期版本的“绿天线”。

诗

——给玛丽

亲爱的，我将为你完美那孩子，[①]
他在我头脑里勤勉地慢慢干活，
用沉重的铁铲挖掘，直到草泥堆积；
或溅泼着蹚过深水渠里的淤泥。

每年我都会播种我那院子大小的菜园。
我会锄一层草皮做一堵墙
来阻拦母猪和啄食的母鸡。
每年，即便如此，草皮还是会塌陷。

或在深陷的泥潭里我将
愉快地溅泼泥浆，在流水渠里筑坝，
但我那些黏土和烂泥的城堡
总会在秋天雨水渐多时溃塌。

---

① 这孩子并不是希尼和其妻子玛丽要生的孩子，而是希尼身上那个农家孩子。他相信新婚妻子将帮助他完善那个笨手笨脚的农家小孩（因为他从未真正干过农活）。最后一节表明一切都已过去，新生活有新局限，他们将克服一切困难。

亲爱的，你将为我完美这孩子，
他一个个不完美的小局限将不断打破：
如今在新的局限内，安排世界，
化圆为方：四堵墙和一个指环。[1]

① 在单行本诗集《一个自然主义者之死》中，本诗最后一行半原是："我们将在我们的四壁内，在我们的金指环内安排世界"。后来希尼作了修改。化圆为方：原文 square the circle，意指（1）作（或求）一与已知圆面积相等的正方形；（2）做似乎是不可能的事。

个人的诗泉[①]

——给迈克尔·朗利[②]

小时候，他们不能阻止我接近水井
以及带水桶和绞盘的老水泵。
我喜欢那黑暗的下坠，那被困住的天空，
那水草、真菌和湿冷苔藓的味道。

砖厂里有一口井，顶盖的木板都朽坏了。
我细味那丰富的碰撞声，当绳子
末端的水桶快速荡下。
如此深，你看不见水里的倒影。

枯竭的石砌水沟下有一口浅井
繁盛如任何养鱼缸。
当你从软腐叶层里拖出长长的根茎
便有一张白脸晃动在水底。

① 诗泉，原文 Helicon，指赫利孔山，相传诗和诗的灵感源自赫利孔山两股清泉。“诗泉”乃是采用袁可嘉先生的译法。

② 朗利为希尼的诗友，“贝尔法斯特集团”成员之一。

另一些有回声，用清新的音乐
把你自己的呼唤归还你。有一口
怪吓人的，因为从蕨草和高高的毛地黄里
窜出一只老鼠，掠过我的倒影。

如今，探入根茎，用手指挖黏泥，
像睁大眼睛的那喀索斯[①]般凝视泉水
都有损任何成年人的尊严。我作诗
是为了看清自己，使黑暗发出回声。

① 希腊神话中的美少年。只爱自己，不爱任何人。后因拒绝仙女厄科（意为回声）求爱，受阿佛洛狄忒惩罚，爱上水中自己的倒影，憔悴而死。死后化为水仙。

选自《一个自然主义者之死》（1966）

[1966]

安　泰*

当我躺在地上
我早上醒来时脸红如玫瑰。
格斗中我安排自己倒在竞技场上
让自己跟沙土摩擦

而沙土的作用
如灵丹。我不能离开
大地绵长的轮廓，她河流的血脉。
我在我这纵横着

根茎和岩石的洞穴里
在子宫般包裹我的黑暗中如躺在摇篮里，
在每一条小山丘般的动脉中
吸取营养。

---

* 安泰是希腊神话中的巨人，只要身体不离大地，就能百战百胜，这意味着哪怕他被摔倒也能重振雄风，有时他故意摔倒以便恢复体力。后来大力士赫拉克勒斯识破他的弱点，遂把他举到空中掐死。

让每一个新英雄都来吧，
来寻找金苹果和阿特拉斯[①]：
他必须跟我搏斗，过我这关
才能进入那名声的王国

跻身于天神子嗣和皇族中间。
他大可以把我摔倒并使我再生，
但他千万别使诈，把我举离大地：
我高升即是我沦亡。

① 大力神赫拉克勒斯在泰坦神阿特拉斯的帮助下，在人间完成第十一件功绩，取得赫珀得斯和巨龙看守下的金苹果。

题解

《挖掘》

《挖掘》是我的第一首我自己认为能使感觉进入文字的诗，或者更准确地说，我认为我的直感进入了文字。它的节奏和噪音现在依然使我喜悦，尽管诗中若干句子更多是有职业枪手的戏剧性而不是有挖掘者的聚精会神。我是在1964年夏天写出这首诗的，差不多是在我开始“涉猎诗歌”之后两年。这是我第一首觉得自己做到不只是安排文字的诗：我觉得我把一支矛插入真实生活中。诗中描写的事实和表面都是真有其事，但更重要的是，由命名它们而带来的兴奋给了我某种气定神闲和某种信心。我不在乎别人怎么看它……（希尼，《使感觉进入文字》）

《一个自然主义者之死》

此诗写孩子因为好奇和贪玩而收集蛙卵，差点遭到群蛙围攻。标题中的“自然主义者”，在原文中的本意是“博物学家”，指研究动植物的人。“自然主义者之死”是指经过这次事件之后，小孩身上的“自然主义者”便死了。

《谷仓》

谷仓也不能说是一个安全的地方。在它黑暗的闷热中我总是害怕有什么东西会从角落里跃出——老鼠、猫头鹰，任何东西。有时候在夜里，如果我想起那个地方，我也会害怕。（希尼，1979年访谈，转引自帕克）

这场噩梦以那些“双耳麻袋”变形成“盲目的大老鼠”告终。（帕克）

每个儿童都有个地方，在那里他的想象失控，变成恐怖。《谷仓》写的正是这样一个地方。威胁弥漫于希尼的描述。在这小孩逐渐增长的意识中，农场日常用具转变成武器。（托宾）。

《占卜者》

如果有人问我什么形象可以代表纯粹的技术，我会说卜水者（按：指用占卜棍探测水源的人）。你不能学习用卜棍探测水源或学习占卜——它是一种与隐秘而真实的存在物保持接触的才能，一种在潜藏的资源与想让这资源浮现和释放的社群之间调停的才能。如同菲利普·锡德尼爵士在《为诗辩护》中指出的："罗马人把诗人称为瓦底斯（Vates），意思跟占卜者差不多……"

写这首诗无非是平息一次兴奋和命名一次经验，同时在语言中赋予那兴奋和经验一次小小的永动。我在这里引用它，不是为了它自身的技术，而是为了诗中所包含的技术的形象。那占卜者在其与隐秘的事物接触这个方面，以及在其有能力把感觉到和触动到的事物表现出来这个方面，都酷似诗人。

我青少年时代视为事实的东西，成了记忆中的奇迹。当我现在重读这首诗，我很高兴它以动词"颤动"结束，这也是整个神秘事件的核心。我也很高兴"颤动"（stirred）与"话"（word）押韵，使得"瓦底斯"的两个功能融为一个声音。（希尼，《使感觉进入文字》）

选自《进入黑暗之门》（1969）*

* 当我把我的第二本诗集叫作《进入黑暗之门》时，我意图朝着这样一个意念打手势，也即诗歌作为进入被埋没的感觉生命的入口点或出口点。文字本身是一道道门；天门神纳杰斯在某种程度上是它们的神，回望词根和联想的分枝，又前瞻感觉和意义的清晰。并且，如同华兹华斯在荆棘中感到一种秘密在要求释放那样，在《进入黑暗之门》中也有很多首诗是从几乎难以命名的能量里释放出来的，对我而言，这些能量弥漫在点点滴滴的语言和风景之上。(希尼，《使感觉进入文字》)

诗集如同书名所揭示的，是进入未知的一步，是一位有足够信心去冒险和知道他会成功的诗人的一步。他写爱尔兰历史、爱尔兰神话和爱尔兰人民，并试图创造一种文学的、神秘的视域。(戴利)

非法分子[1]

凯利家养着一头无牌公牛，远离
道路：你要冒被罚款的危险，但必须付

正常费用，如果母牛去那里配种。
有一次我用拴绳牵着一头慌张的荷兰牛

沿着一条落满乱蓬蓬杨花的赤杨小道
来到关着那头公牛的牛棚。

我把滑腻的银币给了老凯利，尽管我猜不透
为什么要这样做。他嘟哝着说了句草率的“过去。

爬到栅门上”。于是从居高临下的位置
我观看那场做生意似的受孕。

门闩打开了，向后朝墙面撞去。
那头非法公牛摸索着从厩里出来，

---

① 标题乃沿用傅浩先生的译法。

不慌不忙，如同一匹老蒸汽机在转轨。
他兜圈，喷息，嗅着。没有兴奋的喘气，

仅仅是一个老练商人的从容不迫；
接着突然拙笨地跃起，然后

关节突出的前腿跨上她的肋腹，
把生命全都撞了进去，冷漠如坦克，

落地如一个载沙拖斗倾倒。
“行了。”凯利说，用幼梣棍

敲敲她的后臀。“如果不行，再带她回来。”
我走在她前面，绳子现在松了，

凯利则大声地又赶又捅他的非法分子；
公牛又闲着，回到黑暗中，继续吃草。

铁匠铺

我只认得一道进入黑暗之门。
外面，旧轴和铁箍正在锈蚀；
里面，敲击时铁砧短促的铿锵声，
不可预料的扇形火花
或新蹄铁在水中变硬的嗞嗞声。
铁砧一定是在中央某处，
呈独角兽状，一端平正，
固定在那里：一个祭坛，
任他把自己消耗在形状和音乐中。
有时候，围着皮革裙，鼻子里满是毛，
他探身靠着门边框，想起马蹄
在风驰电掣的来往车辆中碰击；
然后咕哝着走进去，轻一下重一下
要锻出真铁，让风箱咆哮。

选自《进入黑暗之门》（1969）

盖茅屋顶的人

预约了几星期，有一天早上他突然
出现了，自行车上挂着
一把轻梯和一袋刀子。
他看了看旧索具，戳了戳屋檐，

打开并搬弄一束束绑紧的麦秆。
接着，成捆的棍子：掂了掂榛木
和柳木的重量，扭一扭，看会不会折断。
似乎整个早上他都是在做准备：

然后架好梯子，摆出磨利的刀子，
剪麦秆，削尖木棍两端，
把木棍对弯成白尖头的U形钉，
一把又一把，用来钉牢他的世界。

连续几天蹲在椽顶的草皮上方，
他刮平、剃齐粗头，把麦秆束缝在一起
形成一个倾斜的蜂巢，一片发茬地，
然后让他们瞠目结舌，看他的神技。

半　岛*

当你再也无话可说，那就驾车
在半岛上兜它一天。
天高如跑道上空，
地上没有标志，所以你将不是抵达

而只是经过，虽然总是绕开塌方。
在黄昏时分，地平线喝下大海和山丘，
犁过的田野吞下了刷白的三角墙，
你又在黑暗中。于是回想

上釉的前滩和倒影的原木，
把浪花撕成碎片的岩石，
用自己的脚踩高跷的细脚鸟，
安然把自己驶进浓雾里的岛屿，

然后驾车回家，还是无话可说
除了现在你将用这个去解开所有风景的

---

* 本诗题解见第 63 页。

密码：事物都完全建立在自己的形状上，
水和陆地都去到了尽头。

献给短发党人的安魂曲*

我们厚大衣口袋里装满了大麦——
在奔逃中没有厨房，没有拔营——
我们在自己的家园快速而突然地转移。
牧师与流浪汉一起躺在阴沟后。
一个民族，几乎不是在行军——长途跋涉——
我们每天都在使用新战术：
我们会用长矛斩断缰绳和骑手，
驱赶牛群去冲击步兵，
然后躲进树篱撤退，因为树篱一定会绊倒骑兵。
直到醋山上那次致命的秘密会议。
数千人成排成排死去，对着大炮挥动长镰刀。
山坡泛红，浸在我们溃散的攻击波里。
他们草草埋了我们，没有裹尸布或棺材。
到八月，大麦从坟墓里长出来。

---

* 本诗题解见第 63 页。

女水神*

他斩除荆棘，铲起灰淤泥，
使我在自己的排水渠里有了通行权，
而我迅速奔向他，脱去我的铁锈色。

他停下来，看见我终于一丝不挂，
清澈地奔跑，显得漫不经心。
接着他从我身边走过。我荡漾我翻滚

每当我遇到河边纵横的阴沟
直到他一铲掘进我肋腹深处
把我拉向他。我感激地吞没

他挖的沟，为了获得爱，驱散我自己
到他的根茎深处，爬上他黄铜色的纹理——
但在他知道了我的欢迎之后，就只有我

能够给予他微妙的上涨和倒影。

---

* 本诗题解见第 63 页。

他如此全面地探索我，我四肢都失去了
寒冷的自由。有了人性，对他充满温暖。

妻子的故事*

我在树篱下铺上亚麻布，
摆好点心，招呼他们。
打谷机的轰隆声和哽塞声转弱，
大传送带猛地停止运作，禾秆
还没卷进去，悬在豁口上。
突然如此安静，我能听见二十码外
他们的靴子踏在麦茬上的嘎扎声。

他躺下来说："先给他们，
我不急。"他拔起一把把青草
抛在空中。"很好看。"
（他朝着我铺在青草上的白布点头。）
"我敢说一个女人能布置一片田野，
不过我们这些男人并不需要铺布。"
他眨眼，然后看着我倒满了一杯
再给他喜欢的厚面包片涂上黄油。
"脱粒要比我想象中出色，瞧，
那可是干净的好种子。到那边去看看。"

---

* 本诗题解见第 64 页。

这种巡视永远必不可少
尽管我并不知道要看什么。

但我把手伸入挂在狭槽上那些
半满的麻袋里。谷子坚硬如弹丸，
数不清，冰凉。麻袋张开口，
泄槽从那儿朝后伸向静止的滚筒；
耙子斜插在地面上，
像旧战场上七零八落的标枪。
我穿过它们往回走，踩过麦茬。

他们躺着，抽烟，不说话，周边
是他们自己的面包屑和残渣。“大丰收，
不是吗?”——自豪得仿佛他就是土地本身——
“够用来碾磨，够用来播种。”
就这些。我来了，他也让我看了，
他们的事情也就没我的份了。
我收拾杯子，叠起铺布
离去。但他们还在放松，
四肢伸展，纽扣解开，惬意地，在树下。

夜里开车

在夜里开车穿越法国时
普通事物的味道变得新鲜：
空气中雨水、干草和树林
在敞篷车里形成温暖气流。

路标无情地发白。
一再应许的蒙特勒伊、阿布维尔、博韦
迎面而来，擦身而过，
每个地方都兑现其名字。

一部联合收割机很晚还在一路呻吟着，
滚滚流出的种子穿过工作灯。
一场森林大火已闷燃烧尽。
一家家小咖啡馆相继关闭。

我不断想着你，
在一千里外的南方，意大利
把腰部靠向暗淡球体上的法国。
你的普通在那儿又变得新鲜。

记忆的遗物*

湖水能够
使木头石化：
旧桨和柱
多年来
把纹理变硬，
把汁液和季节的

幽灵囚禁起来。
浅水轻舐
和互相迁就：
持续不断的沐浴，
这样一种淹没的爱
把一根木桩震惊

成了石笋。
死熔岩，
冷却的星，
煤和钻石

---

* 本诗题解见第 64 页。

或烧焦的流星的
突然诞生

都太过简单，
如果没有那件遗物
所蕴藏的引诱——
一块石头
摆在学校的架子上，
燕麦粉的颜色。

内伊湖组诗*

——给渔民们

1. 在湖滨**

Ⅰ

这湖每年要死一个人。
它有本领把木变成石。
一个小镇沉在它水下。
它是曼岛留下的伤疤。

Ⅱ

在图姆桥，它从那儿冲入大海，
他们建造新闸和池来拦住水流。
他们一次又一次阻断鳗鱼的路线，
一次举起五百石重。

Ⅲ

但在安特里姆和蒂龙的湖滨，

---

* 本诗题解见第 65 页。

** 本诗题解见第 65 页。

这场游戏有某种公平竞争的味道。
渔民们一个个单独对抗鳗鱼，
驾船到离岸几英里外，并且没学会游泳。

Ⅳ

“我们会更快沉下去，”他们说——
而要是你争辩说这里没有风暴，
漂浮一小时后他们肯定能安全登岸——
“这湖每年要死一个人。”

2. 越出马尾藻海*

一个使内陆
两百英里的淤泥躁动的
腺体，一片伏在水上朝着
三角洲逐渐发展的
水垢，他在跨越
大西洋的半途中
从漂浮变为运动，
在大洋里稳定
如月亮渐渐滋长的
引力，同样忠于
自己的轨道。
　　　　　　克服

---

* 本诗题解见第 65 页。

退潮、水流、岩石、急湍，
一条把自己
融化得更长和更圆鼓鼓的
肌肉强健的冰柱状物，他把
他的抵达淹埋在
光和潮水以外，
赋予淤泥和沙
一条油亮的根。白天里
只有造渠者的
铁铲或淤泥搅拌桨
能使他的计划流产。黑暗
引渡他饥渴地潜入
每一次波动。

3. **诱饵***

灯盏在午夜田野里游荡。
三个男人凭直觉在草丛中寻觅，
灯盏的光柱是他们的船首和罗盘。

桶柄现在最好别咔嗒响：
寂静和好奇的光吸引诱饵。
捉住他，但要等待

---

* 本诗题解见第 65 页。

第一次收缩，大拇指黏乎乎的。
让他重新退回去，窝在小洞里。
然后慢慢拉，他就会出来。

有几百万条，在挂满露水的叶子
和低垂的草尖下，制造螺纹式泥冠，
其中一些注定要在这类夜间突袭中被抓走，

清白的土地通风孔
与大地完美结合，
其中一些注定要被骗出来

当灯盏在午夜田野里游荡，
当渔民需要用一个花环来装饰月桂树[①]
并把他从泥土里捉出来，在他需要出来的地方。

4. 放线*

I

一条线从视野消失，从脑中消失
越过那只狩猎之手冷漠的技能
沉到水底的软泥沙上。

---

① 花环指串成圈的蚯蚓，月桂树喻鳗鱼。
* 本诗题解见第 65 页。

小钩像一束花蜷缩在船尾
徐徐放出钩线，恢复它本来的形状，
直到那束花隐藏在蚯蚓里。

小船驶向那条线往回斜拉之处。
托架里的双桨来回划动。
鳗鱼一声不响描绘自己的弧形。

Ⅱ

鸥鸟飞行，伞在头顶，
线放完了就开始脚踩空气，
在船的上方成为反应敏捷的侍祭。

没有意识到任何《垂怜经》，
渔民们既不知道也从不尝试，
而是把手头的活当作命运来做。

他们清理木桶里最后几只切断的蚯蚓，
把它们高高抛起，如释重负，一群灰头土脸的家伙。
鸥鸟环绕他们，在湖水面前。

5. 收线*

他们忙着，在一艘悄悄

---

* 本诗题解见第 66 页。

驶向安特里姆的高船上，电力切断。
钩线是一条污泥丝

被快速忙乱地拉上来，
隔三码就有一个钩没钓到
或钓到了（而污泥增厚，齐腕

厚，一个连枷
一摆动就甩入
桶里）。每条鳗鱼

都这样被迎上船：
啪的一声扔进桶里，
钩留在鳃里或牙龈里，麻木

但随着那收拢、滑溜溜的
渔获，它把自己绞成四股，
一个每当他们抓到一条

就扔进来时依然保持一体的
由背脊和白肚打成的结
被彻底吞没，像上了润滑油似的。

而船尾流互相交缠如同渔获，
在早晨的水域上：哪艘船
是哪艘？

而这是从什么时候开始的？
今天早晨，去年，这湖第一次产卵的时候？
渔民们会回答：“节令一来。”

6. 回归*

在池里，排水渠里，死运河里
她转过她的头，
现在老些了，不慌不忙地
跟着感觉走
直到她在草丛中茫然
并且除非她因此停下来从而遭厄运
否则将是一路的新沟、下水道、
沼泽、溪流、湖、
河。她的肚子
收缩，她在水中
兴奋。肚子的抽动
是穿过一日日一周周的速度。

现在谁知道她是否知道
她的深度或方向？
她经过马林角和
托里湾，无声，无尾流，

---

* 本诗题解见第66页。

一小撮，一根灯芯
既是自己的烛又是自己的光
穿过翻滚的黑暗。
一旦她潜入那一万英尺深的
本源处下卵，她就在那里
消亡。水流
带走一溜溜成为孤儿的卵。

7. 幻象*

除非他把头发梳得整整齐齐，
否则，他们说，虱子会结成
一条粗粉状的绳子
把他，又小又脏，在劫难逃，

拖到水里去。那时
他在河边田野里
很谨慎。粗如桦树干，
每当风吹过，那条缆绳

就会在草丛中伸缩。多年后，
午夜时分，他站在同样那些
田野里，当鳗鱼
如掩盖的恐惧穿过草丛

---

* 本诗题解见第 66 页。

向水里滑去。站在
某个地点看着田野
流过，如同一条凝胶路，
看着鳗鱼越过土地

会倒转他的世界的活带。
肌腱似的软泥发着磷光
在他脚下继续着。时间
证实那条可怖的缆绳。

选自《进入黑暗之门》（1969）

天　籁

在布拉斯克特群岛最西端，
在一座干砌的小石屋里，
他从黑夜里获得他的旋律。

奇怪的噪音
被其他倾听者听到，一段段音调
随着喧闹的气候进来

但根本不像旋律。
他责怪他们的手指和耳朵
未受训练，他们的演奏太随便，

因为他曾独自深入岛上
然后带回这整个乐音。
房子震响如他饱满的小提琴。

因此他是否管它叫精神音乐
我不在乎。他从
大西洋中部的风中获得它。

他依然坚持说，不知来自何处。
它低沉地从弓上飘落，把自己
重新表达成那旋律。

荆豆地

一年中荆豆
偶尔会出现一两朵花
但它眼下正盛开。
仿佛所有春天窝巢中的

所有鸟雀蛋的
小蛋黄的色斑
到处装点和悬挂在
灌木丛上等待成熟。

山丘氧化黄金。
在绿芽闷燃的暗火
和脚边死荆棘的残渣上方
荆豆花烫人。

往荆豆下放一根
火柴，它们立即着火。
它们在阳光中不产生火焰
但有一种猛烈的热震颤，

然而这样的焚化
只会烧掉荆棘。
那些坚硬的梗烧不了，
遗下如骨头，烧焦的角。

镀金似的、锯齿状的、有弹性的、卷褶的
这发育不良、干燥的丰富性
坚持在山上，在石沟边，
在燧石床和战场上。

种植园*

那片树林中任何一点
都是中心，桦树干
鬼影般迷惑你的方向感，
并即兴创造一个个魔法圈

不管你停在哪里。
虽然你走直路，
却有可能兜一个圈，
沿途伞菌和树墩

总是不断地重复。
又或者你再经过它们?
这里是些覆盖地面的蓝莓，
生火处的黑炭，

而只要你见到它们一次
肯定还要再见到它们。
总是有人在那里

---

* 本诗题解见第 66 页。

尽管你总是独个儿。

恋人、观鸟者、
野营者、吉卜赛人和流浪汉
留下他们活动的痕迹
或他们的粪便。

虽然沿途树篱如此茂密
但它邀请所有来人
走近它低语的踏车的
嘘声和吆喝声，

它的范围，照他们
看来，是从外面界定的。
他们一定很感谢
交通的嘈杂声

如果他们冒险进入，
经过野餐者的地带，
或开始回忆
山中浓雾的传说。

你必须回来
才能学会如何失去你自己，
成为带路人和走散者——巫婆、

汉赛尔和格莱特融为一体。[①]

① 三人均为格林童话《汉赛尔与格莱特》里的人物。

班恩河黏土*

骑着自行车轻松地经过
小路尽头的体力劳动者
浑身被它涂白了。粗布工作服
和靴子都沾了它粉状的斑污。

他们整天在露天开采场
把厚板装运到河岸
像一片片划成方形的
蓝色奶油凝块。沉埋

在草丛下几百年，
它在阳光中烤白，
释出它聚藏的水
并开始成熟。

它潜流在河谷底下，
是一条寻找其航道的河流
最早缓慢形成的残渣。

---

* 本诗题解见第 67 页。

在它上面，网状湿地是新的，

就连那堆中石器时代的燧石
也是。有一次，清理排水渠时
我铲起黏性的浮层
直到水渐渐在它古老的

河床上清澈起来。
在腐殖质和根茎下
这光滑的重量。我仍在
朝着它劳动。它保持着，充塞着。

沼泽地*

——给 T. P. 弗拉纳根

我们没有大草原
不能在黄昏时切割一个大太阳——
无论在哪里，眼睛总不敢正视
入侵的地平线，

总被诱入山中小湖
独眼巨人似的眼里。我们没篱笆的乡村
是不断在有太阳眈视的日子里
结硬皮的沼泽。

他们从泥炭中掘出
那头伟大的爱尔兰
驼鹿的骨骼，把它竖立起来，
像一个惊人的充满空气的条板箱。

沉埋了
一百多年的黄油

---

* 本诗题解见第 67 页。

被挖出来，又咸又白。
地面本身是善良、乌黑的黄油

在脚下融化和松开，
距它最后定形[①]
还差几百万年。
他们永远不会在这里挖煤，

这里只有大冷杉
水浸的树干，软如纸浆。
我们的开拓者们不断朝里面
和朝下面敲击，

他们剥掉的每一层
似乎都有人扎过营。
沼泽孔眼也许是大西洋的渗漏。
潮湿的中心是无底洞。

---

① 这里的定形，系指转化成煤。

题解

《半岛》

诗人越出已知事物的范围，进入“尽头”。只有当我们看见水和陆地都“去到了尽头”，事物才完全建立在自己的形状上。（托宾）

《献给短发党人的安魂曲》

诗集中还有一首诗叫作《献给短发党人的安魂曲》，写于1966年，当时大多数爱尔兰诗人都在紧张地准备庆祝1916年复活节起义周年纪念。那次暴动是1798年播下的种子的收获。在1798年，革命共和国的理想和民族感情在爱尔兰共和主义信条和1798年那场叛乱中汇合——那场叛乱不成功，并被野蛮地镇压。该诗诞生于并结束于一个复活意象，该意象是基于一个事实，在叛乱分子被埋在集体坟墓之后某个时候，坟墓便开始抽出幼麦，幼麦是从这些短发党人带在口袋里供行军时吃的麦粒长出来的。间接的暗示是，“解放年”播下的暴力反抗种子在叶芝所称的1916年“正确的玫瑰树”中开花。我当时并未意识到新教徒自耕农与天主教反抗者之间最初那次残忍的派系冲突，竟会在1969年夏天也即诗集出版两个月后在贝尔法斯特再次爆发。（希尼，《使感觉进入文字》）

文中所说的“再次爆发”，是指1969年8月天主教徒与新教徒之间的教派暴力冲突，导致两名天主教徒被北爱尔兰皇家警察队警察枪杀。这时，英国派遣军队进入北爱尔兰维持和平。

《女水神》

是这个词的声音的黑暗水池首先吸引了我：如果我们的听觉想象力足以被调校去锤测一个元音，去把最原始和文明的联系联合起来，“undine（女水神）”这个词本身就可能足以催生一首诗。Unda，波浪；undine，水女人——连续不断念undine，其节奏本身就会产生汐与潮，水与女人，浪与涛，圆满与虚脱。虽然它是一个古老的双义词，但有一次我偶然在词典里发现它有一个更准确的定义。一个 undine 是水仙女，她必须嫁给一个男人并为他生一个孩子之后，才能变成人。有了这个定义，undine 这喉咙中的肿块，或者说，这耳中的砰砰声，立即变成一个思想，一个力场，并唤引其他形象。其中一个形象是一个孤立的记忆，没有来龙去脉，显然是一个非常早的记忆，在那记忆中我看到一个男人在清理两块田地之间的排水渠里暗褐色的海绵状生长物，我尤其是把注意力集中于观察一铲铲的淤泥被挖走之后，水立即在被清理之处涌出的情景，水开始自由奔跑，自己把身上可溶解的泥土冲洗掉并形成自己的小渠道和水流的情景。这个形象汇入一种对这个神话的更有意识的解读，也即它是一个关于性接触带来的解放和人性化效果的神话。Undine 是一个寒冷的女孩，她通过肉体之爱的经验而获得词典所称的灵魂……

我曾经说过，这是一个关于农业的神话，关于水被驯化和人性化，也即水流变成灌溉的运河，水变成与种子发生作用的神话。但也许这只是众多解释之一。(希尼，《使感觉进入文字》)

《妻子的故事》

《妻子的故事》打开一道通向黑暗的婚姻之门。诗中男性与女性的世界是截然不同的。妻子在讲述她如何服侍男人时，也披露了她的孤立。(托宾)

《记忆的遗物》

在校长室的架子上，有一块木头，它因为内伊湖水的作用而变成石头。(希尼，《对地点的意识》)

它多少有点像是科学展览，然而它似乎证实了关于内伊湖的一种多少有点儿神奇的说法，认为它可以把木头变成石头。(希尼，《踏脚石》)

在《记忆的遗物》中，学校架子上一块石头唤醒诗人去关心那块石头被捞起来的地方也即内伊湖的自然循环程序，其“持续不断的沐浴”再次暗示一种几乎是神圣的对地点的意识，这意识似乎不受历史的干扰。这首诗除了暗示别的外，还暗示希尼的想象力反抗那种仅仅与历史联系起来的观念。他反而渴望通过这种周期性的回归本源来感受“难以溶解地与宇宙节律联系在一起”。(托宾)

《内伊湖组诗》

此组诗有一个陌生而吸引人的题材：鳗鱼非凡的生命周期和北爱尔兰内伊湖渔民的工作周期。随着组诗本身的运动，穿过谚语、传说、现实主义和“幻象式”的变化，捕鳗在一定程度上变成人类性欲冲动的某种客观对应物。献词“给渔民们”则隐含对天主教徒渔民的无声同情，这些渔民的“偷捕”活动常常导致他们与拥有内伊湖正式捕鱼权的英国公司发生暴力冲突。（科科伦）

《在湖滨》：对比渔民与拥有现代技术的大公司捕鱼方式的差别。与现代捕鱼技术不同，这些渔民更接近自然周期的冲动，因此他们的宿命包含某种奇怪的智慧：鳗鱼的旅程暗示宇宙时间的周期性特点，也即“宇宙自然力节奏的永恒重复”。有一天，大地上将留下另一个伤疤，另一个小镇又将沉入湖底。（托宾）

《越出马尾藻海》：此诗写雄鳗幼体形成后的阶段，从大西洋向班恩三角洲移动。

此诗的角度从人类和历史的，转向前人类和前历史的。在离开马尾藻海之后，鳗鱼凭直觉横渡大西洋，朝着班恩河三角洲游去，在河口流连，然后慢慢游向内伊湖。（托宾）

《诱饵》：此诗写寻觅用于做诱饵的蚯蚓。渔民因需要而牺牲生命，又因需要而将蚯蚓骗出土地，似乎整个生命链都陷入受害者化的循环里，都需要献祭。（托宾）

《放线》：献祭的循环性质在此诗中更为明显。那条消失在视野和脑中的线伸向人类记忆和意识以外，进入生命最深处。那只有着冷漠技能的放线之手暗示救赎的循环——或报应的循环。第一部分第二、第三节所描写的，全都暗示不可避免的循环这一更大的现实。（托宾）

《收线》：循环继续，彼此交织，分不出谁是谁。不仅船的尾流，人的“尾流”，他们的死，也将缠绕在生死循环中。最终，他们面临跟他们的捕获物相同的命运。（托宾）

《回归》：如同雄鳗离开马尾藻海努力游向内伊湖，雌鳗也离开其水域努力游向大洋，在那里产卵，而这将再次恢复黑暗的循环。但她没有“尾流”，她处于一种几乎超越死亡的状态：“一根灯芯 / 既是自己的烛又是自己的光”，仿佛在死亡中她被“放线”，进入她“真正的形状”。（托宾）

《幻象》：从“成为孤儿的卵”转到一个其对恐惧的意识正在形成中的人类小孩。组诗最后一首转向个人回忆，乃是在更深的层面兜了一个圈完成这组诗，因为最深的诱惑正是隐藏在个人生活中。时间反映永恒的回归，一条“活带”，鳗鱼似的重新缠绕自己。然而，它不是消除恐怖，而是“证实那条可怖的缆绳”。（托宾）

《种植园》

此诗以但丁的回声开始，以乞灵于格林兄弟结束。诚然，在其最直接的意义上，此诗写的是精神探寻或神话探寻，以及这类探寻所隐含的各种对立面的心理完整性。种植园是一片黑暗树林，如同内伊湖一样，有幽灵出没。然而被种植园“囚禁”的幽灵并非仅仅是“汁液和季节的”幽灵，还有历史的幽灵。“种植园”一词既指涉那片直接的树林——文学的、精神的、心理的——也指涉大不列颠从 16 世纪起在爱尔兰的伊丽莎白时代“殖民地”，这些殖民地使本土的各王国分崩离析。在这些殖民地中最成功的是乌尔斯特，在那里，基于各种社会、经济和宗教理由，苏格兰移居者与本土爱尔兰人的关系从一开始就基本上是互相争吵的。因此，种植园的阈限空间既是历史的也是神话的。（托宾）

《种植园》绘制了创造与毁灭这一永恒循环的地图……种植园还提供了一个历史象征；侵略与统治的循环是如此多次地一再发生于爱尔兰，使得希尼把它视为一个原型。（哈特）

《班恩河黏土》

表现对本源的痴迷。（托宾）

《沼泽地》

我曾经模糊地希望写一首关于沼泽地的诗，主要是因为它是一片对我产生奇怪安抚作用的风景，充满了种种可以追溯到童年早期的联想。我们常常听说沼泽黄油，也即在泥炭下保鲜多年的黄油。后来我上学时，附近沼泽地掘出一头驼鹿的骨骼，我们有几个邻居的照片被登在报纸上，照片里他们透过鹿角向外张望。因此我开始有了一个意念，也即沼泽作为风景的记忆，或沼泽作为一片牢记着发生在它内部和发生在它身上的一切事情的风景。事实上，如果你到都柏林国家博物馆逛逛，你会发现爱尔兰最珍贵的物质遗产有很大比例是“在沼泽发现的”。此外，由于我自己的诗歌最早的胎动是由记忆这个功能提供的，因此我有一种试探性的、未实现的需要，需要把记忆与沼泽地和由于找不到更合适的词故不妨称为我们的民族意识的东西衔接起来。而这一切都在“我们没有大草原……”——但我们有沼泽——之后全部释放出来。

那时，我正在贝尔法斯特女王大学教现代文学，并一直在阅读有关边远地区和西部作为美国意识的重要神话方面的资料，因此我便把沼泽“竖”起来——或者说让它“躺”下来——作为一个相对应的爱尔兰神话。我带着兴奋入睡之后，第二天早晨便很快把它写了出来，然后可以说是逐行逐行地趁热修改……

引发这首有关记忆的诗的，是某种隐藏在记忆深层的东西，某种在该诗完成几个月之后我才把它与该诗联系起来的东西，也即老人对我们的一个警告，警告我们勿进入沼泽。他们担心我们会溺毙在旧开采场窄道的水池里，因此他们散布说（而我们相信他们）沼泽洞是*无底*的。他们——或我——都不知道，有一天我会把这话偷偷写进我一本诗集的最后一行。（希尼，《使感觉进入文字》）

选自《熬过冬季》（1972）*

* “熬过冬季”（Wintering Out）这个短语与牲畜有关，也与男仆有关。在某些方面，它与每个学生都知道的一行非常动听的英语诗歌有联系：“现在是我们不满的冬天。”它的意思是要对我们当前在这个地方正在经历的痛苦表态。它的意思，我想，大概是够难熬，但也包含挺过去的意思。（希尼，1972年访谈）

在乌尔斯特，动词“to winter out”意思是撑过和挺过一场危机，它源自一种农场习俗，涉及把牛群带到一个有遮蔽的区域，在整个冬天以最低限度的粮食喂它们，然后才在春天和夏天把它们养肥。（帕克）

如果说，农场劳动的无名本质和那个无名的农村孩子的普通感知使希尼头两本相对田园诗式的诗集充满生机的话，那么可以说，《熬过冬季》以一种不同和崭新的锐气继续这种无名，暴露农村“体面”之下原始的底面，以及探究在一个性压抑的文化中女性的苦难。《熬过冬季》还有另一种无名，它对希尼来说是难以估量地富有创造性的：这就是诗人从一位丹麦考古学家那里获知的被埋葬的尸体的考古学的无名。（文德勒）

饲　料*

或者，如我们所说，
吃料，我再次
为它张开
双臂。但首先

从一座干草垛
老虎钳般的紧夹中
抽出纷纷掉在你脚下的
干草垛本身

那些风化的草檐，
去年夏天一片片
翻晒的青草
和绣线菊，

多得像面包
和鱼，拿起一捆
掷过矮门

---

* 本诗题解见第 127 页。

或抛入肮脏的豁口。

这些漫长的夜晚
我将搬带来安慰的
干草[1]，任何给牲畜棚
做铺垫的东西。

---

① 原文 pull hay for comfort，这是一个双关语，既指搬干草给牲畜睡处做铺垫，让牲畜舒服地躺下，也指作者通过搬干草来获得安慰，尤其是在北爱尔兰政治动荡的背景下。在写作这首诗的 1972 年，希尼迁居爱尔兰共和国的都柏林。

沼泽橡[1]

一个马车夫的战利品
劈成了屋椽子，
一个布满蜘蛛网的，黑色的，
长期风干的拱肋

在第一层茅草屋顶下。
我也许可以跟
那些有胡子的死者，那些
背箩筐的人待在一起，

或偷听到
他们绝望的智慧
当向下吹的浓烟
在矮门上挣扎

而蒙蒙雨
模糊了
马车路的尽头。

---

① 保存在沼泽地泥炭里的橡木，是爱尔兰常用的建筑材料。

变软的车辙

不会带领你回到
“橡树丛”，绿色的
林中空地里也没有
槲寄生剪切者。

也许我仅仅辨认出
埃德蒙·斯宾塞[①]，
他正在做阳光梦，
被一群守护神

侵扰，他们悄悄从
“树林和幽谷的
每个角落里出来”
爬向水田芥和腐肉。

---

① 英国诗人斯宾塞不仅是歌颂都铎王朝的史诗《仙后》的作者，还写了政治小册子《对爱尔兰现状的看法》，呼吁摧毁爱尔兰文化和语言。引文来自该小册子，斯宾塞说，爱尔兰人最终会互相吞噬甚至吃腐肉。希尼则把这些挨饿的爱尔兰人称为“守护神”——亦可译成“精灵”。

阿纳霍里什*

我的“清水之地”，
世界的第一座山丘，
那里泉水冲进
闪亮的青草

和小巷路基上
暗淡的鹅卵石。
阿纳霍里什，辅音的
和缓坡度，元音草坪，

在冬天黄昏时分
摇晃于庭院间的
灯盏的残留影像。
带着桶和手推车

那些土墩居住者
走进齐腰深的雾里

---

* 本诗题解见第127页。

去敲碎水井和

粪堆上的薄冰。

男　仆*

他正在熬过冬季，
苦度一个坏年份的年终，
晃动着一盏防风灯
穿过某间外屋，

一个阴影中的零工。
老役夫，奴隶种，
曾经在市集山上
从每个出价者眼底走过，

以及保持你的忍耐
和沉默，你怎样
把我拖进了
你的足迹①。你的足迹

断断续续，从憔悴到稳定，
有散落的饲料

---

* 本诗题解见第 128 页。

① 希尼的“我”介入，参考《雨的礼物》的类似手法。

在雪地上变硬，
新年第一个来到

小男爵们的
后门：愤懑
而无悔意，
带着温暖的鸡蛋。

土　地*

I

我踏上它，一杆[①]接一杆。
我撩开灯心草和青草
开辟出我的通道
穿过旧底层和播过的土壤，
从耕地边捡些石头
立起一座小堆石标。
清理排水渠，修剪篱笆，
常常天未亮就起床
漫步在边远的田野。

我为这几亩地而养成各种习惯，
好让我最后的表情
既不是饕餮也不是饥饿。
我随时准备去任何地方。

---

* 本诗题解见第 129 页。
① 杆为长度单位。

II

这地方我原本想任由它
结辫和枝叶蔓生，在一个满是
根茬残株的长坡上，而现在不同了：

一个女人，由老湿叶、
灯心草绳和盖茅屋顶者的细枝条构成，
如禾束般松散地堆着，她的双乳是一件

用新禾秆和丰收蝴蝶结做的透孔织物。
目光掠过
疾奔的野兔。

III

我感到脚掌
在青草和苜蓿下展开：

如果我侧卧，耳朵
在这寂静的消息圈里

待得够久，大腿骨
和肩膀贴着这幽灵似的地面，

我想我就会听到
一阵击鼓似的轻微鸣响

并且一定不会感到吃惊
要是我在爆裂的空气中

发现自己被诱陷，摆动
一个带刺铁丝的耳环。

选自《熬过冬季》(1972)

雨的礼物

I

大暴雨和持续的滂沱如今
已持续多日。
　　　　　　依然是哺乳动物，
谨慎地踩着淤泥，
他开始用他的皮肤
来感知天气。

洪水灵活的口鼻部
舔着踏脚石
然后一拔而起。
　　　　　　　　　他通过测探
涉过他的生命之水。
　　　　　　　　　一次次探测。

II

一个男人蹚过沉没的田野，

打破洪水的镜面：

一朵泥水之花
向着他的倒影盛开

如一条切口
晃着它的红痕穿过盆地。

他双手在铁铲掘开了
沉陷的条播沟的地方

翻挖，一个他赖以
为生的亚特兰蒂斯[1]。因此

他被紧箍在他种植的地方
而天空和大地

则在他那双摸索耕地的
手臂间自然地流动。

III

当雨水聚集
浅滩上就会有

---

① 亚特兰蒂斯，传说中沉没在大西洋底的城市。

彻夜的咆哮。
他们那受过世界训练的耳朵

能够监听平常的
交谈，那争相淌过
三角墙的口水，
那在一张张砂砾床上

絮叨的莫约拉河：
天亮时所有喷嘴
都充盈着它们各自的旋律
并披着长长的秀发

溢出每一个桶。
我侧耳倾听
一种不在场——[1]
血统的共同召唤

使我想听听
大洪水前的传说。
死者细柔的声音
在岸边低语着，

---

① 希尼的“我”介入，类似《男仆》。不在场，亦可译为“缺席”。“不在场”是指殖民地之前盖尔文明的更古老的本地传说。大洪水前很可能是指殖民化之前。

使我想请教
(也是为我的孩子们)
为什么庄稼腐烂，河泥
给烤硬的黏土河床上釉。

Ⅳ

黄褐色、发喉音的水[①]
拼写它自己：莫约拉河
是它自己的总谱和乐器，

以当地作为
发声的铺垫，
是簧乐，是一支旧簧管

把它的迷雾轻轻
吹过元音和历史。
是一条上涨的河，

是声音的求偶鸣叫
升起来满足我这个财主[②]，

---

① 黄褐色、发喉音的水，代表爱尔兰政治的新可能性，它将以某种和谐与和解的方式使“我”感到快乐，通过在分裂的土地上建立共同基础而使他变成《圣经》中典型的财主。
② 财主，指《圣经》中的财主。

共同土地的聚藏者。[1]

① 共同土地，原文 common ground，意为共同基础，共识，共同点。这里显然是指北爱尔兰两大教派的共同基础，尤其是希尼家乡是新教徒地区与天主教徒地区相连的地方。

图 姆*

我的嘴巴呈圆形
吐出这柔软的爆破音，
图姆，图姆，
仿佛在舌头

那脱离①的厚板下
我闯入一个地下室②
勘探一百个世纪里的
壤土、燧石、火枪弹、

破碎的陶品、
金属项圈和鱼骨中
有什么新东西，
直到我滑入

在沼泽水和支流下

---

* 本诗题解见第129页。

① 舌头的脱离暗喻希尼发出本土音，这本土音已因使用英语而脱离。

② 地下室遍布爱尔兰各地，用于贮藏宝贵物品，以防止入侵者掠夺。最早的地下室建于青铜时代末期，后来又分别建于早期基督教时期和中世纪。

突然倾斜的

冲积淤泥里，
幼鳗盘绕成我的发辫。

布罗亚赫*

河岸，终止于宽叶
酸模丛中的长长田野
和一条伸向浅滩的
有顶篷的小路。

花园土壤
很容易就碰伤了，聚集
在你脚后跟印里的阵雨
是布罗亚赫中

那个黑色的 O，
它在多风的接骨木
和大黄叶中发出的
低沉的笃笃声

几乎突然地
终止了，就像最后那个

---

* 本诗题解见第 129 页。

赫，使外地人觉得
很难对付。

神　谕*

匿藏在柳树的
空躯干里，
它[①]的聆听是熟悉的，
直到他们像平时那样
用杜鹃似的声音
越过田野
咕咕呼唤你的名字。
你可以听见他们
拉开围栏柱，
当他们走近
呼唤你出来：
树洞里的
小嘴和耳，
苔藓处的
耳垂和喉。

---

* 本诗题解见第131页。

① 批评家奥多诺休认为，这里的“它”是指诗中的小孩也即“你”。小孩与树洞几乎合而为一。这聆听既是树洞的，也是小孩的。

向后看*

在空中一晃
仿佛一种失效的
语言，一种翅膀的
诡诈。

一只鹬的咩叫在逃离
它的筑巢地
逸入方言，
逸入变体，

音译在自然保护区上空
呼呼响——
空气的小山羊，
黄昏的小山羊，

霜冻的小山羊。①

---

* 本诗题解见第 132 页。

① 这三种称呼，都是直译自爱尔兰语，指鹬，而爱尔兰语的称号，都是鹬叫的拟声。哈特说，这些解释，均来自美国考古学家和人类学家约翰·布雷德伍德，他曾在希尼离开女皇大学前，在该大学发表这方面的演说。

是它的尾羽
在气流中
击鼓似地

奏出野鹅
和黄麻鸦的哀歌
当它迂回曲折地离开
进入我们赖以

为生的地下室，它的飞行
穿过狙击手在高处的位置，
越过暮光中的防御工事
和围墙，

消失在一个
田野调查员搜集来的
归档的物品里的
零星材料和残余中。

选自《熬过冬季》（1972）

一首新歌*

我遇见一位来自德里加尔夫的女孩，
她的名字是遗失的浓郁的麝香，
让人想起河流那漫长的蜿蜒，
黄昏时分翠鸟蓝色的闪电

和沉在浅滩里的黑臼齿似的
踏脚石，漩涡那多变的
光层，在桤树下
快活的莫约拉河。

至于德里加尔夫，我想，大概就是：
消失的音乐，暮光下的水——
被这意想不到的贞洁女儿
倒出的往昔醇甜的奠酒。

但现在我们的河流之舌必须
从深舔本土那些常去的地方升起
变成洪水，带着满是元音的拥抱，

---

* 本诗题解见第 132 页。

淹没以辅音立界桩的领地。

我们将征募道生堡
还有上兰兹，每一片种植的草地——
像晒布草地被青草恢复过来——
一个形音词[1]，像史前山寨和凹石。

① 原文为 vocable，指以语音和形状为单位而不以意义为单位的词。

另一边*

I

在深及大腿的莎草和金盏花中，
一位邻居把影子投在
溪流上，确定地说，

“贫瘠如拉撒路，那块地”，
然后在摇晃的枝叶间
轻快地隐去。

我在他牧草地的斜坡底
与我们的休耕地相接的地方躺着，
窝在苔藓和灯心草中，

我的耳朵吞咽
他那神话般的《圣经》式的不屑，
那上帝选民的口吻。

---

* 本诗题解见第 133 页。

他会那样站在
另一边，白发斑斑，
用他的黑刺李拐杖对着

沼泽野草指指点点，
在我们瘦骨嶙峋的田地上预言，
然后转过身去

走向他在山上的
应许之地，一阵花粉
飘向我们的田埂，那是下一季的稗子。

II

我们会花几天时间
重温每一句族长格言：
拉撒路、法老、所罗门，

还有大卫和歌利亚，他们
盛大地滚滚而来，像一车车干草
根本进不了我们的小路，

或在凹辙上颠簸——
“你们那一派，我相信，
谈不上是按《圣经》来管治。”

他的头脑是一间刷得粉白的厨房，
挂着各种经文，打扫得干净整洁
如同长老会教堂的中殿。

III

后来有时候当玫瑰经
在厨房里哀伤地拖长
我们会听见他的脚步声来到三角墙边，

尽管要等到连祷文结束之后
他才会来敲门，
那个随意的口哨才会

在门阶上响起。“今晚天气看来不错，”
他会说，“我闲着没事经过这里，
觉得我，我也许该顺便串串门。”

但现在我站到他背后
在黑暗的院子里，在祈祷的呻吟声中。
他把一只手放在口袋里，

或用黑刺李拐杖轻轻敲出一个小音调，
羞怯地，仿佛他撞见了
男女在亲热或陌生人在流泪。

我在想，是应该溜走呢
还是上前碰一碰他的肩
跟他聊聊天气

或草籽的价格?

火 绒*

（选自《北方贮藏物》）

我们拾燧石，
灰白而布满脏纹，

小得食指和拇指
捏着它们也发疼；

我们抚摸历史和家乡的
冷珠子，一片用树叶和树枝

烧起的洞穴口的火焰
在心灵的灯芯上颤抖。

我们用石头碰石头，
它闪烁微弱的焰粉

然后就熄灭，我们的指节
像燧石那样频频敲击。

---

* 本诗题解见第 133 页。

那么我们了解多少呢，
对火绒、烧焦的亚麻布和铁，

当我们在黄昏时挤成一圈，
拳头紧攥，希望缩小？

什么可以从我们死去的火成日子
打出一片火来？

现在我们蹲在冷了的余烬上，
眼睛布满血丝，在火焰轻柔的雷声

和我们的思绪都灰一般落定之后。
我们带着新历史、燧石和铁，

丢弃物、碎屑、钉子、犬齿，
面对冻原那呼啸的刮擦声。

选自《熬过冬季》（1972）

图伦男子*

I

有一天我要去奥胡斯
去看他深棕色的头，
他眼皮那豆荚般的微肿，
他那顶尖皮帽。

在附近平坦的乡间
他们把他掘出来，
他最后喝的冬季种子粥
在他肚子里结成饼块，

一丝不挂，除了
那顶帽、绞索和腰带——
我将在那里长久伫立。
他是女神的新郎，

她用她的金属项圈勒紧他，

---

* 本诗题解见第134页。

打开她的沼泽，
那些黑暗的汁液渐渐
把他保存成圣徒的遗体，

泥炭铲切者在蜂巢式
挖掘中发现的宝物。
现在他染色的脸
安枕在奥胡斯。

II

我可以冒着亵渎的危险，
把这个锅形沼泽圣化为
我们的圣地，并祈求他
使它们发芽生长：

劳动者零散的
被伏击的肉体，
农家院子里准备下葬的
穿袜没穿鞋的死尸，①

不说自明的，被沿线
拖了几英里的
四个小兄弟那些

① 皆为北爱尔兰农村地区教派冲突受害者。（麦克雷）

点缀铁路枕木的皮肤和牙齿。[①]

Ⅲ

他坐在死囚车里时
他悲哀的自由的某种意味
将迎面扑向我，当我开着车
念着它们的名字，

图伦、格劳巴勒、内伯尔加德，[②]
不懂当地语言，
只能望着
乡下人指点的手。

去到日德兰，
在那些古老的杀人堂区
我将感到失落，
不快乐而又如在家乡。

① 1920年代政府非正规警察对天主教徒实施的臭名昭著的暴行。（麦克雷）
② 这三个地方都是出土沼泽人的丹麦地名。另参考希尼诗《格劳巴勒男子》。

纳尔土斯*

美，譬如说一根立在泥炭中作界标的桍杈，
它那长长的粗纹理聚拢到凿出的裂缝；

一个风吹日晒、一丝不挂的气候接受者，
在那里柳条径和田间小路指向欧石南。[1]

---

* 本诗题解见第 135 页。

① 柳条径，原文 Kesh，爱尔兰方言，指用于跨越湿地或沼泽的临时路，有些是用编结的柳条作垫，上面铺上泥土和石子。田间小路，乃是对爱尔兰方言 loaning 的意释。

结婚日*

我很害怕。
声音在白天里停止了
而那些形象旋转又
旋转。为什么会有那些眼泪，

他脸上难以抑制的悲伤
在出租车外？哀悼的
气息从我们那些挥手
告别的客人身上升起。

你在高高的蛋糕后唱歌
像一个被抛弃的新娘，
坚持着，迷乱地
行完婚礼仪式。

我走进男厕
那里画着一颗被刺穿的心

---

* 本诗题解见第136页。

和一句爱的题词。让我
伏在你的胸脯上一直睡到机场。

选自《熬过冬季》(1972)

新郎的母亲

她还记得洗澡时
他闪光的背，
他的小皮靴在她脚边
那围成一圈的皮靴里。

她双手搁在空膝上，
听见儿媳被迎进来。
感觉就像他被举起来时猛踢脚
滑出她沾满肥皂的怀抱。

以前她曾经用肥皂
来脱下结婚戒指，
现在它已永远嵌在
她那只鼓掌的手上。

避暑别墅*

I

到底是垃圾堆那边的风
还是酷热中的什么东西

在尾随我们，使夏天变味，
还是某个发臭的巢在什么地方孵卵？

谁的错，我这个中邪的空气的
探询者，也感到纳闷。

这才突然想起，
于是冲向那门垫，

发现是幼虫，在蠕动——
用沸水，用沸水，用沸水淋。

---

* 本诗题解见第136页。

Ⅱ

我抱来野樱桃和杜鹃花
簇拥着开门，
我听见她失落的低泣声
穿过走廊传来，变尖吼，变粗哑，
都是因为我，因为我。

哦亲爱的，该骂的人来了。

我们之间松散的花
拢紧，构成
某种五月的小圣坛。
这些坦率和掉落的花
很快腐烂成芬芳的圣油。

护理。涂伤口。

Ⅲ

哦，我们照料好我们的伤口
在质朴的被单下，

躺着，仿佛一把刀寒冷的平面
使我们喘不了气。

我设想更多更多
亲密的治疗，如同此刻

当你在淋浴间里弯身
水沿着你双乳的斜壶涤净怨气。

Ⅳ

随着没有音乐感的
最后一凿，
长长的纹理开始
绽现并向前

裂开，又一次
我们挖掘
那条通往心灵的
已踏过的白色小径。

Ⅴ

我的孩子们流着泪度过那个外国的热夜。
我们在地板上走动，我的臭嘴拿你
出气，我们僵硬地躺着直到黎明
侍候枕边，还有玉蜀黍，还有那

向光亮撑起饱满的负担的葡萄藤。
昨天，岩石歌唱，当我们在岩洞
那古老、滴水的黑暗中轻敲钟乳石——
我们爱情的呼唤细小如一根音叉。

小夜曲

爱尔兰夜莺
是一种水蒲苇莺，
鸟小声音大，
彻夜喧闹不休。

不是你所期望的
音乐国度的那种夜莺。
我甚至没听过它——
就连猫头鹰也没。

我的小夜曲一直是
一只乌鸦在通风口
或梦中的哽噎声，
蝙蝠的喘息声

或流浪的长脚秧鸡
在联合收割机与化学品之间的
无人地带迷失的
呃呃声。

所以请把奶瓶装满，亲爱的，
让他们待在婴儿床里，
要是他们吵醒我们，那也没关系，
反正水蒲苇莺也会把我们吵醒。

海岸女人*

男人之于山，女人之于岸

——盖尔谚语

我越过一座座沙丘和它们呼啸的硬草，
那里松散的干沙在空气中筛洒，
而我走在坚固的边缘。鸟蛤的
白痘疤，蛤蜊和牡蛎泛白的顶盖
聚集了海湾上编织又拆散的
月光。在远处的岩石上
苍白的浪沫来了又去。

鲭鱼被拍死在船侧下，
但我们依然每次都把它们捞上来，
僵冷的鱼尾随着它们的第一口呼吸抽搐。
我的钓线确定地垂到下面逆流处，
在我开始拉时把重量压向我，
朝着光闪烁和收紧。
他整个人在船尾忙着。我喊：

---

* 本诗题解见第 136 页。

"这实在太容易了，有点不对劲。"
但他二话不说，继续解开钩子应付
发狂的鱼。接着突然静下来，
我们已越过他们不敢靠近的地方，钓线翘起
像松了一样，我这才意识到
我们已漂离岬角多远了。
他只说了声"你计算你那边的"，
然后我便看见鼠海豚们厚厚的脊背
打着转，像浪涛的飞轮，
溜滑而闪亮。看见一座山
把海水分开，也不会像这大群鼠海豚
气势汹汹地围近那样使我惊呆，
黏稠而密实的肌肉，从尾到头圈圈箍紧，
每只都完全露出来，当它们跃出
又潜入。
　　　　它们会袭击船。
我知道，并要求他返航
但他不愿意，宣称这是我族人
一直以来被愚弄太久的怪谈
而现在他就要证明这点，平息这场争论。
也许他畏缩了，当那些倾斜而油腻的背脊
朝着我们推进：我躺在一艘
摇晃的无篷船飞溅的咸水下尖叫，
感到每一次穿过木板而来的撞击和滑动，
恶心于它们在水里的巨大快乐。

有时候我漫步在这海滨，为了感恩
或只是为了离开他远一点
避过他隔着火炉啐过来的口水。这里
是安全的味道，缓缓倾斜的沙滩
窝藏的，最坏也不过是竹蛏或螃蟹——
尽管我父亲回忆说，有鲸鱼的身躯
倒下并喘着气，就在那些沙丘上。
但今晚如此动人而强健的梦一个个铺开
在更黑暗的深处，远在岬角外。
迷失在一堆被擦净的贝壳碎屑上，
在干燥的沙丘和吐沫的浪潮之间，
我有权利在这休闲大道上漫步，
成了月光与我影子之间一片薄膜。

地狱的边境*

巴利香农的渔民
昨晚捞起一个婴儿
搀在鲑鱼里。
一种非法的繁殖，

一个被扔回水里的
小东西。但我肯定
当她站在浅水中
温柔地把他按入水里

直到她双腕的疖瘤
冻僵如砂砾，
他是一只带钩的小饵鱼
把她撕裂。

她蹚入水里，
胸前晃着她的十字架。
他和鱼一起被拖上来。

---

* 本诗题解见第 136 页。

现在地狱的边境将是

众多灵魂的一道冷光
穿过远方某个盐水地带射来。
即便是基督那未治愈的双掌
也会剧痛，不能在那里捕鱼。[①]

① 耶稣说："来跟从我，我要叫你们得人如得鱼（直译：我要使你们成为捕人的渔夫）。"未治愈的双掌，指耶稣被钉在十字架上的双掌。他"不能在那里捕鱼"（得人），表明"地狱的边境"的状态，它是基督救赎之手所不能及的地带。这里不仅暗示婴儿是无辜的，也暗示母亲是无辜的，她差不多也生活在地狱边境的状态：未婚生子违反教规，杀婴也违反教规。

私生子

> 他是在鸡舍里被发现的，她把他
> 关在那里。他一句话也不会说。

当灯火亮起，
在他们后窗形成
一片蛋黄光，
那外屋里的孩子
从缝隙里窥视——

鸡舍里的小男孩，
那张脸棱角分明如记忆中的
新月，你的照片仍然
像一只小鼠闪过
我心灵的地板。

小月人，
狗一样关在窝里，忠实地
待在院子边，
你虚弱的身躯，发光，
无重，惊扰尘埃、

蜘蛛网、鸡舍下的
旧粪便
和她早晚通过
你的活板门送进来的
剩饭的干冷味。

在那些脚步声之后，是寂静；
守夜，孤独，禁食，
未受洗礼的眼泪，
对光的无以名状的爱。
但现在你终于讲话了，

用一种生疏的示意动作，
传达某种超乎耐性的东西，
你的张口是无言的证据
证明多少爱所未曾涉足的
远如月亮的地方。

晚　安*

门闩拔开，一窝锋利的光
剖开了庭院。从那个矮门出来
他们弓身进入如蜜的走廊，
然后直接穿过那道黑暗之墙。

水坑、鹅卵石、门边框和门阶
稳稳置于一堵光亮中。
直到她再次超越她的影子跨步进来
并取消她背后的一切事物。

---

* 本诗题解见第 137 页。

炉　边*

永远有些光的故事
盘旋在灌木丛间
或草地尽头；也许是一只冷角山羊
一溜烟腾入月亮里；链条叮当响

在午夜道路上。接着也许
话头就会转向那门
水的艺术，吸引鱼群的灯光，而我将用
我的手电筒月亮似地照射溪水

那被舔过的黑毛皮，我的左臂张开
去应对那阻挠渔网的急湍的
倾泻和奔流。那是在漩涡上

扭曲的光线吗，抑或是
神话般的闪耀？稳住那光，
恢复你的理智吧，他们在道晚安了。

---

* 本诗题解见第 137 页。

西　行*

（在加利福尼亚）

我坐在兰德·麦克纳利[①]的
“月球官方地图”下——
青蛙皮的颜色，
它那些放大的细孔

张开，其中一个齐眼高，
叫作“皮蒂斯克斯”[②] ——
回忆昨天晚上
在多尼戈尔[③]，我的影子

被她那骨头突出的照耀
整齐地投在粉刷白墙上，
院子的鹅卵石
亮白如鸡蛋。

---

* 本诗题解见第 137 页。

① 兰德·麦克纳利，美国地图出版社。

② 皮蒂斯克斯（1561—1613），德国数学家，著有《三角学》。

③ 多尼戈尔，爱尔兰地名。

夏天是一次自由落体运动
结束在那里，
空荡荡的西部
露天剧场。耶稣受难日

我们启程
经过下午拉起的商店遮阳篷，
停在静静的教堂外的汽车，
斜靠在墙边的自行车；

我们开车经过，
一种逐渐变小的打断，
如同响板拍在
光秃秃的祭坛上

而信众们弯身
俯向嵌钉的十字架。
什么钉子在那个时辰脱落？
道路退卷，退卷

渐弱的光如钓线
抛在
闪闪的水域上。
在月球的伤痕[1]下，

---

① 伤痕，原文 stigmata，指耶稣的伤痕。

六千英里外，
我想象未被扰乱[①]的尘埃，
一种逐渐松弛的引力，
基督正在用双手掂量着。

① 未被扰乱，原文 untroubled，这个词与北爱尔兰的动荡有联系并构成对比，因为北爱尔兰动荡被称为“The Troubles”（动荡，动乱）。

题解

《饲料》

希尼在诗集《熬过冬季》里关注的是语言自身内部那些活生生的复杂文化力量和历史力量，并披露他想深入探测他的语言本源。诗集里第一首诗《饲料》（*Fodder*）宣布这一主要关注。爱尔兰人把这个古英语词的发音念成“吃料”（fother），触发了希尼的想象力。（托宾）

住在加州，这种距离起到的作用，是使我重回爱尔兰的记忆库。（希尼，《踏脚石》）

第一节在感情上对重返的记忆表示欢迎（“张开双臂”）。第二、第三节以希尼所熟悉但一般人看不到的视觉细节记录饲料的起源并将之戏剧化。他的嗅觉和味蕾唤起夏天青草和绣线菊的味道。饲料这种混合各种自然成分的东西，以如此少量喂养如此多的动物，有点像《新约》中的奇迹（“多得像面包和鱼”），它被分派给牲畜吃（“拿起一捆……”）。最后一节，诗人在床上辗转反侧的时候，想念家乡，任何可以给他的加州“牛棚”带来安慰的干草。（法贝特）

《阿纳霍里什》

希尼家乡的地名。希尼在其散文《摩斯巴恩》里提到他就读于“阿纳霍里什学校”。这首诗与《图姆》和《布罗亚赫》皆为希尼的“地名诗”。

这些诗的重要性不取决于世界听见它们，而是取决于它们对写下它们的诗人的意义。“由舌头发出声音的地名，被用于迅速催生一种当地历史；这些诗都是快速地从一个词语抓出一个世界。”（科科伦）

虽然如果把《阿纳霍里什》《图姆》和《布罗亚赫》称为本土武器可能会言过其实，但它们很能说明一个理念，也即在后殖民和新殖民语境里把词语保存下来，不予翻译，也许可视为一种政治行为。（托宾）

把山和草地调和起来的风景之形状，被重构在“阿纳霍里什”（Anahorish）这个词里，这个词则把其爱尔兰语原文“anach fhior uisce”（清水之地）的

“元音”与英语的“辅音”调和起来。（科科伦）

把个人和爱尔兰的虔诚视为元音，把由英语养育的文学意识视为辅音。（希尼，《1972》）

最后一节诗把现在提着桶推着手推车的当地农民与先民土墩居住者联系起来。

《男仆》

男仆及其潜藏的敌意，指向20世纪70年代被剥夺权利的北爱尔兰，那里的青年人给德里郡的城墙涂上“死前有生吗”。（兰德·布兰德斯，见奥多诺休）

男仆很可能是新教优势阶层某座大屋的男仆，他训练自己有耐性和沉默，但最终“愤懑 / 而无悔意”，一个完全没有奴性的仆人，其鸡蛋的温暖则暗示可能存在着一种不同的未来。（科科伦）

（在18世纪）天主教徒不可在军队服役，不可从事法律工作或占据任何公职。天主教徒不可投票、担任英国政府官职或收购土地。他们被剥夺在本地或外国就学的权利；更糟糕的是，天主教弥撒被正式禁止。《男仆》背景设在18世纪，那也是新教庄园大户鼎盛期……希尼的主人公被种植园制度剥夺了土地，必须尽力度过休耕季节。他无钱在冬天租房子住，便受雇于某座庄园大宅做仆人。希尼以古英语隐喻语的形式，对统治阶级的语言善加利用，把“役夫”和“奴隶种”等表示特征的修饰词应用在一个仆人身上，这仆人在逆境前面保持一种小心培养的镇定。事实上，希尼欣赏这个青年那种保持忍耐和沉默的能力……尽管处境维艰，但是这个年轻人还是把他负责的鸡蛋安全地带到后门。他维持的是一种脆弱的平静。这些鸡蛋温暖、新鲜，是再生的象征，虽然它们属于“小男爵们”，但是也代表了一种对该地区被剥夺公民权的人们来说必不可少的田园生存模式。希尼在“阴影中的零工”中直觉地感受到他自己的身份危机。诗中几乎见不到明显的辩论术，尽管它可以作为一个相称的类比，暗喻北爱尔兰在最近几十年间的紧张气氛。（科林斯）

《土地》

诗人在这里的立场类似于原始主义的立场，如同华兹华斯的拾水蛭者，其工作性质和对大自然的绝对接近使他的想象力倾向于土地那富于生育的力量。（托宾）

在最后一部分，那种对于实际上被想象的土地的种种可能性捕捉住的意识，本身就证明土地的能量和诗人的心灵能量的协调。诗人这种与本源关系密切的意识，在《神谕》中甚至更强烈……语言本身如同诗人，也似乎证明其与土地的一体性。（托宾）

《图姆》

参考《阿纳霍里什》注释中关于“地名诗”的解释。图姆（Toome）是德里郡一个小镇，位于希尼成长的农场摩斯巴恩附近，也是爱尔兰非常古老的有人居住的地方之一，以及考古发现的重要场所。据哈特说，在那里，史前遗迹与爱尔兰共和军的革命祖先、曾于 1798 年叛乱期间对抗政府军的“统一爱尔兰人”的火枪弹，石器时代的燧石和海盗的金属项圈混在一起，叛军曾于 1794 年转入“地下”，而爱尔兰共和军则在 1970 年也即这首诗完成前两年重新开展“地下”活动。

此诗似乎想探索《雨的礼物》和《一首新歌》所暗示的另类文化和政治选择的可能性，但探索者最终找到的并不是新东西，而是非常古老的事物。最后一行近于半超现实的美杜莎形象，很可能与凯尔特时代英国和爱尔兰的美杜莎头像有关，希尼曾在《使感觉进入文字》中讨论《图伦男子》时提到在安妮·罗斯《异端的凯尔特时代英国》一书里看到这些头像。因此，这首诗为诗人与地域之间的原始亲密性建立一个条件，也即“我”的存在是与“我”对这个地方的了解密切相关的。（按：美杜莎头像的头发是由众多盘绕的蛇构成的。另，结尾人与自然一体化的写作手法类似《阿纳霍里什》结尾。）（科科伦）

《布罗亚赫》

参考《阿纳霍里什》注释中关于“地名诗”的解释。布罗亚赫原文 Broagh

（河岸），英语一般读成 Broa（布罗亚），英汉地名词典的音译也是省去“赫”字，外地人（尤指英国人）觉得很难发出这个“赫”音。在这首诗里，各种新旧词、混成词和方言糅合在一起，象征这个地方本身人口构成、语言构成、宗教构成和种族的复杂性。例如 boortrees 是 bowertrees（遮荫树）的讹误，用来指接骨木；docken 是 dock-leaves（酸模叶）在苏格兰语和古英语中的复数形式；pad 是苏格兰方言，指 path（小路）；rigs 在英语里一般作“帆装、设备”等，但在苏格兰语里意思是田野或犁沟；mould（土堆）是十七世纪英国新教徒殖民者带来的词，在这里的意思是土壤。

二十五年前，当我试图从北爱尔兰的政治肥料堆里采集若干抒情芽苗时，我写了一首诗，叫作《布罗亚赫》，这个标题也完全可以改为《唉》。它的直接题材，是我对我们位于德里郡莫约拉河畔小镇布罗亚赫的农场边远部分的回忆，但它的目的，却是把我刚才提到的三种语言——爱尔兰语、伊丽莎白时代英语和乌尔斯特苏格兰语——带入某种创造性的沟通和结盟，从而暗示某种可能性，也即这三种语言在北爱尔兰所代表的文化传统和政治传统之间也许有可能达成某种新的沟通和结盟。

我极想申明爱尔兰语言有权被承认为那种乌尔斯特混合体的一部分，有权纠正官方的、班恩河以东的一个强调，也即强调该省的原始语言是乌尔斯特苏格兰语和伊丽莎白时代英语。然而，在这首诗所讲的故事中，并没有言明上述意思；相反，它是要隐含于这首诗听上去的感觉中，隐含于词汇中和诗行的表达中，隐含于这首诗如何探入长期运作在乌尔斯特语言第一个层面之下的略语和密码。最终，一切都归结到是否有能力说出“布罗亚赫”（Broagh），把这个词最后的“gh”（赫）的发音念成它在本地被念出的发音；换言之，这首诗只是在我们时代那场大运动中迈出一小步——那场大运动的目标，是把文化权威夺回给本地，是通过使弱势语言成为规范标准来逆转殖民化程序。白厅部长们会把这个地方称为布罗亚（Broa），但那将是错误的。与别的例子不同，在这个词的发音上，没有任何迹象表明他们有权利这样做；相反，这样做只会暴露某种无能。但是，任何北爱尔兰本地人，无论是新教徒或天主教徒，租地殖民者或盖尔人，不管他们各自从爱尔兰语或乌尔斯特苏格兰语被放逐出来的语言流亡的神话是什么——他们每一个人都能说“布罗亚赫”，他们每一个人都能够至少在语音中和睦相处。因此我想说，正是在说话的这一层面上，可以找到共同语言的基础。（希尼，《彭斯的艺术谈吐》）

在希尼这首诗发表前，布罗亚赫在印刷物中几乎完全不存在，也许除了在全国地势测量地图上。因此可以说，是希尼把这个地名从日常讲话中带到印刷物中。鲍林总结说：“这是一首对北爱尔兰局势的现在和未来表达深刻焦虑的诗。”（鲍林）

希尼在谈到这首诗时说，“布罗亚赫‘是’为爱尔兰本地人所独有的声音，为统一派和民族主义者双方所熟悉，但为英国人所难以掌握”。（科科伦）

此诗的要点是，冲突的历史造成这样一个社群，其成员不管隶属于哪个政治或宗教派别，现在都讲同一种语言，无论这语言源自爱尔兰语、英语还是苏格兰语。因此，这个社群里每个人，是天主教徒还是新教徒，都有能力发出“布罗亚赫”这个地名的声音，这种能力只是想作为一种稍微乐观的或勉励性的寓言，寄托对潜在的政治和语言社群的希望。我们可以说，此诗是颂扬有益于当地包容性的排斥性；尽管排斥的音调无疑也带有它自己的政治坏影响，因为最后几行排斥“陌生人”使我们想起从政治角度看，当然是英国人长期以来觉得爱尔兰人“很难对付”。（科科伦）

《神谕》

这首诗写希尼小时候在屋子附近玩，家人到处寻找他。标题 Oracle 有多重意思，既是神谕，又是神示所，又是传神谕者，希尼研究者对此有不同解释。希尼把这个匿藏处当作神示所（当然是从成年后的角度看），与神秘事物交流。

希尼在散文《摩斯巴恩》里说：“当你缩着身挤进去，你便进入一种不同生命的中心，眺望外面熟悉的院子，那院子仿佛突然间处于一道陌生的玻璃背后。你头上，是这棵活生生的树在繁茂生长和呼吸，你用肩膀顶着微颤的树干，而如果你把额头靠在粗髓上，你便感到整个柔软和低语着的柳树冠在你上面的天空中晃动。在那个紧身的辖口里，你感到光和树枝的拥抱，你是一个小阿特拉斯在用肩膀顶着它，一个小塞努诺斯在支撑着一个鹿角世界。”（按：塞努诺斯是古罗马凯尔特神祇，意为“有角者”，鹿首人身。）

最后四行里，小孩跟树几乎已融为一体。可参考《土地》和《图姆》结尾及其注释。

希尼的童年自我变成他的一个形象，并且像一个牧师和诗人，那小孩聆听神谕的源头，以便讲述其神秘……语言本身如同诗人，也似乎证明其与土地的一体性。（托宾）

《向后看》

希尼这首诗与其说是关于“诗歌的语言本源”，不如说是关于在被剥夺的历史过程中本源的流离失所和泯没。第一节诗立即就写到从鹬的最初消失中所反映的语言和文化的灭绝。从这里开始，鹬的飞行非但不是本源的白日梦，反而是记录了爱尔兰语本土语言连同其方言和各种变体，连同其丰富的文学和文化积累，从其“筑巢地”逐渐变成鬼影般的缺席的经历。它在其飞行过程中为野鹅和黄麻鸭奏出的挽歌让人想起早期爱尔兰隐士的，或斯威尼对鸟儿的赞美的，那种紧密观察的自然诗。在这类怀旧以外，鹬的挽歌还指涉野鹅的飞逃、爱尔兰本土族长的被剥夺和爱尔兰漫长殖民历史上的强制移民。鹬是本土爱尔兰人的天主教后裔还是殖民的英国人的新教后裔则不清楚也不重要。希尼的观点是明确的：被剥夺的历史过程中爱尔兰语言的失效已造成这样一个局面，也即对殖民统治的依赖的废除，可能导致暴力，但也可能导致诗人的想象力的增强。最后鹬消失在田野调查员的档案里，也即进入希尼诗歌里，并不是象征对某个神圣本源的无声敬礼，而是一个活跃的想象力的原则，它使诗人既可以利用征服者的语言，又可以利用他自己辛苦获得的对爱尔兰殖民历史的表述，来服务他的艺术。（托宾）

这是一首酸楚的、间接、寓言式的挽歌，纪念实际上消失了的爱尔兰本土语言那“颚音缪斯”。（科科伦）

《一首新歌》

如果说辅音是原先势力上升但如今受威胁的新教徒的领地，元音是“本土”天主教徒反抗的洪水，要淹没前者，那么可以说，希尼看上去纯然地形学的词汇中，政治并非完全缺席，并且可以说此诗含有天主教徒抗议的声音。六十年代末北爱尔兰发生动乱，动乱是由占多数派的新教徒包围少数派天主教徒引起的，前者支持北爱尔兰留在英国，后者要求北爱尔兰脱离英国，与爱尔兰共和国统一。希尼属于天主教。（奥托尔）

希尼在文章《1972》中说：“我把个人和爱尔兰的虔诚视为元音，把由英语养育的文学意识视为辅音。我希望这些诗能够成为与我的整个存在相称的形音词。”然而，与《雨的礼物》里结尾漫过“共同土地”的洪水不同，淹没以辅音立界桩的领地似乎更多是一种侵犯行为；实际上令人好奇地远离“元音的拥抱”。充满政治意味的词“升起”（“复活节起义”?）和“种植”（在乌尔斯特殖民期间通过剥夺行为获得）以及军事性的“征募”使这些诗行难以达成任何轻易地单一的视域。同样地，如同多位评论者指出的，“必须”一词是含糊的，徘徊于一种不可避免的进程和一种敦促去采取行动的鼓励之间。明白无误的是预言殖民时期被殖民的土地将会通过与本土文化建立新关系而被恢复——即是说，被索回——如同新教乌尔斯特的亚麻贸易的古老晒布草地被青草恢复，再次为本土人所拥有一样。（科科伦）

《另一边》

希尼三十年后谈到此诗时说：“诗开始时，回忆一位长老会教派邻居对我们一块田地的看法，那块田地与他家的田地毗连，两者之间隔着一条长满杂草的小溪流；不过，诗接下去便拿分隔的概念做文章，谈到交界排水渠两边如同北爱尔兰分裂的社会的两边——例如因人们的不同祈祷方式而分裂，以及因他们不易觉察的微妙但真实的（如同我较早时指出的）不同说话方式而分裂。然而，该诗结尾暗示，跨越是可以尝试的，想向更深远处走去的个人是可以放置一些踏脚石的。”（希尼，《值得一提的事情》）

《火绒》

在《火绒》中，希尼朝着一种视域打手势，认为艺术依然是必要的，尽管历史很残酷。燧石代表着北爱尔兰暴力历史的碎片化和痛苦。在无法打火之后他们“在黄昏时挤成一圈”，他们的徒劳反映诗人的徒劳：他同样无法点燃火花，更别说治疗家乡的痛苦。他们的社群之圈如同诗人的作品，似乎只是对整体性的虚弱仿造。此诗以一个斯多葛式的无奈场面结束，希尼加入了贫困者的小“聚会”。最后三行诗所展望的新历史与旧历史并没有多大差别。暴力的循环似乎永无尽头。就连最后半押韵对句中的“iron（铁）/ canine（犬齿）”也暗示该社群的破碎感。在这贫困者的圈子（一个破碎的中心）里，使他们团结在一起的是布满血丝的悲伤眼睛，它们在暴力面前，在思想“灰一般落定”时支撑人类的感情。希尼的肯定的火焰在这里确实很微弱。然而，通过如此准确地描绘暴力在社会中如此根深蒂固时人性的削弱，他也同样朝着某种新的复苏打手势，这复苏只有在旧的暴力格局被暴露和打破之后才能发生。《北方贮藏物》警告我们，在恐怖面前，诗人的想象力必须自己小心提防救赎的假设。只有通过削弱自己，诗人才能开始恰当地谈论“无人地带”的悲伤。（托宾）

此诗结尾描写的贫困者围成一圈的画面，既表明一个挣扎着要保存人类同情心的火花的社群，又表明该社群想象力的周长危险地狭窄。（托宾）

希尼回忆小时候试图用燧石取火。他把这记忆发展成对当前局势的一种充满回响的象征性反应，把燧石想象成他用手指捏着的“历史和家乡的 / 冷珠子”。（科科伦）

《图伦男子》

我在一本译成英语的书里找到这样一些象征，它恰巧出版于杀戮开始的1969年。它的标题再次恰巧叫作《沼泽人》。它主要描写在日德兰沼泽地找到的保存下来的男女尸体。尸体都是赤裸的，被勒死，或被割喉，自铁器时代早期以来就被埋在泥炭下。该书作者P. V. 格洛布令人信服地指出，这些男女中有很多人，尤其是那个其头颅保存于奥胡斯附近锡尔克堡博物馆里的图伦人，乃是献给母神的祭祀品，母神是土地女神，她每年都需要在她位于沼泽地的圣所与新的新郎共床，以确保土地在春天更新和肥沃。如果把它与爱尔兰政治献身的传统联系起来，尤其是其献身的事业的偶像正是霍利罕之女凯瑟琳，则这就不只是一种古代野蛮人的仪式，而是一种原型模式。而这些难忘的献祭品的照片，在我脑中与过去和现在爱尔兰政治和宗教斗争的种种漫长仪式的残暴混合起来。当我写这首诗，我有了一种全新的感觉，恐惧的感觉。它是一种继续朝圣的誓言，而当我写这首诗时——并且再次，我写得很快——我觉得除非我对我正在说的东西怀有深沉的热诚，否则我只会给自己招来危险。（希尼，《使感觉进入文字》）

希尼沉思图伦男子出土照片，并追索想象中死者的处境与诗人自己时代的北爱尔兰的相似之处。（麦克雷）

掘出图伦男子的地方，是一个"稍微瘦长的锅形沼泽"。"冒着亵渎的危险"，因为从基督教角度看，不仅给沼泽祝圣是渎神的，而且把沼泽称为"我们的圣地"也是渎神的。（格洛布）

希尼感到他可以向图伦男子祈祷，使北爱尔兰冲突的死者复活。（戴利）

希尼寻求圣化这块土地，把仇恨和暴力的锅形沼泽变成我们的圣地，并祈求他使进行中的冲突的受害者发芽生长成新的和积极的东西。（福利）

结尾有一种荒凉的悲观主义。在古代日德兰，仪式的牺牲品在部族行事方式中具有一种公认、神圣和慈善的地位，而北爱尔兰的杀戮则似乎是随意和无结果的。（麦克雷）

《纳尔土斯》

据塔西佗《日尔曼尼亚志》，纳尔土斯是日耳曼民族崇拜的地母女神。据格洛布《沼泽人》说，沼泽人崇拜地母女神，他们用一根天然木棍作为她的抽象雕像，木棍上半是粗纹理，下半某些部分被凿出裂缝，以表示双腿，又像两条伸入大地的根茎，分叉处则显然是象征女性阴部。《图伦男子》中的图伦男子，即是被用于献祭地母女神。竖立在日德兰田野里的木棍雕像的照片附于《沼泽人》，希尼见过。木棍雕像使希尼想起家乡田野之间的界标，尤其使他想起父亲所用的梣杖。

希尼通过使用爱尔兰方言而把木棍雕像的场面嫁接到当代爱尔兰，从而使过去与现在互相呼应，以及把神话合并成历史。（托宾）

《结婚日》

此诗写希尼自己的婚礼。其实婚礼并非全是欢乐，而是有哭有笑，还有为了维持“礼”而产生的各种纠结。不仅女方父母失去女儿，男方父母和朋友也将失去儿子和伙伴，因为他结婚后将变成一个不同的人了。所以父亲悲伤，客人哀悼。婚礼有点像丧礼。但来到男厕所，看到别人心碎的爱情故事，新郎似乎有所领悟。最后的安慰是赶快度蜜月去，并且最好是睡在新娘胸上。“你”是指新娘，第二节“他”是指希尼父亲，据说他拒绝坐进出租车，也拒绝致辞。

《避暑别墅》

在《避暑别墅》中，性爱是给婚姻的纷争“涂伤口”的一种方式。（托宾）

最后一部分是某种逆反的黎明曲，在传统的爱情诗中，沉溺于床上欢乐的诗人哀叹黎明不可避免地来临，因为它将分散恋人。这里，则是夫妻在争吵后醒着，黎明反而变成可能新生的另一种来源。（科科伦）

《海岸女人》

在最后一行，这个不快乐的妻子在月光下漫步，变得几乎无实质。（科科伦）

丈夫冒犯她的感受和虔诚。孤独是一种代价，她愿意付出，以获得平静和安全。海岸是她的“休闲大道”，暗示休息和恢复，且含有某种确定的方向，某种文明因而安全的东西。（安德鲁斯）

《地狱的边境》

地狱的边境，原文为Limbo，又译为灵薄狱，据传是基督降生前未受洗礼的夭折儿童和好人的灵魂栖居地。

在这个女人所生活的社会，“十字架”的影响是如此压抑，以致杀死了她天生的母亲本能。她因为违反社区严厉的性禁忌而感到羞耻，以及害怕遭到报复，这迫使她对那个社区犯下十恶不赦的罪行。在《地狱的边境》的世界中，部族习俗所定义的宗教信仰杀死了救赎之爱的希望。女人蹚入水里，胸前晃动的是“她的”十字架而不是基督的十字架。她的精神和想象力也同婴儿一样被溺毙了。基督本身是一个象征，他的救赎力量依然是无能的。更有甚者，如同十字架一样，只要基督无法超越这种偶像崇拜式的习俗，他也就成了这次犯罪的帮凶。因此，巴利香农的渔民变成了令人毛骨悚然的“捕人的渔夫”，他们的渔网是部族禁忌之网而不是救赎的希望。（托宾）

《晚安》

黑暗中的观察者，他从远处密切注视动静。舞台上两名演员，很快就可以断定是父母，他们为希尼在摩斯巴恩的家族农场提供爱和安全。（法贝特）

《炉边》

《炉边》描写在炉边讲述的关于超自然现象的故事。（福斯特）

希尼回忆成年人的炉边谈话，以及他小时候如何专心听他们讲故事，有时候沉浸在自己的想象中，参与故事中的行动（第二、三节）。（法贝特）

《西行》

希尼在加州写这首诗，回忆他从爱尔兰去美国的旅程。他坐在月球地图下，月球表面的环形山使他想起青蛙皮。他回忆前一天晚上来美国前在爱尔兰的多尼戈尔。月光把他的阴影投在农家庭院的粉刷墙上，他看到物体晃如骨头和鸡蛋，其超现实如同月球本身。前一天他启程前往机场，正是耶稣受难日，所有堂区居民都聚集在教堂，这使得一路所见都有一种奇异的安静感。他听见响板声，想象所有教堂里的信众都在纪念被钉上十字架的耶稣。月球表面如同耶稣的伤痕，他想象基督的身体松弛下来，因为他在耶稣受难日旅行是渎神的。希尼前往美国的旅程如同前往月球。他远离教堂引起内疚的剧痛，但同时内心也有一种轻松感。结尾时，显示诗人站在远处察看北爱尔兰的动荡。他在六千英里以外，远离战事频仍的家乡，他想起月球“未被扰乱”的尘埃，与北爱尔兰的动荡构成对比。最后两行诗基督在“掂量”，也许是在掂量北爱尔兰

过去和现在的种种事件，同时也要求我们思考被钉在十字架上的基督。(戴利)

希尼想象北爱尔兰两教派的信众都纪念耶稣受难。“什么钉子在那个时辰脱落?”希尼这一问，显然也是想起北爱尔兰以基督之名所行使的教派冲突的残暴。基督悬而未决的最后形象——无法上升至超然的象征地位，用其人类之手掂量“松弛的引力”——亦解释了希尼在与其家乡关系上的立场。(托宾)

选自《停留站》（1975）*

* 《停留站》是希尼一本散文诗集，原文 24 页，于 1975 年在贝尔法斯特由乌尔斯特人出版社出版。希尼以为这种诗歌风格是自创的，但是他写到一半时，在 1971 年，英国诗人乔弗里·希尔出版了《麦西亚赞美诗》，一本彻头彻尾的散文诗集，希尼显然因此受挫。他在写于 1975 年的诗集前言中说："这些诗是 1970—1971 年在加州开始写的，尽管大部分是在去年五、六月份快速完成的。这次延迟，有一部分原因是乔弗里·希尔的《麦西亚赞美诗》出版：我原本以为我在一种对我而言是新的形式中偷偷抢在别人前头，没料到被一部具有完全权威的作品拦路截住。"

当时，北爱尔兰教派冲突亦使他觉得自己的"内省没有足够的信心"，使他难以把这个工作继续下去。希尼说："（诗集中）最早的诗，企图碰触华兹华斯所称的'时间的斑点'，也即处于意识最边缘的瞬间，它们已在无意识中作为活跃的矿脉或叉点潜伏多年，然而在（北爱尔兰实施）拘留令之后一个月，当我重返贝尔法斯特，我的内省没有足够信心去追求那个方向。空气中的警笛声，也许颇为恰当地，卡住了另外那些如果不是持续的也是试探性的信号。"

该诗集最初是写童年经验，但是在后来续写时，他不再聚焦于少年时代的纯真，而是在近期暴力的视角下重新审视青少年心灵，因为"那种思考前的经验里所包含的教派冲突因素，亦显露了出来，要求获得表达"。

筑巢地

崖沙燕的窝巢是河边黑暗里的漏洞。他可以想象他一只臂伸进去，及至腋窝，被套得紧紧的，但由于他曾经感到一只死旅鸫爪子冰冷的刺痛，以及它的小喙意料不到的密度，所以他只是盯着看。

他听见深处里的吱吱叫，但由于男人们曾经让他看干草堆底一个老鼠窝，糠和粉末状的麦秆粘着潮湿的粉红色鼠脖子和鼠背，所以他只是倾听。

当他守在那里，凝视，等待，他想过要把耳朵贴近其中一个废弃的洞，倾听地下的寂静。

七　月*

鼓击声在黄昏的阴凉中开始，仿佛冰雹轻轻落在空气的穹顶上。但不是。鼓击声是低沉地从鼓下响起。

鼓击声不是低沉地响，而是像捶打。声音的锻工们渐渐找到一种节奏。在远方群山的钳工台上，大酒桶和锭块正被敲薄。

群山是一个回荡的、鼓胀的共鸣箱，一座拦住日间喧腾的低堤坝，一股压抑住的、仍有可能会铺开的巨浪。

穿过七月的一片片红海，奥兰治鼓手们带领一群上帝的选民穿过他们的梦想。扩张和充血，对位的；脱掉外衣只穿衬衫的猛砍者，在夕阳中被揪住了领子，警察像无烟煤在他们两侧。

天空渐渐变暗，被云团遮蔽，像屠夫的围裙。夜噤声如数英里外远离战事的下游一片白蛾出没的水域，纱线般纵横交错的血仍在水道里懒散着。

---

* 本诗题解见第 151 页。

英国的困难*

我在各大概念中间游移如双重间谍。

“敌人”这个词具有一部割草机的锯齿状效应。它是那模糊的安全、那自主的无知以外的机械而遥远的噪音。

“当德国人轰炸贝尔法斯特，受袭击最严重的是最惨的奥兰治区。”①

我骑在某个人的肩膀上，被传送带传送似地穿过星光照耀下的院子，去看阿纳霍里什夜空中的亮光。成年人放低声音，重新回到厨房坐下，仿佛外游归来，疲惫不堪似的。

在空袭时遮暗灯光的厚窗帘背后，德国的呼叫穿过磨损的厚羊毛毯、干电池、湿电池、细长电线、嘎吱响并产生气流的有盖阀门，进入点灯的厨房，当仪表盘指针赦免了斯图加特和莱比锡。

“他是流氓，这个呵呵。他完全可以让他们来做。”②

我跟“乌尔斯特的敌人”，那些墙外的厨工住在一起。擅长打

---

* 本诗题解见第 151 页。

① 此句是天主教徒说的，表明他们对新教徒幸灾乐祸，或只是自我感觉良好，以为德国人就只轰炸新教徒。

② 呵呵，原文 Haw Haw，指爱尔兰裔美国人威廉·乔伊斯，说话带有英国上流社会腔调，担任汉堡电台对英国广播的播音员，其呼叫讯号为“德国呼叫，德国呼叫”。“呵呵”是其绰号，亦称为“呵呵勋爵”。

趣，我用小心清晰发出的暗号穿过界线，严格检查每一句话，并且不向任何人汇报。

来 客

它不断踩着空气，仿佛它是一个有权向我们提出要求的鬼魂，在酷热的震颤中急遽下降。接着，从它的哈哈镜里释放出来，在田野上，出现这个尴尬地微笑的外国人，尴尬地被接待，他只是通过跟我们坐在一起就使漫长的星期日下午变得柔和起来。

如今你在哪里，真正的来客，使“假释”和“战俘”一下子生动起来的人？它们哪里去了，用牙刷毛摩擦的指环，瓶子里的船，装在电灯泡里的球形蒂罗尔风景？

“他们的手是万能的，这些德国人。”

他走回去，没入青草那精微的轻舔里，躲到俘虏他和收容他的人的各种判断背后。然而他走时，踩着他建立的形象的空气，感到我们的眼睛在他背后看着，把他释放到他的疲劳里去。

选自《停留站》（1975）

试　飞

欢迎你们回家，第八军[①]的小伙子们。此中必有某种挑战的意味，因为它是涂抹在私人庄园[②]墙上的，一道横亘在旧新闻勿忘1690年[③]和绝不投降[④]之上的通栏大字标题，一道用字母组成的巨大翼展，我从翼展下带着这些消息匆匆经过。

穿着卡其衬衫，系着黄铜搭扣皮带，那位复员的邻居[⑤]倚着我们的门边框。父亲在两个口袋深处把银币弄得叮当响，并笑出声来，当对方拿出一大串咔嗒响的玫瑰经念珠[⑥]。

“在那里他们没有把你变成天主教徒吧?”

“怕什么呀！帕迪，这是我趁着教皇转身时从他梳妆台偷来给你的。”

“你可以用它们当驴子挽具。”

他们的笑声越过我的头顶，一种粗哑的喧闹，两只紧张的大鸟上下翻腾，在一片领土上试飞。

---

① 指英军第八军，曾长期在非洲和意大利作战。这些被欢迎回家的士兵，主要是爱尔兰新教徒。

② 庄园本身是英国统治的象征。

③ 表明统一派的决心。这个话是指勿忘新教徒（亲英派）在博恩之役的胜利。

④ 表明亲英派对爱尔兰统一的抵抗。

⑤ 这位邻居是新教徒。希尼父亲是天主教徒。

⑥ 玫瑰经念珠是天主教徒用品，表明新教徒邻居在战场上都没有忘记要给天主教徒邻居买礼物。

漂离者

我们沿着由粉笔绕校长桌子画出的那条线围成半圈，在一个当太阳在孵化着奶脂和温暖着果酱罐的侧边而罐里的豆子已经撕开裂口的日子里，他把我叫到面前，然后奖赏我。“假期结束时，这个男子汉就要去德里了，所以这个是要给他的，恭喜他得到奖学金……我们都祝他好运。好啦，大家回到自己座位上去。”

我已远远漂离那个奖赏者，也不会辜负这种流徙的孤独。我见过火焰中的厅堂，余烬里的心，坐满和空无一人的长凳，集合又散去的伙伴圈。那天我是一个富裕青年，而现在可以跟你讲述潜逃、夜间监视、失望、女人痛哭的眼睛。

隐　修*

学院小教堂铅条镶嵌的玻璃窗的光变硬，射入这座静修式学院的水磨石溜冰场。值班牧师背对柱子和灰泥考验他的措辞，我们在长凳的硬斜面上考验我们的手肘或拆开我们的祈祷书那饰有金色条纹的厚度。

我可以用那六年做一本祈祷书，一本由仪式和消遣构成的弗兰德斯历书①，挂在一座有围墙的山上。瞧：我们背后是一座山边墓园，河对面有人在犁田，两者之间是这座封闭式小镇。这里是一位谦恭的神职人员在吻主教的戒指，这里是一条描绘季节性游戏的雕带，这里是刻苦的图饰绘制者本人，正在角落里埋首伏案。

在自习室里，我的手冷如冬天里经文抄写员的。督导员窸窸窣窣地经过，发出嗞嗞响，浮夸地念着他的祈祷书，他那双有革条的拷花皮鞋在法衣下意想不到地世俗。我一会儿把 AB 线一分为二，一会儿在利维②的主动词里找到立足处。熄灯后我从我的老虎窗探身，温习星群，早上则怀着兴奋的自我欣赏打破搪瓷水壶里的薄冰。

---

* 本诗题解见第 151 页。

① 弗兰德斯历书指文艺复兴时期艺术家西蒙·班宁以弗兰德斯风景为主题的插图历书，历书包含一部分祈祷书内容。

② 利维是古罗马历史学家。这里表明希尼是在学拉丁语。

西部的停留站*

我在爱尔兰语区的第一夜，老妇用英语对我说："你会没事的。"我坐在暮光里的床边，透过那堵墙倾听流畅的爱尔兰语，勾起对我要拔除的语言①的思乡病。

我来西部是为了呼吸那绝对的天气。那些幻视者把一股施粥厨房的味道呼到我脸上，他们把短发党人坟墓的尘土与我们信条的斋戒唾沫混合起来，涂在我唇上。**法官**②，他们敦促道。我脸红，但只能说出几个词。

同样地，在我入住那个楼上房间的日子里，也没有任何语言天赋降临，虽然我周围似乎都是预言。但我依然会回忆西部那些停留站，白沙，硬岩，光降落如同光的定义，照临拉纳法斯特和埃里格尔、安纳赫里和肯卡斯拉赫③：如祭坛石头般可携带的名字，未发酵的元素。

---

* 本诗题解见第151页。

① 指英语。

② 法官，原文 Ephete，希腊宫廷法官。这里暗指那些幻视者敦促他做一个主持公道者。

③ 皆为爱尔兰语区地名。

恩克陀斯*

我用它来伪装自己，以柔和的教堂拉丁语的 c 来发它的音，把它当作我的化名，署在我的努力之下，如同潮湿的保险丝。没把握。一个害羞的灵魂在烦恼之类的。专业的恭敬。

啊没错，我先爬然后才走。这个老笔名躺在那里，像衰朽的外皮。

---

* 本诗题解见第 152 页。

题解

《七月》

对新教徒来说，七月游行也许是表达他们的文化的一种方式，但是对天主教徒来说，它是文化顺从的标志，会令人想起历史上的失败。这个战略很简单：为了防止新教徒与他们的天主教徒邻居同化，奥兰治会创造一个反天主教徒的社会，由富裕的新教徒领导，这些富裕的新教徒向所有新教徒提供一个在其社会中的位置，包括升职和特权。击鼓对新教徒来说是一首游乐和嬉戏的交响曲，对天主教徒来说则是刺耳声。这首诗是从天主教徒的观点出发的。

奥兰治会的游行是在每年 7 月 12 日，它使诗人想起两个社区之间的殖民分裂。北爱尔兰的原居民是天主教徒。新教徒是殖民者。英帝国通过军事和政治强迫来控制爱尔兰。

《英国的困难》

在第二次世界大战期间，流行一句话："英国的困难是爱尔兰的机会。"

我自己的童年回忆表明，呵呵勋爵并没有完全被我认识的人妖魔化。（希尼，《踏脚石》）

《隐修》

此诗回忆希尼青少年时代在圣科勒姆学院的日子。

《西部的停留站》

停留站，原文 stations，既指希尼在爱尔兰西部各爱尔兰语区的停留站，又暗喻 stations of the Cross（苦路十四处），后者是天主教设于教堂或道旁供人膜拜的十四个十字架，配有介绍耶稣受难经历的图像。

这些 stations 是重要停留地点，暗示新的起点。各地点是 stations（停留站，苦路处），而 stations（停留站，苦路处）则是里程碑，预示神灵显现。（迪尤斯纳普）

《恩克陀斯》

恩克陀斯，原文为拉丁语 Incertus，意为没把握。希尼在《使感觉进入文字》中回忆开始学写诗时说："我甚至没有胆量署上自己的名字。我把自己称为 Incertus，意为没把握，一个害羞的灵魂在烦恼之类的。我爱上文字本身，却对一首诗作为一个整体结构一无所知，对一首写得成功的诗如何成为你生命中的踏脚石也毫无经验。那些诗是我们也许可称之为'试验篇什'的东西，是一些笨拙僵硬的小设计，模仿大师那些流畅交织的图案，是通往整个诗歌技艺的笨手笨脚的线索。"

选自《北方》（1975）*

* 诗集《北方》中的诗，直面北爱尔兰的局势，读者能看到诗人对北方种种问题的个人回应……希尼认识到，诗集《北方》是之前所有诗集的巩固。在这本诗集中他前所未有地直面他对他在北爱尔兰体验的种种问题的想法和感受。他感到必须以一种直接的方式来写，展示这时代的恐怖和这恐怖引发的忧惧。希尼这个时候受到强大压力，要他成为描写动乱的诗人，成为一个更政治的“声音”。(戴利)

在《北方》第一部分，希尼把古老的冲动与当前的现实结合起来，主要是通过把他的声音和感受力与来自神话、文学文本或历史时期的人物，例如维京人和丹麦沼泽人融汇起来。他分析和批评北爱尔兰政治、社会生活，展示历史和神话的古老元素如何巩固和部分地指引当代个人的意识。(戴维·劳埃德，转引自科林斯)。

希尼的维京系列（《北方》《维京人的都柏林：样品》和《葬礼仪式》）集中于描写一个总是被撒克逊吟游诗人和冰岛吟唱诗人形容为英雄的、尽管染上悲伤世界观的时期。希尼从这些黑暗时代海盗入侵事件中找到文化身份的一个源头，这些海盗很快变成殖民地定居者，最终被他们所征服的土地吸纳同化。(科林斯)

在《北方》两个部分中，神话只占了第一部分。第二部分包含直接对北方的现在做出反应而不是对过去做出反应的诗。由《图伦男子》一诗提出的爱尔兰与日德兰之间关系的扩展和阐述，为希尼建构这样一种北爱尔兰神话提供了基础。后来根据这个观点写出的系列“沼泽诗”（《沼泽女王》《格劳巴勒男子》《惩罚》《奇异的果实》和《亲属关系》）成了《北方》的意义、效果和成就的中心。(科科伦)

希尼在访谈中论及北爱尔兰作家的任务时说，要“探入我们自己的感受力的根茎，探入我们对自己的意识的根茎，探入散落在我们大家的根茎周围的部族尘垢”。(托宾)

希尼《北方》的成功，端赖他有能力把神话作为一种审问方法，检查继续在塑造着北爱尔兰历史的“部族”冲突，以及检查成为文明化的野蛮的催化剂的神话本身。(托宾)

在《北方》中，希尼写出了他一些最好的诗——悖论的是，这些诗公开谈论他的失败，并从这失败中成功地获得了大量的读者，尽管未必是爱尔兰读者。他与读者分享的，并不是爱尔兰问题，也不是他个人的悲伤（尽管诗集中存在着这悲伤）。不，他分享的，或者说揭示的，恰恰是失败本身——这“失败”在我们时代已变成诚实的标记。(安妮·斯蒂文森，见柯蒂斯)

摩斯巴恩：两首献诗*

——给玛丽·希尼①

1. 阳光**

有一种阳光照亮的缺席。
院子里那个戴头盔的水泵
给它的铁加热，
似蜜的水

在吊挂的桶里
而太阳
如浅锅，靠在每个
漫长下午的

墙面上冷却。
就这样，她双手
在擀面板上扭动，

* 本诗题解见第218页。

① 玛丽是诗人的姑妈。

** 本诗题解见第218页。

变红的炉

把它的热板
推向她，她
站在窗边，系着沾满
面粉的围裙。

她一会儿用鹅毛
拂那块板，
一会儿坐下，双膝摊开，
指甲变白，

脚胫泛起疹斑：
这里再次是一个
空间，烤饼随着两个钟的
滴答声发酵。

这里是爱
像锡匠的长柄勺
把它的闪光沉入
食物桶里。

2. 种子裁切者*

他们似乎在千百年以外。勃鲁盖尔，①
你会理解他们的，要是我能写活他们。
他们围成半圈蹲在篱笆下
背后一阵风正在突破防风林。
他们是种子裁切者。叶芽的
褶和皱边从埋于稻草下的
马铃薯种伸出。他们有时间消磨
所以慢慢消磨时间。每柄利刃
慢吞吞地对切每条根，它们就
散落在手掌里：一缕奶白色微光，
还有，切片中间，一个暗色水印。
啊，岁时习俗！在他们头上
那发黄的金雀花下，画这群人吧，
我们都在那里，我们这些无名氏。

---

* 本诗题解见第 218 页。

① 勃鲁盖尔，佛兰德斯画家，以描绘农村生活和习俗闻名。

葬礼仪式*

I

我肩负某种成年责任
出面抬起死去的
亲戚们的棺材。
他们一直被摆放在

受污染的房间里，
他们的眼睑闪光，
他们生面团般白的手
铐着念珠。

他们浮肿的指关节
被抚平了皱纹，指甲
变暗，手腕
顺从地倾斜。

紫褐色的裹尸布，

* 本诗题解见第 218 页。

棉芯缎面的褥子：
我有礼地跪下
赞叹这一切

当蜡融化
淌下烛身，
火焰晃动
朝着我背后

晃动的女人们。
而棺材盖永远
在角落里，
钉子头镶饰着

闪耀的小十字架。
亲爱的滑石面具，
必须足够地吻
他们的冰屋额头

然后钉子才敲下，
每次葬礼的
黑冰川
才推走。

Ⅱ

现在随着每个
邻里相杀[①]的消息传来
我们都渴望仪式，
渴望习俗的节奏：

送葬队伍有节制的
脚步声，蜿蜒经过
每家拉上窗帘的屋子。
我想复原

博恩[②]那些伟大的陵墓，
在有杯形凹槽的石头下
准备一座坟冢。

---

① “邻里相杀”这骇人的表达建立了现在与过去的联系：北爱尔兰的“邻里”也即天主教徒和新教徒相杀如同萨迦中的古代挪威人以凶猛的复仇伦理自相残杀。（科科伦）

② 博恩是1690年博恩之役的地点，当年荷兰奥兰治的威廉（威廉三世）与英国国王詹姆斯二世在此决战，詹姆斯败。威廉两年前已联同妻子玛丽二世一起推翻了詹姆斯，成为英国国王，并确立了英国君主立宪制度。博恩之役挫败了詹姆斯重夺英国王位的企图，并为爱尔兰新教的崛起增加了助力。至今，北爱尔兰亲英派依然每年庆祝博恩之役的胜利。不过，据科科伦：“诗中纪念博恩，不是把它作为教派分裂的来源，而是作为博恩河谷纽格兰奇史前巨石陵墓的地点。因此，当前的分裂，可以通过举行一个宣称北爱尔兰天主教和新教具有这个共同基础的仪式来弥合，一个‘全国’可以参加的仪式，其‘胜利’不是黩武的，例如罗马帝国的‘胜利’，而是克服黩武。”

从小街和小路

涌出咕隆咕隆的家庭汽车
缓缓汇入队伍，
全国融为一万个
引擎发出的

低沉鼓声。
留在家中的
梦游的妇女
穿过空荡的厨房

想象我们朝着坟冢
而去的缓慢胜利。
安静如一条巨蛇
在青草林荫道里逶迤，

送葬队伍的尾巴还在
北方峡谷[①]拖着
头已经伸进
巨石建造的入口。

---

① 阿马郡一条走廊，被称为“北方峡谷”，既是进入北爱尔兰的战略要道，也是古代爱尔兰的重要权力中心，又碰巧是北爱尔兰动乱期间准军事活动频仍的区域。

III

当他们把石头
放回它的入口，
我们将再度驾车向北驶去
经过斯特兰湾和卡灵湾，

记忆的深虑
这一回得到缓解，世仇的仲裁
得到了抚慰，
想象那些埋在山下的人

被处理得像贡纳[1]，
他美丽地躺在
他的坟冢里，
尽管他死于暴力

也没有报复。
人们说他当时唱着
关于荣誉的诗篇
并说陵墓的角落

点着四柱火：

---

① 贡纳，10世纪冰岛的一位族长，后来成为《尼雅尔萨迦》中的人物。

那陵墓打开，当他转过身来
用一张欢欣的脸
望着月亮。

北　方*

我回到一个长海滨，
港湾里一条被锤出的弧线，
但只找到大西洋雷霆般
咆哮的世俗力量。

我面对冰岛
毫不神奇的邀请，
格陵兰可怜的
殖民地，而突然间

那些传说中的劫掠者，
那些躺在奥克尼和都柏林的人，
与他们
生锈的长剑并列，

那些在石船
坚固的舱内的人，
那些被砍死并在解冻的

---

* 本诗题解见第219页。

溪流的砂砾里闪亮的人

都是海洋般振聋发聩的
警告我的声音，又一次
在暴力和显灵中升起。
长船游动的舌头

充满后见之明的浮力——
它说索尔[①]的锤子挥向
地理和贸易、
头脑迟钝的性交和复仇、

阿尔庭[②]的憎恨
和幕后隐瞒、谎言和女人、
精疲力尽才提倡的和平、
潜伏着流血的记忆。

它说："躺在
文字宝藏里，深挖
你大脑犁沟里的
盘绕和微光。

在黑暗中创作。

---

① 索尔，北欧雷神。他的锤子一挥就能击中目标并回到他手中。锤子形的饰物被海盗战士所珍惜。
② 阿尔庭，冰岛国民议会，世界上最古老的议会。

在漫长的探索中
期待北极光但别期待
瀑布般的照射。

保持你目光的清澈
如同冰柱的气泡，
信任你的双手所知道的
对结疖的宝藏的感觉。”

维京人的都柏林：样品*

I

它可能是一块颌骨
或一块肋骨或从某个
更结实处砍下的部分：
不管怎样，一个小轮廓

被雕刻出来，一个用于变戏法的
笼子或格子结构。
像一个小孩的舌头
跟着他的书法的

缓慢移动，
像一条鳗鱼
被一篮子鳗鱼吞噬，
那线条使自己惊愕

躲避那只

---

* 本诗题解见第220页。

喂它的手，
一个飞翔的喙，
一个游泳的鼻孔。

II

这些是样品，
技艺的奥秘
在骨头上即兴发挥：
叶子，动物寓言集，

精巧如祖先和贸易的
网状路线般的
交织物。
它们必须

在展览时放大，
于是那鼻孔
变成流动的船首
嗅着利菲河，

天鹅般的颈伸向浅滩，
用鹿角梳、骨针、
硬币、砝码、秤盘
掩盖自己。

III

像一把长剑
包裹在它潮湿的
墓土里，
那龙骨牢牢插入

河岸的滑坡里，
它那煤渣筑建的船体，
有脊骨和爆破音，
如同都柏林。

而现在我们伸手
去摸这头脊椎动物的碎片，
栏架的肋骨，
母亲般潮湿的秘藏物——

去摸这件
小孩雕刻的样品，
一艘长船，一缕有浮力的
流动线条。

IV

它进入我的手写字，

变成草书，解开头巾般
显现一条兽形的尾流，
一只思想的蠕虫

我跟着它进入泥土。
我是丹麦人哈姆雷特[①]，
头颅搬运者，寓言故事撰写者，
国家的腐朽的

嗅闻者，充满
它的毒性，
为鬼影和深情、
凶手和虔诚

所缚，通过
在坟墓里跳跃
而恢复意识，
颤动、胡说。

V

跟我飞吧，
用维京人的

---

① 诗人把自己与丹麦王子哈姆雷特比较，因为他同样也太深地卷入死亡及其原因，他也被他正在调查的“腐朽”所毒害。（戴利）

专长
吸入风吧——

邻里般的、赢分数的
杀人者，刀斧手
和议价者，高利贷者，
积怨和获利的囤聚者。

以屠夫的沉着
他们摊开你的肺
把你变成你肩膀的
温暖翅膀。

古老的先辈，与我们同在吧。
古老的精明估价员，
深谙世仇和地点，
计量埋伏或城镇[1]。

VI

“你可曾听说过，”
吉米·法雷尔说，
“他们在都柏林市陈列

---

① 第五部分突兀地把我们带到北方当前的动乱，我们再次听到“邻里”的杀戮，以及涂在墙上的谋杀数字。（戴利）

头颅的故事？

白头颅和黑头颅
还有黄头颅，有些
牙齿完整，有些
就只有一颗。”[①]

还有平底锅里
复合的历史，讲述
“一个也许是在洪水中
溺毙的年老丹麦人。”

我的词语舔着
铺鹅卵石的码头，在覆盖着
头颅的地面上轻轻寻找，
像古老的爱尔兰鞋。

---

① 这段引文，和下节诗里的引文，均来自爱尔兰剧作家辛格的戏剧《西方世界的花花公子》，吉米·法雷尔是剧中人物。辛格剧中这段话既讽刺都柏林人道德品格低下，把人头当作围观的对象，又指出过去的“伟大民族”（可从他们的头颅看出）与现在当地人之间的差别，后者在体格方面显然已经退化。

骨　梦*

I

草场上发现的
白骨：
粗糙、多孔的
触觉语言

及其在草丛里
发黄、有菱纹的压痕——
小小的船葬。
死如石头，

捡来的燧石，
宝贵的白垩，
我再次触碰它，
我把它拉紧在

心灵的投石器里

---

* 本诗题解见第220页。

要把它射向英格兰
再跟着它的着落点
到陌生的田野去。[①]

Ⅱ

骨屋[②]：
舌头那
古老地牢里的
一个骨架。

我穿过各种措词
往回走，拨开
伊丽莎白时代的华盖、
诺曼人的纹章图案、

普罗旺斯的
情欲五月花
和牧师们长满
常春藤的拉丁语

---

① 诗人要求我们研究物体与语言的互动。他认为语言和文学乍看都是“死如石头”的，但再次触碰它，就会找到“宝贵”的价值。他挑衅地捡起骨头，用他的“心灵的投石器”把它射向英国。他这行动表达了他的愤怒，这愤怒来自多年的沮丧，但他也被那“陌生的田野”所吸引，感到他非要去勘探它不可。（戴利）

② 骨屋，原文 bone-house。

到达吟游诗人的
鼻音，切开诗行的
辅音的
铁的闪光[①]。

III

在那锁进保险箱的
语法和词形变化的
富饶里
我找到了*骨屋*[②]，

它的火、凳、
篱笆条和椽子，
那里灵魂
在阁楼空间里

---

① 在第一部分，诗人进入心灵的“骨屋”，发现几百年来浸透爱尔兰艺术的各种语言和文学的骨架。爱尔兰受这些文化影响，并为此付出代价，这代价就是爱尔兰被另一股侵略力量征服。接着，诗人进一步回溯，发现古老的词语“骨屋”（bān-hūs），在这里，有那么一刻，他的精神为之一振。（戴利）
在这几行诗中，希尼带我们穿过构成英语的不同措辞和风格，返回站在我们语言的门槛上的那种语言、那种诗歌。（吉特）
只有通过唤醒吟游诗人的鼻音，诗人才能穿过普罗旺斯和拉丁语的繁花似的措辞，抵达古英语的铁辅音。（科林斯）

② 骨屋，原文 bān-hūs，是 bone-house 的古英语发音。其意思并不是藏骸骨的地方，而是指活生生的人类身体。“在《骨梦》中，诗人形容自己在盎格鲁—撒克逊词语贮藏所里挖掘，从 bān-hūs 这个词里重新获得一种古代文化感。”（科科伦）

飘动了一会儿。
那里有一个装大脑的
小瓦罐，
还有一口世代的

大锅
在中央晃荡：
爱穴，血窝，
梦荫。

Ⅳ

回来，略过
语文学和隐喻语，
重新进入记忆，
那里骨窟

是草丛中的
一个爱巢。
我捧着我情人的头
像一个水晶

并通过凝视
使我自己骨化：我是
她悬崖上的岩屑堆，
一个雕刻在她的丘陵草地上的

白垩巨人。
我那搁在她脊柱的
下陷的壕堑上的双手
很快朝隘口移动。

V

而我们最终
在一个土筑防御工事的
双唇间
互相搂抱。

当我为了乐趣
而评估
她指关节的铺料
她双肘的

旋转栅门，
她额头的壁垒
和锁骨的
细长的边门，

我已开始在她
肩膀的哈德良长城上
走来走去，梦想着

梅登城堡。[①]

VI

有一天早晨在德文郡
我看见一只死鼹鼠
露珠还挂在它身上。
我最初以为那鼹鼠

是一把大骨犁刀，
原来却是它，
小而冷
如一把凿子的厚部。

有人告诉我："吹，
把它头上的毛吹回去。
那些小点
是眼睛。

然后感觉那肩膀。"
我触到小小、遥远的奔宁山脉，

---

① 在第四部分和第五部分，希尼与风景和语言的恋爱关系被强烈地激起。当他怀着情欲描述他的双手"朝隘口"摸索时，意象改变了。他充满感官愉悦地游戏，在不同意象之间转换。前一刻他是风景，下一刻他是观察家，然后两者成为恋人，尽情地互相享受。(戴利)

一片青草和纹理的毛皮

奔向南方。[1]

① 在最后一部分，诗人再次检视他对英国和英语的感情的矛盾性质。当他触摸死鼹鼠的肩膀，他深情地想起奔宁山脉，以及那个他与之有着如此奇怪关系的国家。(戴利)

沼泽女王*

我躺下等待着
在泥炭表皮与庄园墙之间，
在长满石南的地面
与玻璃齿状的石头之间。

我的身体是盲文
供各种不知不觉地发生的影响触读：
黎明的太阳在我头顶上摸索，
在我脚底下冷却，

透过我的织物和毛皮
冬天的渗漏
消化我，
文盲的根

在胃和窝臼的
洞穴里
沉思然后死去。

---

* 本诗题解见第 221 页。

我躺在

砂砾底部等待，
我的大脑变暗，
一罐卵
在地下发酵

梦想波罗的海琥珀。
青肿的浆果在我指甲下，
生命力的聚藏
在骨盆的瓦罐里缩减。

我的王冠渐渐腐朽，
宝石掉在
泥炭块里
像历史的轴承。

我的饰带是一道起皱的
黑冰川，染色的织物
和腓尼基人的刺绣
腐烂在我乳房的

柔软冰碛上。
我知道冬天寒冷
如峡湾的鼻子
碰触我的大腿——

湿羽翼，沉重的
兽皮缠带。
我的颅骨冬眠
在我浓发的湿巢里。

他们抢走那头浓发。
我被一个草泥割切者的铲子
修剪
和剥光，

他重新遮盖我
在我头边和脚边的
石头边框之间
轻柔地捣实填料。

直到一个贵族的妻子贿赂他。
我的发辫，
一条黏糊糊的
沼泽脐带，被割下来

而我从黑暗中升起，
砍破的骨，陶罐似的头颅，
绺绺磨损的缝线、毛发，
泥堆上的点点微光。

格劳巴勒男子*

仿佛他被浇灌了
焦油，他躺在
一个泥炭枕头上
似乎在缓缓淌着

他自己的黑色河流。
他双腕的纹理
如同沼泽橡，
他脚后跟的团块

如同玄武岩蛋。
他的脚背已收缩
冷如天鹅脚
或沼泽的湿根。

他的臀部是蚌的
壳脊和囊袋，
他的脊柱是一条困在

---

* 本诗题解见第221页。

闪光的淤泥下的鳗鱼。

头昂起，
下巴是一个面甲
高悬在他那被割的
喉咙的切口之上，

切口已晒黑和变硬。
愈合的伤口
向内张开，通向一个黑暗的
接骨木色的部位。

谁会说他这生动的表情
是“尸体”？
谁会说他这不透明的安息
是“死人”？

他铁锈色的头发
一大团，不大可能地
像胎儿的。
我第一次见到他扭曲的脸

是在一张照片里，
头和肩
从泥炭里露出，
青肿如产钳婴儿，

但现在他完美地
躺在我记忆中，
直至他指甲的
红尖角

都整个悬在天平上，
连同美和残暴：
连同过于严谨地被限制
在其盾牌范围内的

垂死的高卢人[①]，
连同每个被割喉和被埋葬的
蒙面牺牲品的
实际重量。[②]

① 《垂死的高卢人》是一件古罗马大理石雕塑，该高卢战士斜坐在盾牌上，像是挣扎着要站起来继续作战。塑像旨在突出凯尔特人的战败，反衬罗马人的强大。这里的“过于严谨”应是指高卢战士一只脚伸至盾牌边缘，一只手撑在另一边的盾牌边缘，几乎没有剩余空间。

② 垂死的高卢人，是一个雄伟形象，有着英勇死亡的感染力，但这个形象是征服者创造的。高卢人的身体按艺术和意识形态的要求，“过于严谨地被限制／在其盾牌范围内”。格劳巴勒男子的“实际重量”超出这样的范围和校准，斥责希尼自己的神话化倾向。（科科伦）

惩　罚*

我能感到
她脖子后
绞索的收紧，她
裸胸上的风。

它把她的乳头
吹成琥珀珠，
它抖动她肋骨
脆弱的索具。

我能看见她溺死
在沼泽里的身体，
加重下沉的石头，
浮动的棍棒和粗树枝。

在那下面她首先
是一株剥掉皮的幼树
被掘出来，

---

* 本诗题解见第 222 页。

骨如椽，脑如小木桶：

她剃光的头
像黑玉米的根茬，
她的蒙眼布是一块弄脏的绷带，
她的套绳是一个用来

贮藏爱情的记忆的
戒指。
通奸小妇人，
在他们惩罚你之前

你有着亚麻色头发，
营养不足，你那张
焦油般乌黑的脸是美丽的。
我可怜的小替罪羊，

我几乎爱上你
但知道自己会投下
沉默的石头[①]。
我是精明的窥淫癖者

① 希尼承认他缺乏耶稣面对法利赛人时的道德勇气，法利赛人决心要用石头打死一个通奸的妇人。如同北爱尔兰众多在各自的飞地里担心受怕的人一样，希尼也不会作出干预，去救那个女孩，而是“会投下／沉默的石头”。（帕克）

偷看你大脑那暴露
和变暗的蜂巢，
你肌肉的网状
和你所有编了号的骨头[①]：

我曾哑口无言站着，
当你那些背叛的姐妹们
被戴上焦油帽[②]，
在栏杆边哭泣，

我会加入
文明的义愤
然而深知那严格的
部族的亲密复仇。

---

① 指尸体展览时标记了号码的骨头。

② 暗指与英军厮混的爱尔兰妇女遭爱尔兰共和军公开羞辱和惩罚，头皮泼上热焦油，再粘上羽毛，焦油冷却后就很难去掉。

奇异的果实*

这就是那女孩的头，像掘出的葫芦。
椭圆脸，李子肌肤，李子核似的牙齿。
他们解绷带似的弄掉她头发上的湿蕨
然后展览盘卷的头发，
让她皮革似的美貌透气。
油脂之头，易腐之宝：
她破碎的鼻子黑暗如泥炭块，
她的眼窝空如旧矿场的坑。
迪奥多鲁斯·西库卢斯[①]承认
他对这类事情已逐渐处之泰然：
被谋杀的、被遗忘的、无名的、可怕的
被斩首的女孩，逼视斧头
和宣福[②]，逼视
已开始使人感到敬畏的东西。

---

* 本诗题解见第222页。

① 西库卢斯是公元前1世纪希腊历史学家。

② 宣福是指献祭后女孩可能享受的福气。

亲属关系*

I

通过撒晒场[①]上
象形文字的泥炭
而与那被绞死的受害者，
那蕨丛中的爱巢有了亲属关系，

我举步穿过本源
像一条狗从厨房
入口的草垫
唤起荒野的记忆：

沼泽地面震动，
水发出唧唧声和潺潺声
当我沿着
灯心草和石南走下去。

---

* 本诗题解见第 223 页。

① 撒晒场，乃是译者生造的，原文 spreadfield，指用来晒泥炭的场地，通常其表面的苔藓会先被铲泥炭者除掉。

我爱这泥炭表皮，
它黑色的切口，
过程和仪式
那关起来的秘密；

我爱这地面
涌出的泉水，
每条河岸都是绞刑架的下落板，
每个活池塘

都是一个瓮的
拔开塞子的口，一个饮月者，
为肉眼所
难以测探。

II

泥泞地、沼泽地、低洼湿地：
黏质物的王国，
冷血者的领土，
泥爪印和脏蛋的领土。

但*沼泽*
意思是柔软，
无风之雨的降落，
琥珀色瞳孔。

反刍动物之地，
消化软体动物
和荚果，
幽深的花粉仓。

土壤储藏室，骨头地窖，
太阳库，还愿的奉献品
和死于砍刀下的
逃亡者的防腐师。

难以满足的新娘。
吞剑者，
首饰盒，废物堆，
历史的浮冰块。

将脱去其黑暗面的
土地。
筑巢地。
我心灵的内陆。

III

我找到一把
藏在蕨丛下的泥炭铲，
平卧着，蔓生着

一层绿雾。

当我拿起它，
那层生长物的柔唇
嘟哝和裂开，
一道黄褐色凹痕

在我脚边露出
像一片脱落的皮，
当我把它竖起来插着，
它的柄湿漉漉

并开始在阳光中
蒸发。而现在
他们已使那根
方尖柱耦合：

在群石中间，
在一座长浓毛的堆石标下
一个爱巢受到干扰，
柔荑花序和沼泽棉花颤抖

当他们举起
分叉的橡枝。
我站在几个世纪的边缘
面对一个女神。

选自《北方》（1975）

Ⅳ

这个中心维系着
并扩展着，
污水坑和苗床，
一袋水

和一座正在融化的坟墓。
秋天的母亲们
变酸和下沉，
壳和叶的发酵

加深其赭色。
苔藓化脓，
石南不结籽，
蕨丛沉淀

其古铜色。
这是土地的元音
在梦想着它在
花中雪中的根，

气候和季节的
突变，
风吹落的果实构成了

它掉进去腐烂的地面。

我产生于这一切
像一株垂柳
弯向
引力的胃口。

V

泥炭车轮
那手雕的轮缘
埋在一堆
泥炭土里，

后挡板的
双弧形，
婴儿围栏床的
榫眼：

我曾神化
那个骑手，
马车之神，
壁炉燃料的运送者。

我有幸成为
他的侍从，背负

面包和饮料，
他的马戏团跟班。

当夏天逝去
而妻子们抛弃田野，
我们出来招摇，
被敬礼，被让路。

望着我们沿着
山楂果照亮的树篱行走，
我感到男子汉的骄傲
当他跟我说话。

VI

而你，塔西佗，
看我怎样在一座由可怕的
死者堆成的岛上老宅
种植我的小树林吧：

一种荒芜的和平。
我们的土地母亲
因染了她的信众之血
而酸腐，

他们躺在她神圣的心中

以漱声说话，
当军团从防御土墙
凝视他们。

回到这“海洋之岛”
来吧，这里
没有什么是足够的。
读这些伤亡者和受害者

被埋葬的面孔吧；
请公正地报告我们，
报告我们怎样
为全体利益而屠杀

并剃掉
声名狼藉者的头发，
女神怎样吞噬
我们的爱和恐怖。

联合法案*

I

今夜，第一次胎动，一个脉搏，
仿佛沼泽地的雨势增强
要滑脱和泛滥：一次沼泽爆发，
一个破开蕨圃的切口。
你的背脊是一条坚固的东海岸线
双臂和双腿摊开
在你平缓的群山外。我抚摸
这块隆起的省份，我们的过去已在这里长大。
我是你身后高大的王国
你既不引诱也不忽视。
征服是一个谎言。我年纪渐大
承认你那半独立的海岸，
在海岸的边境内我的遗产如今
不可阻挡地达到高潮。

---

* 本诗题解见第 223 页。

Ⅱ

我依然是帝国般地
男性的，把痛苦留给你，
还有殖民地的撕裂过程、
攻城槌、从内部发出的隆隆声。
这行为引发了一支执拗的第五纵队[①]
其立场日益变得单方面行事。
他那颗心在你心下如同战鼓
在集结力量。他那寄生虫般
无知的小拳头已经
落在你的边境，而我知道他们在河对面
准备对我扣动扳机。我不能预见
有任何条约可以完全治愈你那
有履带和妊娠纹的身体，那再次
使你像开垦地那样破裂的大痛苦。

---

① 第五纵队，泛指表面上可靠但实际上在为敌方工作的内应。

赫拉克勒斯与安泰*

天上所生，高贵，
斩蛇者，抬粪者，
他一心想着金苹果，
他的未来悬着战利品，

赫拉克勒斯拥有
反抗措施和以土地为食的
黑色力量。
安泰，拥抱土地者，

终于断奶了：
一次跌倒就是一次重振，
但现在他被举起——
挑战者的智力

是一道光的马刺，
一个叉起他的蓝色尖齿，
使他失去依傍，

---

* 本诗题解见第 224 页。

掉入失落和本源的

梦中——摇篮里似的黑暗，
河流的脉络，他力量的
秘密冲沟，
洞穴和地下通道的

孵化地，
他已把这一切都遗留给
哀歌诗人们。巴洛尔将死去，
还有拜尔思诺思和蹲牛。[①]

赫拉克勒斯以无情的 V 字姿势
举起他的双臂，
他的胜利未受到
已被他削弱的力量攻击，

他把安泰斜斜举起
高如轮廓突出的山脊，
一个沉睡中的巨人，
无依无靠者的软食。

① 三个都是因反抗入侵者而死的人物。巴洛尔是传说中的爱尔兰独眼国王；拜尔思诺思是 11 世纪盎格鲁—撒克逊伯爵，在马尔登之役中遭维京人杀死；蹲牛，又译坐牛，19 世纪北美苏人印第安人首领，因抗拒白人入侵而在战斗中死亡。

无论你说什么都什么也别说（选）*

I

我写这首诗，是因为刚刚遇见
一名英国记者，想搜集关于
“爱尔兰那事儿的观点”。我回到了
冬天的住处，这里坏消息已不再是消息，

这里媒体人和特约记者不以为然和指指点点，
这里变焦镜、录音机和卷绕式电线
乱放在酒店里。时代已经脱节
但我赞同念珠不亚于

赞同政客和新闻记者
匆促的笔记和各种分析，
他们草草写下这场漫长的运动，
从瓦斯和抗议到炸药和轻机枪，

他们以他们的脉搏证明确实存在“升级”、

---

* 本诗题解见第 225 页。

"反作用"和"镇压"，"临时派"、
"两极化"和"长期仇恨"。
然而我住在这里，我也住在这里，我歌唱，

用熟练的文明口舌与文明邻居交往，
提心吊胆谈论最初的无线电报导，
咂着那些获认可、陈旧、精心的反驳
散发的虚假味和冷漠味：

"啊，真丢脸，我同意。"
"这哪有个尽头呀?""越来越糟糕。"
"他们是杀人犯。""拘留，可以理解……"
那"清醒的声音"正变得沙哑。

Ⅲ

"这里从不提及宗教，"当然。
"你看他们的眼睛就知道他们是什么人，"保持沉默吧。
"两边都一样坏，"没有更坏。
基督啊，差不多是时候了，该让

荷兰人建造的大堤漏点水
去拦截紧跟在谢默斯背后的危险潮水。
然而尽管有这诀窍和久坐的本领，
我还是无能力。那著名的

北方的缄默，那场合和时势紧紧的
塞口物：是呀是呀。至于我歌唱的“六小郡”，
在那里为了保存自己只须保存面子，
而无论你说什么，你什么都别说。

相对于我们，烟雾信号称得上是高谈阔论：
用谨慎灵活的策略来分辨姓名和学校，
根据地址来做微妙的歧视，
几乎毫无例外地按规则认定

诺曼、肯和西德尼意味着新教佬
而谢默斯（叫我西恩）则肯定是天主佬。
啊，暗号之地，握手、眨眼和点头，
心灵开放之地，开放如一个陷阱，

那里舌头蜷缩，像火焰下的灯芯，
那里我们有一半人像在木马里，
被约束和限制如诡计多端的希腊人，
在围困中被围困，低语莫尔斯电码。

Ⅳ

今天早晨从一条露水打湿的高速公路
我看见拘留犯的新营：
一颗炸弹给路边留下一个
新泥坑，而在上方的树林里

机关枪哨所界定一个真正的围场。
那里有你在低地常见的白雾
而这似曾相识，某部有关
战俘集中营的电影，一个没有声音的噩梦。

死亡之前有生命吗？那是用粉笔
写在巴利墨菲城里墙上的。能忍受的痛苦，
一致的不幸，又咬又呷：
我们再次搂抱我们小小的命运。

歌唱学校*

良好的播种期造就我的灵魂，而我长大
同时受美和恐惧的培养；
受宠于我的出生地，也受宠于
我不久就被移植过去的
那个可爱的溪谷……

——威廉·华兹华斯《序曲》

他（那个小马倌）有一本奥兰治童谣集，我们一起在干草棚读这些童谣的日子，首次给了我押韵诗的乐趣。后来我记得，在听到芬尼亚起义的传闻时，有人告诉我，他们正在给奥兰治会成员派发步枪；这时，当我开始梦想我的未来生活，我想我愿意去打芬尼亚组织成员，不惜战死。

——W. B. 叶芝《自传》

* 本诗题解见第 226 页。

1. **恐怖部***

——给谢默斯·迪恩[①]

嗯，如卡瓦纳[②]所说的，我们生活在
重要的地方。圣科勒姆学院[③]
孤零零的陡坡，在那里我寄宿了
六年，俯瞰你的博格塞德[④]。
我凝望那些新世界：布兰迪韦尔[⑤]
发炎的喉咙，它泛光灯照亮的赛狗跑道，
野兔的油门[⑥]。在第一个星期
我是如此想家，甚至吃不下
那留给我减轻流亡之苦的饼干。
在一九五一年九月某个晚上
我把它们扔到栅栏外，
当莱基路家家户户的灯光
在浓雾中泛出琥珀色。这是一次
偷偷摸摸的行动。

---

* 本诗题解见第226页。

① 爱尔兰作家，希尼的同代人。

② 卡瓦纳，爱尔兰诗人。在希尼之前，他是仅次于叶芝的20世纪最重要的爱尔兰诗人。

③ 希尼和迪恩都曾就读于该学院。

④ 德里郡地名，迪恩的出生地。

⑤ 德里郡地名。

⑥ 这是指电动假兔，开动后赛狗便去追逐假兔。

然后是贝尔法斯特，然后是伯克利[①]。

我们两个人都老于世故，
浸染于诗歌中直到诗歌变成
一种生活：从在假期抵达的
一个个厚重信封到一本本写着
“作者敬赠”寄出的薄册子。
那些从你的练习簿线脊撕下的
手写诗稿使我迷惑——
元音和理念自由地抛来抛去
如同从我们的西卡莫树上吹落的荚果。
我试图写写西卡莫树
并发明了一种南德里韵脚，
用 hushed 和 lulled 来押 pushed 和 pulled 完全合拍。
老天作证，那些来自山外的
平头钉靴子，正踩踏着
演说术的雅致草地。

我们的口音
变了没？“天主教徒，一般来说，说话
不如来自新教学校的学生好。”
还记得这玩意吗？自卑
情结，制造梦的东西。
“你叫什么名字，希尼？”

“叫希尼，神父。”

“有

① 希尼在贝尔法斯特读大学和工作，然后去加州大学伯克利分校教书。

道理。”

　　　　第一天，皮鞭
就在“大学习”中爆发癫痫症，
它的回声溅泼在我们低垂的头颅上，
但我依然给家里写信说，寄宿生活
并不太差，还是像往常那样羞于表达。

接着，在漫长的假期，我在一辆
停在三角墙边的奥斯汀16型汽车的
接吻座位上振作起来，发动机在响着，
我的手指在她肩上紧贴如常春藤，
厨房里留着一盏为她点着的灯。
然后回了老家，夏天的自由
一夜夜缩小，空气
全是月光和一种干草味，警察
晃动他们深红色的闪光灯，像一群
黑牛围着汽车，眩晕枪枪口
在我眼前指指划划：
“你叫什么名字，司机?”

　　　　　　　　　　“谢默斯……”

　　　　　　　　　　　　　　　　谢默斯?

有一次他们在路障前读我的书信
还拿他们的手电筒照你的象形文字，
用非常绚丽的手写的“温文尔雅的措词”。

乌尔斯特是英国的，但无权

写英语抒情诗：不过，在我们周围
我们都没有说出它的名字：恐怖部。

2. 警察来访*

他的自行车靠着窗沿，
防溅罩如同橡皮风帽
匝住前轮挡泥板，
肥厚的黑色把手

在阳光中发热，发电机的
“马铃薯”闪亮并扳起，
脚蹬子垂悬着，卸下了
法律的皮靴。

他的帽子倒过来
搁在地板上，傍着他的椅子。
他微微渗出汗水的头发
有帽檐压过的痕迹，像一条斜边。

他已解开沉甸甸的
账簿的带子，而我父亲
正在以英亩、路得和杆
计算耕地收益。

---

* 本诗题解见第 226 页。

算术和恐惧。
我坐着，盯着擦亮的手枪皮套，
盖子扣着，穗带的细绳
连结枪托。

“还有其他根茎作物吗？
甜菜？甘蓝？诸如此类？”
“没有。”可是，马铃薯田里
没种薯的地方

不是有一片芜菁吗？我有
小小的犯罪感，坐着
想象军营里的黑牢。
他站起来，挪了挪

他皮带上的警棍套，
合上那本清查簿，
两手把帽子戴好，
边说再见边望着我。

一个影子在窗口晃了晃。
他吧嗒一声把账簿
压在车尾架拉簧下。他的皮靴一撑，
自行车滴答、滴答、滴答。

3. 奥兰治鼓，蒂龙，1966*

林贝鼓[①]在他肚子上胀起，把他重重
压回他的腰腿肉，在他下巴
与膝部之间极度地容纳雷霆。
那被他压垮的，将他抬起。

双臂各被一根熟练的鼓槌延伸，
他在它后面扬威。虽然鼓手们
获准穿过频频点头的人群，
但突出的是鼓，像巨大的肿瘤。

每一只竖起的贪婪的耳朵一听就明白
他猛击的信号曲意味着认可"不要教皇"。
山羊皮有时候沾着他的血[②]。
空气咚咚作响如听诊器。

4. 1969年夏天**

当瞄准暴民的警察
向福尔斯路开火，我只不过是在

---

* 本诗题解见第226页。
① 林贝鼓，一种爱尔兰大鼓。
② 初版作"猪皮受折磨，直到他指关节流血"。
** 本诗题解见第227页。

马德里受强暴的太阳凌辱。
每天下午，在公寓那焙盘似的
酷热中，当我汗流浃背
读着乔伊斯的传记，海鲜市场的腥味
扑鼻而来犹如亚麻池的恶臭。
夜里在阳台上，葡萄酒的红色，
一种儿童在黑暗角落、
披黑巾老妇在敞开的窗边的感觉，
峡谷中河流用西班牙语闲谈的气息。
我们在星光下的平原上一路谈话回家，
民防警察的漆革
闪烁如同被亚麻污染的水中鱼肚。

“回去吧，”一个说，“努力去接触人民。”
另一个从山中召来洛尔迦的亡魂。
我们枯坐着听电视上的死亡人数
和斗牛报道，名人们
从真人真事仍在发生的地方陆续抵达。

我退到普拉达宫美术馆的阴凉里。
戈雅《五月三日的枪杀》
占去一堵墙——反叛者
扬起的手臂和痉挛，戴头盔
和背背包的军队，枪支
齐射的有效斜度。在隔壁房间
他的梦魇，嫁接到宫墙——

黑暗的气旋，集结，溃散；农神
被他自己孩子的血装饰着，
巨神混沌把他那野兽的屁股
转向世界。还有，那决斗，
两个狂暴武士为了荣誉而用棒
把对方打死，陷在沼泽里，下沉。

他用拳头和肘作画，挥舞
他心中的染色披风，当历史猛冲而来。

5. 领养*

——给迈克尔·麦克拉弗蒂①

“描写即揭示！”② 皇家
大道，贝尔法斯特，一九六二年，
一个星期六下午，很高兴见到
我这个语言上的毛头小子，他抓住
我的手臂。“听着。走你自己的路。
做你自己的事。要记住
凯瑟琳·曼斯菲尔德——‘我将讲述
那个洗衣篮怎样嘎吱作响’……那流亡的音调。”
但是让夸夸其谈见鬼去吧：

---

* 本诗题解见第 227 页。

① 麦克拉弗蒂是希尼的启蒙老师。

② 开头引语出自华莱士·斯蒂文斯诗句。

“别让血管在你的圆珠笔里膨胀。”
然后是“可怜的霍普金斯！”我有他给我的
《日记》[①]，画了着重线，他压弯的自我
向那字行间的痛苦俯首。他到处
洞察耐性的外部特征，
领养我再把我送出去，把词语
强加在我的舌头上，像银币。

6. 暴露[*]

那是十二月，在威克洛：
桤木树滴着水，桦树
承接最后的光，
梣树看上去很冷。

一颗陨落的彗星
应可以在日落时看到，
那些千百吨的光
像山楂果和玫瑰果的微亮，

我有时候还看见一颗陨星。
要是我能够乘着流星而来！
可我却徒步穿过潮湿的树叶，

---

① 《日记》指霍普金斯的日记。
* 本诗题解见第 227 页。

果皮，秋天疲乏的微风，

想象一个英雄
在某个有围墙的泥泞场子，
他的才华就像一颗石弹
为这个绝望者而飞旋。

我怎会变成这个样？
我经常想到我的朋友们
美丽棱镜般多彩的意见
和一些憎恨我的人的铁砧头脑

当我坐下来掂量又掂量
我那负责任的*哀歌*[①]。
为啥？为耳朵？为人民？
为背后说的话？

雨透过桤木树滴下来，
它那有益的低声
嗫嚅着失望和腐蚀
然而每一滴都令人想起

钻石的绝对。

---

① 哀歌，原文 tristia，拉丁语，意为忧伤，语出奥维德的诗作《哀歌》，它也是俄罗斯诗人曼德尔施塔姆一部诗集的名字（同样源自奥维德）。

我既非拘留犯也非告密者；
一个内在流放者，留着长发
若有所思；一名绿林军[①]

逃过了大屠杀，
利用树干和树皮
做保护色，感觉到
每一阵吹来的风；

他，吹大这些火花
取那微暖，错失了
一生只有一次的凶兆，
彗星那搏动的玫瑰。

① 爱尔兰早期历史中的叛军，失败时逃进林中，随时准备进一步的抵抗。（科科伦）

题解

《摩斯巴恩：两首献诗》

献诗《摩斯巴恩》唤起希尼老家的家庭和社区、人类之爱和农业延续性的形象，令人想起荷兰和佛兰德斯油画。（科科伦）

《阳光》：《阳光》写希尼的姑妈在烤面包。（科科伦）

“缺席”在这里有一种正面的特质，创造一条链，连接倒数第二节中的“空间”。这些词不是暗示负面的空虚，而是暗示可以使人焕然一新、使人能够思考和自在的地方。（戴利）

这里创造的宁静画面与北爱尔兰其他地方狂热的生活步伐构成对比，与炸弹和枪械构成对比，与政客和恐怖分子的威胁和装腔作势构成对比。然而这种爱与和平牢固地根植于现实，根植于普通人的日常活动中。（戴利）

《种子裁切者》：这些关于有益的宁静、家居和社区的具有绘画特质的意象，在一定程度上留在诗集《北方》的框架外，隐含对框架内的那些野蛮意象的评论。（科科伦）

《葬礼仪式》

《葬礼仪式》把希尼自己童年的葬礼、当前北方受害者的葬礼和《尼雅尔萨迦》中一个主人公贡纳的葬礼联系起来。（科科伦）

此诗设想一种令人安慰而舒缓的仪式，它也许可满足北方所有那些“渴望仪式的 / 习俗的节奏”的人，这两行诗反讽地呼应叶芝《为女儿祈祷》中的句子：“如果不是在习俗和仪式中 / 纯真和美如何诞生?”就其性质而言，这种仪式必定是一种超越基督教宗教仪式的仪式，因为“邻里相杀”正是以基督教宗教仪式之名行使的。如果说希尼在别处显示了他与其北方天主教本源站在一起的话，在这里他则隐约使自己与妄下判断保持距离，尤其是当他自己的亲戚的双手“铐着念珠”的时候。这“铐”使得宗教变成某种奴役。（科科伦）

第二部分呼吁举行一个可调和整个社会的葬礼仪式，希望在爱尔兰中央有一个大墓地，埋葬所有被杀害的人，希望这处大墓地设在博恩河谷巨石墓地，以获得传统的庄严和尊敬。然后全国参加葬礼行列（而不只是天主教徒）。留在家中的妇女将会庆祝这次伟大的融合，想象这“缓慢胜利”。（戴利）

最后，弥合分歧、达成和解的可能性，通过《尼雅尔萨迦》一个和平时刻的典故被描述出来。在这个典故中，故事中别处描写的残酷复仇循环在这里得到短暂喘息。暴力的受害者（但以前是暴力的热情发动者）贡纳被想象成死时带着“欢欣”，尽管他“没有报复”。诗中希望那些在想象中的博恩葬礼仪式中被“处理得像贡纳”的人，其受害也同样能够得到送葬者不予复仇的对待。这些送葬者在驾车回去的途中经过斯特兰福德和卡灵福德时，突然被描绘成古代挪威人。这两个地点，诗中不以现代的 Strangford（斯特兰福德）和 Carlingford（卡灵福德）来称呼，而以 Strangfjord（斯特兰湾）和 Carlingfjord（卡灵湾）来称呼，表明希尼提醒读者，维京人在北爱尔兰留下了他们的名字，如同可以设想他们可能也留下他们的道德准则。（科科伦）

《北方》

此诗思考引起维京人暴行的残酷现实，并试图从这暴力经验中创造有建设性的东西。诗人与维京人鬼魂的关系是如此密切，以致他可以听见他们的劝告并接受他们的警告。他听见长船深处传来反对暴力的呼声。他认识到，即使现在，在经过了这么多年之后，我们依然不能不被维京人的行为所感染。诗人对冰岛的乏味和“格陵兰可怜的 / 殖民地”无动于衷，但他被“传说中的劫掠者”吓呆了，后者通过“长船游动的舌头”对他说话。他们接受历史的后见之明的教训，告诉诗人，他们只有在激战后、粗暴的性事后、复仇和憎恨后，体力被耗尽了，才能获得和平。当他们歇口气的时候，他们想起流血，很快仇杀又循环再生。长船的舌头要求诗人把自己关在文字宝藏的阴影里，筛选所有这些想象物，直到他可以“在黑暗中创作”，但他不要寄望会有绵延不断的“瀑布般的照射”，而只能在漫长而艰苦的寻找中，这里那里得到星星点点的微光。他写作时必须信任自己的想象和信仰。（戴利）

《维京人的都柏林：样品》

希尼又写了一首把爱尔兰与其维京人的过去联系起来的诗。此诗开头描写一幅绘在骨片上的画，它是都柏林一次维京人展览的陈列品。在此诗第二部分中，他思考他认为是一种学习过程的东西，并把它与他自己的写作技艺加以比较。当那幅画放大给观众看时，它显现出更加意味深长的形状：一艘维京船浮沉着穿过利菲河。第三部分继续探索这幅画和他自己的写作过程。在第四部分和第五部分，发生了戏剧性的转向。希尼的主题依然是写作，但现在他清楚表明，他是如此深地被卷入死亡和腐败，以致“国家的腐朽”变成他的一部分，而他自己则“充满 / 它的毒性”。诗人想起双方的杀戮，仿佛这些杀戮是“邻里”足球比赛的得分。在最后一部分，法雷尔把我们带回都柏林国家博物馆，并告诉我们都柏林可以看到很多头颅。最后一节，我们看到诗人创作一个画面，充满了无所不在的死亡。（戴利）

在《维京人的都柏林：样品》中有一种相当显著的自我指认，创作的“黑暗”在第三部分和第五部分之间被照亮，特别是维京小孩刻出的长船素描（“一缕有浮力的 / 流动线条”），可见地迂回渗入诗人自己的笔迹，因为长船“进入我的手写字，/ 变成草书”。长船进入手写字，从一种文化移入另一种文化，乃是这组诗的历史自负。（科科伦）

《骨梦》

再次，想象力的刺激剂是一片骨头，但这一回没有素描画。诗人把它捡起来，然后以隐喻的方式把它扔向英国，他的思想也及时向后运动，穿过各种文学形式，这些文学形式在几百年间曾影响爱尔兰文学。他检视语言和曾经入侵爱尔兰的各种势力的艺术形式，这些势力包括英语、诺曼人以至天主教会本身。第四部分和第五部分探讨希尼对英国的感情的矛盾性质。他把爱、风景和文学交织在一起，创造一个涉及一种丰富、情欲的恋爱关系的概念，然而这恋爱关系又使他的心灵陷入圈套。在德文发现的死鼹鼠这一最后意象，是希尼的情绪的隐喻。如同他自己，那鼹鼠也挖掘；如同大部分文学，它也是死的和冷的。然而，最后他表明他对英国的深情，因为它的语言和文学是他自身的一部

分。（戴利）

《沼泽女王》

诗中叙述者是18世纪在贝尔法斯特附近一个沼泽发现的莫伊拉沼泽女王。该女子是维京贵族，因此诗人再次找到乌尔斯特与其维京过去的联系。这点对希尼非常重要，因为他现在有实际的、历史的证据去把北爱尔兰与丹麦维京人和日德兰本身联系起来。女王躺在沼泽里多年，等待被发现。与此同时，身体腐朽，变成沼泽的一部分。“女王”详细讲述腐朽的过程，讲述她如何与风景合而为一。这种埋没被比喻成冬眠，而她的被发现则被形容为一次重生。沼泽女王是爱尔兰本身（爱尔兰母亲）的一个象征，希尼讲述她如何在几百年间被掠夺。她也是革命运动的一个象征，这场运动按其性质而言，必须继续隐藏着，直接准备好发动袭击。民族主义者的痛苦和怨恨，通过诗中不耐烦的等待表达出来。最后四节以两种方式发展了反抗的概念。在第一次失败的尝试中，反抗者试图奋起但很快被镇压。最后，她从数百年侵略和压迫的坟墓里升起。（戴利）

《格劳巴勒男子》

格劳巴勒男子是1952年在丹麦日德兰半岛格劳巴勒村附近泥炭沼泽出土的一具男尸。其年代大约是公元前55年，相当于尤利乌斯·恺撒的同代人。他与图伦男子（见希尼《图伦男子》）一样是祭品。

《格劳巴勒男子》和《惩罚》超出含蓄的讽喻表达，直接把沼泽人与当代教派暴行的受害者联系起来。（科科伦）

希尼在过去和现在的暴行受害者之间画上微妙的等号，献给地母的祭品常常被蒙面，如同库根在《爱尔兰共和军》中描述的乌尔斯特防联的受害者：“数十名青年天主教徒被发现头上蒙着风帽，脑袋被子弹贯穿。另一些人被发现时，其情况最好是想象而不要描述，包括肢解、割喉和一切的残暴形式。”（科林斯）

《惩罚》

讲述1951年在德国沼泽中出土的女尸。她是两千年前一个因通奸而遭处死的十四岁少女。在希尼眼中，石器时代的社会把一个通奸少女处死，与当代爱尔兰社会在教派规则遭违反时作出的惩罚，相差无几。（法贝特）

希尼再次拿一个保存下来的尸体，这一回是一个年轻女子的尸体，与他身边发生的北爱尔兰各种事件联系起来。他试图探究自己在涉及这些事件时所持的立场。（麦克雷）

《惩罚》是一首令人不安的自白诗，希尼承认自己加入了文化堕落的行列。他承认他的文化中更多应受指责的方面的责任。（科林斯）

希尼思考另一具出土的沼泽女尸，女孩的死亡方式促使希尼探讨发生并继续发生在北爱尔兰的各种惩罚。他可以感到用来处罚的工具，可以感到绳子套在他脖子上，仿佛他就是那女子。但他知道他也会白白看着她死去，因为他会不敢说话。他承认自己是她的裸体的窥淫癖者，他知道他会保持沉默，因为现在，当邻近的女子因为与英军来往而被惩罚时，他也哑口无言。表面上他谴责这种行为，但是私底下他知道他理解并接受“亲密复仇”的理由。他必须承认他自己也是这个惩罚过程的一部分。最初，他与被惩罚的女孩站在一起，现在他与他自己的部族站在一起，后者全都装出“文明的义愤”，但骨子里却充分认同需要惩罚那些背叛“事业”的人。（戴利）

不同并互相冲突的效忠，怜悯与有罪，私人与集体，为《惩罚》提供了情感电量……希尼在寻找一个可以立足的位置。（帕克）

《奇异的果实》

讲述丹麦沼泽地出土的一位少女的遗骸，她被斩首，似乎是用于献祭。

《奇异的果实》这个标题是一首歌的标题，由刘易斯·艾伦填写，在1956年一张唱片中被比利·霍利迪唱红。这首歌，讲述美国南方对黑人处私刑，“奇异的果实”是指被吊在南方一棵树上的尸体。希尼此诗开头，似乎也是在把头颅形容为果实这一主题上展开相似的隐喻，但事实上它继续前进，坚称这种残暴是不可缩减为任何诗学隐喻的。（科科伦）

希尼在最后四行中强行闯入，意识到打比喻的游戏——或者说，他“精明的窥淫癖”——正在把他引向“宣福”、“敬畏”、安慰。他及时作出弥补，用一系列阴冷的形容词描写赤裸裸的残酷事实，从而使受害者得以维持其凄惨的完整性。（帕克）

《亲属关系》

最后一首沼泽诗《亲属关系》是对沼泽唱的总结性赞诗，在诗中，诗人建立自己与沼泽的亲密关系，从其“形象文字”的风景中读出他自己与日德兰受害者的“亲属关系”。这首诗的六个部分展示他与沼泽的关系的不同方面：他亲身在沼泽中体验的愉悦（Ⅰ）；他追本溯源，从沼泽这个词本身（它是少数从爱尔兰语输入英语的词之一）获取的历史和心理，把沼泽视为风景的记忆和“我心灵的内陆”（Ⅱ）；他通过把一把被老苔藓覆盖的泥炭铲与代表地母女神纳尔土斯的分叉的橡枝“结合”起来而把沼泽神话化（Ⅲ）；他把沼泽想象成风景或诗，他和他的作品从其中“产生”（Ⅳ）；他忆起孩提时帮助一个铲泥炭者，并把铲泥炭者描写成宙斯式的“马车之神”，把少年诗人变成神的侍酒俊童伽倪墨得斯（Ⅴ）；最后，对罗马历史学家塔西佗说话，塔西佗曾在其《阿格里科拉传》里写到爱尔兰，并在其《日耳曼尼亚志》第四十章描写对地母女神纳尔土斯的崇拜。希尼在诗中以罗马帝国征服的措辞来想象北爱尔兰的现状：“荒芜的和平”是塔西佗对罗马帝国的本质的观察，称“他们制造荒芜，并称之为和平”，而罗马“军团从防御土墙 / 凝视”则暗指英国的侵略力量。（科科伦）

《联合法案》

英国对 1798 年爱尔兰叛乱做出反应，并于 1801 年成立“大不列颠与爱尔兰联合王国”。《联合法案》是英国议会于 1800 年通过的法案的名称。另“联合法案”的原文 Act of Union，字面意思是“联合（或结合）行动（或行为）”。

《联合法案》奇怪地进入独白的方式，几乎跟《沼泽女王》一样。如果说在《沼泽女王》中，讲话者在一定程度上就是爱尔兰，那么在《联合法案》中，讲话者就是英国。《联合法案》进一步扩展《骨梦》的性爱—政治地形，把法案寓言化，使法案变成英国与爱尔兰之间的一次性爱议会：英国是“帝国般地 / 男性的”，爱尔兰则是那女人，她被弄至怀孕，而婴儿的“第一次胎动”现正引起其父亲的注意。不管这个孩子是北爱尔兰，还是北爱尔兰的共和派或亲英派，这首诗都清楚地把《联合法案》这个法案视为启动一个程序，该程序在当前的动乱中“不可阻挡地达到高潮”；在这孩子身上，他那“寄生虫般 / 无知的小拳头”正朝着爱尔兰和英国挥舞。诗的结尾是无望和精疲力尽的，“痛苦”（pain）与“再次”（again）的押韵，表明爱尔兰历史中的政治苦难显然没有尽头。（科科伦）

“诗中的说话者，不管是谁，都深深地意识到自己作为‘帝国般地 / 男性’的后果……他像不列颠岛一样躺着，身边是一个即将生孩子的母亲，背对着他，他因为自己是这次怀孕的肇事者而感到某种愧疚。”（希尼，《踏脚石》）

“从这次强加在爱尔兰姑娘身上的联合所诞生的孩子，远非创造一种纽带，反而是在孩子身上种下愤怒和反抗的种子。”（法贝特）

《赫拉克勒斯与安泰》

赫拉克勒斯（大力神），希腊罗马神话人物，宙斯之子，英勇无比；安泰，希腊神话人物，只要身体不离土地，就能百战百胜，后来被赫拉克勒斯识破，把他举到空中掐死。

赫拉克勒斯是更强大的侵略者，通过把安泰移离其根植于土地的力量之源而击败安泰，使安泰处于凯尔特人持久的母题的姿态：“沉睡中的巨人”，有朝一日他将会醒来，领导他的人民摆脱奴役。这个神话使一个被压迫的民族保持希望，但也过于天真，这个人物被尖刻地形容为“无依无靠者的软食”。在一个访谈中，希尼承认《赫拉克勒斯与安泰》是一个关于爱尔兰的寓言，但他谈到此诗的初衷时，是以就诗论诗的方式来描述的（见下一段）。（科科伦）

对我来说，赫拉克勒斯代表另一种声音，另一种可能性；实际上，在这首诗背后，是与伊恩·克赖顿·史密斯的一次谈话。他是一位非常好的诗人，但在本质上是一位与我非常不同类型的诗人。他身上有某种长老派教会的“光”。在谈话之后，我心中产生的形象是：我是黑暗的土地，而他是某种尖端发光的叉耙，正在挖掘和耙寻……赫拉克勒斯代表智力游戏的可能性，就是你从博尔赫斯作品中获得的那种满足，而这与阅读聂鲁达的快乐是不同的，聂鲁达更像是一个安泰式的人物。这类思考，促成了诗集《北方》第二部分的诗歌，该部分想尝试某种陈述性的声音。（希尼，转引自科科伦）

《无论你说什么都什么也别说（选）》

北爱尔兰“动乱”期间，出现了一张海报，海报里一个穿制服的蒙面准军事组织成员拿着一支眩晕枪，海报上写道：“口没遮拦会造成死亡 / 在出租车里 / 在电话里 / 在夜总会和酒吧里 / 在足球赛上 / 在家里和朋友们一起 / 总之无论在哪里 / 无论你说什么——都什么也别说。”这显然是极端派系的宣传，充满威胁。希尼对这种威胁言论自由的宣传表示愤怒，同时对当局实施打压性的政治措施表示强烈谴责。他也承认，自己可能无法对自己宣扬的东西身体力行。

在第一部分，诗人刚从美国回到北爱尔兰，开头即显露出他对英国记者的问题感到不耐烦，因为他们已标明爱尔兰冲突是他们自己职业的地盘。对希尼来说，那些不直接受牵连或受威胁的人的油腔滑调未免太事不关己了。然而，他的抨击扩大至包括他自己和他的社区的伪善。爱尔兰老百姓陈词滥调的反应，根本就不足以应付局势，更别说扭转局势。（科林斯）

第三部分表达诗人对所有这类“北方的缄默”感到沮丧。他想突破这道安全堡垒。在这一切之下，歧视依然盛行，一个人的姓名表明其宗教。（戴利）

第四部分，那天早上他驾车经过拘留营，该拘留营是1971年建置的，用来关押未经审讯的被捕者，旨在遏制爱尔兰共和军对英军的滋扰。这使他想起电影《十七号战俘营》（《战地军魂》）。那墙上的话对他来说意味深长，因为这使他想到北爱尔兰很多人悲惨的生存状况。（综合戴利和科林斯）

《歌唱学校》

标题来自叶芝《驶向拜占庭》的诗句："那里也没有歌唱学校 / 除了学习 / 它自身庄严化了的纪念碑。"

在《歌唱学校》中，希尼用现实主义的措词，以及用引自华兹华斯和叶芝自传的题词作为掩护，来描写他在其中生长的社会环境和文学教育。（科科伦）

《歌唱学校》主要关注身份认同，指出了艺术家在文化危机中从事其艺术的困难。这首以六部分构成的自传诗记录希尼在面对持续的冲突时日益的疏离和难以保持镇静。希尼记录了一些顿悟时刻和与其他人的相遇，这些时刻和相遇在他的诗学发展中相当于性格形成期的经验。（科林斯）

《恐怖部》：标题取自格雷厄姆·格林的同名小说。

《恐怖部》表明希尼对成为沉默的目击者感到羞耻。（帕克）

在《恐怖部》中，希尼把他在学校接受的教育视为一种不文明和不舒服的经验。诗人写到他在北爱尔兰成长的不确定性，以及他青少年时代遇到警察时遭粗暴对待的经验。（戴利）

《警察来访》：这个全副武装的陌生人的出现，危及孩子那个由家庭和课室构成的安全世界。（帕克）

虽然实际环境只是例常的，两个男人在做他们的事，没有任何威胁或不安，但是通过孩子的眼睛，我们却感到诗中充满了压迫的象征。（戴利）

《奥兰治鼓，蒂龙，1966》：此诗写的是新教统一派的游行示威场面。

新教鼓手击拍出反天主教的节奏，空气为之震颤。（墨菲）

《奥兰治鼓，蒂龙，1966》写于"动乱"之前——这是一个范例，说明在整部《北方》中，希尼的成熟创作如何利用他青年时代的虔敬和不敬。那些鼓结合了听觉和视觉的威胁，在"巨大的肿瘤"方面，在灾难性的暴力方面，阐明了统一派的霸道。暴力也使痛苦的施加者遭受痛苦："猪皮受折磨，直到他指关节流血。/ 空气咚咚作响如听诊器。"（埃德娜·朗利，见柯蒂斯）

《1969年夏天》：1969年北爱尔兰暴力事件愈演愈烈，而希尼当时正在西班牙，不知自己的作品应不应该或能不能对他的人民有所帮助。他想到西班牙伟大画家戈雅，后者以崭新而可怕的画作来对政治恐怖作出反应。

1969年夏天，希尼正在马德里，用前一年获得毛姆奖的钱到法国和西班牙旅行：他在西班牙电视上看到北爱尔兰发生的事件，多少有些内疚。他立即明白，1969年的经验一定会对他自己的创作构成压力，如同他在《使感觉进入文字》中所说："从那一刻起，诗歌的问题便从仅仅获取满意的文字指谓，转向寻找适用于我们的困境的意象和象征……我感到有必要去发现一个力场……能包含以人道的理性看待事情，同时赋予暴力的宗教强度以可悲的真实性和复杂性。"（科科伦）

《领养》：特别是 fosterage（领养，寄养）一词是指凯尔特贵族的古老习俗，他们会把儿童送去与另一个家庭生活在一起，度过整个童年。（帕克）

《暴露》：诗题"暴露"意为"暴露于……之下"。诗人想到自己的诗，并对错过了"一生只有一次的凶兆"而感到沮丧。他的作品是高雅、忧伤和微不足道的。他渴望像一颗彗星在空中爆炸，像一个绝望的英雄投掷他的才华。雨滴似乎暗示，英雄式的诗歌已不可能，但是雨点的闪光却又令人想起绝对的价值。诗人没有战斗也没有被拘留，也没有背叛他的人民。他也没有像乔伊斯那样流亡，但他退入内心，像一个流亡者，或仿佛变成一名绿林军。诗人后来在访谈中说："诗人在说，我能做什么呢，我只能碰出些许火花，而那场合要求的却是彗星？"

《暴露》是一首谈论诗人在涉及公民责任的理念时，对其艺术的位置和功能感到焦虑的经典现代诗。当希尼让自己"想象一个英雄 / 在某个有围墙的泥泞场子，/ 他的才华就像一颗石弹 / 为这个绝望者而飞旋"时，他是在把爱尔兰政治犯（在临时拘留营"有围墙的场子"）的形象与俄罗斯诗人曼德尔施塔姆在斯大林拘留营的形象糅合起来。曼德尔施塔姆的案件，以及他必须就写政治诗而做的种种决定，也显露在《暴露》中，因为诗人提到“掂量／我那负责任的哀歌”。希尼自称是“内在流放者”也与曼德尔施塔姆有联系：曼德尔施塔姆夫人在其回忆录中称，曼德尔施塔姆和阿赫马托娃还在莫斯科的时候就被称为“内在流放者”，当然这“流放者”是从苏联政权的角度看的。希尼是“内在流放者”，可能既因为他从北爱尔兰移民到爱尔兰共和国，也因为他内部心理上是一个从确定性和自信移民到焦虑和不安全的过渡性地带的人。（科科伦）

选自《田间耕作》（1979）*

* 我觉得，从《北方》到《田间耕作》的转变，是一种信任的转变：学习信任旋律，信任艺术作为现实，信任灵巧作为一种肯定，而不是那么严重地陷入自我惩罚。当然，我也不信任那种态度。那两本诗集是在彼此讨价还价。（希尼，1982年访谈）

《田间耕作》是对诗人死去的朋友和亲戚的沉思。他有些朋友和亲戚被子弹射杀或被炸弹炸死，其中一些是著名艺术家，例如爱尔兰伟大的作曲家西恩·奥里亚达。当然，对这些死亡事件的沉思，引向了关于北爱尔兰本身的更广泛问题。然而诗集并非仅仅是关于死亡和动乱。还有些诗，涉及爱、婚姻和政治等主题，此外尚有田园诗，最后还有翻译自但丁的诗。（戴利）

尽管它有诸多描写个人生活的诗，但是《田间耕作》保留了大量的政治回响；而这，尽管它相信艺术行为和婚姻生活等具有治疗作用和安慰作用的肯定性力量，但它依然不讨好地向其历史时刻的迫切性敞开大门，并敏感地对诗歌和家庭以外的世界保持警觉。（科科伦）

牡　蛎*

我们的牡蛎在盘子上噼啪响。
我的舌头是一个盈满的三角洲，
我的腭悬挂着星光：
当我品尝咸咸的昴星团时
猎户座把脚浸入水中①。

活着并受侵犯
它们躺在冰床上：
双壳动物：裂开的球茎
和海洋那调情的叹息。
它们数百万地被撕破、剥壳、散落。

我们驾车到那海岸去，
穿过鲜花和石灰石——
我们来了，为友谊干杯，
在茅草屋顶和瓦器的冰凉中
贮藏完美的记忆。

---

* 本诗题解见第288页。

① 在希腊神话中，昴星团是阿特拉斯的七个女儿所变的七颗明星，猎户座所代表的猎人是七颗明星的追求者。

越过阿尔卑斯山脉，装在干草和雪堆深处，
罗马人向南把他们的牡蛎拖向罗马：
我看到潮湿的货篓呕出
这种蕨叶状唇的、被浓盐水蜇痛的
特权饱享物

并愤怒于我的信任无法
憩息于这清澈的光中[1]，如同诗歌或自由
从海里斜涌而来。我蓄意
吃掉那一天，让它的强烈味道
加快我成为动词，纯粹的动词。

---

① 原文 repose in the clear light 既有“憩息于这清澄的光中”之意，又有“寄托于这清澄的光中”之意。

三件组*

杀戮之后**

他们在那里，仿佛我们的记忆孵出他们，
仿佛不安的创建者们再次站起来走路：
两个带着步枪的男青年在山上，
渎神和令人振奋如他们的器械①。

谁为我们的麻烦②而难过？
谁梦过我们会生活在我们自己中间，
在雨中和擦亮的光中和风干的石头中？
玄武岩、血、水、墓石、水蛭。

在那中性而原初的孤独中
从布兰登到邓塞弗里克，③
我想到小眼睛的幸存之花，

---

* 本诗题解见第 288 页。

** 本诗题解见第 288 页。

① 原文 instrument，有工具、器具、乐器等多种意思。

② 此处的“麻烦”（trouble）有弦外之音，暗喻北爱尔兰的“动乱”（the Troubles）。

③ 布兰登和邓塞弗里克皆为北爱尔兰地名。

那渴盼的、未受干扰的兰花。

我看到码头附近一座石屋。
宽裕的空间。广阔的窗光。
心振奋。你走了二十码
到那些船上买鲭鱼。

今天一个女孩进屋朝我们走来，
提着一个篮子，装满新马铃薯，
三个结实的绿卷心菜，以及
茎叶和泥土都还很新鲜的胡萝卜。

女预言家*

我的舌头转动，一个晃荡、轻松的铰链。
我跟她说：“我们会怎样?”
于是犹如井里被遗忘的水
在早晨的一次爆炸中震颤

或三角墙裂开一条缝，
她开始说话。
“我想我们目前的格局注定要改变。
被围困的狗。蜥蜴的旧病复发。蚂蚁。

---

* 本诗题解见第289页。

除非宽恕找到它的神经和声音，
除非那棵戴头盔和流血的树
能绿起来并开出婴儿拳头般的花蕾
而脏污的岩浆孵出

明亮的仙女……我的同胞想着钱
和谈论天气。石油钻塔
在贪婪的独茎上催未来入睡。沉默
驶入拖网渔船的回声探测器。

我们耳朵长久以来紧贴着的地面
被剥了皮或生了老茧，它的内脏
被一种渎神的预兆罩住。
我们的岛充满不舒服的噪音。”

在水边*

在德夫尼什我听见一只鹬
和看守人在塔下吟诵
哀歌。雕刻的修道士头
破碎如水上的面包。

在博阿，那神眼、性嘴的石头
做了坟墓之间的托座，双脸、穿孔，

---

* 本诗题解见第 289 页。

用沉默回答我的沉默。
一个盛雨水的圣水钵。革出教门。

从马岛一块冰冷的壁炉底石
我张望敞开的烟囱上的天空
倾听一架巡逻中的军用直升机
那厚重的旋转。

一把锤子和一个充满蜘蛛网的裂壶
搁在窗沿。我身上的一切
都想弯腰低头，想奉献，
想赤脚走路，胎儿似的，悔罪似的，

并在水边祈祷。
我们怎样先爬行再走路！我想起
直升机的阴影覆盖我们在纽里的游行，
那些惊恐、不可阻挡的步伐。

图姆路*

有一天清晨我遇到一支装甲
车队，在强大的轮胎上呜响着，
全都用折断的桤木树枝做伪装，
戴耳机的士兵站在炮塔里。
他们沿着我这些路逼近而来有多久了，
仿佛他们拥有它们？整个乡村都在睡梦中。
我有通行权、田野、我看管的牛群、
开放式储物棚里套着搬运橇的拖拉机、
青贮饲料窖、冷闸、湿石板瓦、外屋屋顶的
绿色和红色。我该跑去告诉
那些人中间的谁，他们把后门关上
但没锁上，等待坏消息传送者，那个因在预期中
所以说不定就可以远远避开的凌晨访客？①
播种者，墓石竖立者……
啊双轮战车驾驭者，在你们休眠的枪炮之上，
这里伫立着，在你们经过时鲜活地伫立着

---

* 本诗题解见第289页。

① 该社区已习惯于这类恐怖的事件，并已发展了他们自己的一套试图避免这类事件的迷信方式。（麦卡雷）

那看不见的、难以推翻的奥姆法洛斯[①]。

① 奥姆法洛斯，意为肚脐、中心、世界的中心，源自阿波罗神殿里的圆锥形神石。

一杯水*

她曾经每天早晨来打水，
像一个丑老太婆蹒跚在田野上：
水泵高声的咳嗽，水桶的当啷声
和水满时缓慢的渐弱
宣布她来了。我回想起
她灰色的围裙，盈满的水桶
那遍布凹痕的白瓷釉，还有她声音
那高昂的嘎吱响，像水泵柄。
夜里一轮满月升起，越过她的三角墙，
又穿过她的窗口落回来，没入
摆在桌面上的水里。
我又在那里舀水喝，做到
忠实于她杯上的训诫，那句
正从唇边消失的“勿忘施与者”。

---

* 本诗题解见第290页。

贝格湖滨*

——纪念科拉姆·麦卡特尼[1]

这小岛周围，在它底下深处

那碎浪扑拍的海滨，

从软湿的沙里长出高高的灯心草。

——但丁《炼狱篇》第一章，第100—103行

离开加油站的白光

和田野间几盏寂寞的街灯，

你驶上通往纽敦哈密尔顿的群山，

经过菲尤斯森林，来到星光下——

沿着那条路，一条高而荒芜的朝圣者小道，

那里斯威尼[2]曾在面对一群突然从地里涌出

并张开大口尖声怪叫的恶魔

那血头、山羊胡子和狗眼时惊逃。

---

* 本诗题解见第290页。

① 麦卡特尼，希尼的表弟，1975年在菲尤斯森林遭亲英派准军事成员枪杀。

② 斯威尼，传说中的乌尔斯特国王，遭到被他冒犯和差点为他所杀的神职人员罗南的诅咒，于是在战斗中发疯，变成一只鸟，浪迹爱尔兰各地。有一次他再遭诅咒，导致他在菲尤斯森林中看见五个流血的无头之躯和无肢之头，瘦骨嶙峋，留山羊胡子。

什么在你前面闪现？一道假路障？
摇晃的红灯、突然的刹车和熄火的
发动机、说话声、蒙面的头和冷鼻子的枪？
或在你的后视镜里，尾随的车前灯
突然驶近，示意你停下，
那里你既不被人知道，也远离你知道的：
贝格湖的低地黏土和水域，
教堂岛的尖塔，岛上柔软的紫杉林线。

那里你曾早在起床时间之前
在野鸭狩猎者出没于金盏花和芦苇丛中之际
听到屋后响起枪声，
但依然在越过湖滨把牛赶回家的途中
吓了一跳，看到空弹壳：
刺鼻的、黄铜色的、生殖器的、射过的。
因为你和你家还有你家和我家都回避事实，
讲一种古老的共谋者语言
却不能抽响鞭子或把握时机：
大声嚷嚷的厨丁、牧人、干草堆
和家畜腿臀部的触摸者、牛棚里的讲话者，
坟地的迟钝仲裁者。

越过那片属于你家的湖滨，牛群
在清晨齐腹深的雾霭里吃草，
现在它们把不迷惑的目光
转向我们这边，我们努力穿过吱吱响的莎草，

浑身露水。像一把钝刀，边缘磨得
闪闪亮，贝格湖在雾霭里隐约发光。
我转身是因为你脚步快速的声音
在我背后停住了，我看见你跪倒在地，
头发和眼睛满是鲜血和路边粪土，
于是跪在你面前，在盈盈的草丛中，
收集一掬掬冷露水
洗擦你，表弟。我用柔密如低云落下的
毛毛雨的苔藓，把你揩干净。
我双手伸到你腋下抬起你，让你平躺着。
我用重新发绿的灯心草编结
绿肩衣，披在你的裹尸布上。

伤亡人员*

I

他会独个儿喝酒
并朝着那个高架子
竖起一只饱经风霜的大拇指，
再要一杯朗姆
和黑加仑，而不必
提高他的声音，
或抬一抬眼睛
并以谨慎的示意动作
做出开盖子的手势
要一瓶烈性黑啤；
打烊时会穿着高筒防水靴
和戴着鸭舌帽
走进下阵雨的黑暗中，
一个领失业救济金的养家者，
却是一个天生干活的人。
我喜欢他整个举止，

---

* 本诗题解见第290页。

步履稳健又过于狡猾，
他面无表情不露声色的老练，
他渔民的敏锐眼睛
和转过去还能观察人的后背。

对他来说难以
理解，我那另一个生命。
有时候，坐在高凳上，
一边忙于用刀
切一小块口嚼烟草，
而且不看我一眼，
在喝一口后的间歇里，
他会提到诗歌。
有时候只有我们俩，
而我总是很得体，
避免任何优越感，
并且会设法使点诈
把话题转到鳗鱼
或马和马车的知识，
或临时派成员。

但我的试验性的诗艺
也被他转过去的后背注视着：
在德里十三人
被枪杀之后三夜
一次别人都遵守的

宵禁中，他出去喝酒
被炸成碎片。
伞兵团十三，
博格塞德零，墙上写着。那个星期三[①]
大家都
屏息和颤抖。

Ⅱ

那是一个有着寒冷
阴郁的寂静的日子，被风
吹起的白法衣和黑法衣：
被雨打，覆盖着鲜花，
灵柩一个接一个
仿佛从拥挤的大教堂的
门口漂浮而出，
像缓流上的花簇。
这共同的葬礼
铺开它长长的婴儿裹布，
缠绕着，拉紧着，
直到我们被扎牢绑牢
像围成一圈的兄弟。

---

① 1972年1月30日，在德里天主教地区博格塞德，英国伞兵团士兵枪杀十三人，另有十七人受伤。史称“血腥星期五”。墙上涂鸦把这次事件写成仿佛是体育比赛。

但他不会被他自己的人群
强留在家中，
不管有什么威胁电话，
不管黑旗怎样舞动。
我看见他，当他转过身
在那个惹麻烦的被炸地点，
懊悔混杂着恐怖
浮现在他那张依然认得出的脸上，
他那被逼至绝路仍凛然面对的凝视
在闪光中使人目眩。

他走了好几英里
因为他每夜都去
喝得像一条鱼，自然地
游向亮灯的温暖地方
焕发的诱饵，
那模糊的网和低语声
在群居性的烟雾里
晃动的酒杯间漂流。
他应该受多大的责备，
在那最后一夜，当他破坏
我们部族的共谋?
“现在你应该是一个
有教养的人了，”
我听见他说，“我还是疑惑，
那个问题的正确答案。”

III

我错过他的葬礼，
那些安静的步行者
和跟身边人私语的讲话者，
鱼贯从他那条小巷
涌向灵车
那体面的轰隆声……
他们步伐一致
以磨蹭的发动机
那习惯性的
缓慢的安慰移动，
钓线拉起，两手迅速
换来换去，冷阳光
照在水面上，大地
在雾霭下倾斜：那天早上
当他带我坐着他的小船出航，
螺旋桨潺潺作响，把
懒洋洋的深水变白，
我和他品尝自由。
早早出去，稳稳地
把渔网拖离水底，
痛骂渔获，以及微笑
当你发现某种节奏
正慢慢地一英里一英里

把你渐渐带入你真正的出没地，
在某处，向深海，向更远的地方……

吸入黎明气息的亡魂，
穿过午夜暴雨的步履沉重者，
再质问我吧。

獾[*]

当那只獾闪着微光离去
进入另一个花园，
你站着，在威士忌的朦胧中
感到你刚刚干扰了
某种柔和的归来。

被谋杀的死者，
你想。
但难道它不能是
某个被炸碎的暴力青年
在寻找着摇篮与爆炸之间
那放错位置的东西吗，
例如在傍晚时分，当窗口敞开着
而屋后肥堆在冒烟？

显灵被当作征兆[①]。
在第二座房子我想倾听

---

* 本诗题解见第 291 页。

① 呼应艾略特《小老头》诗句“征兆被视为奇迹”。（坦普林）并非呼应艾略特《小老头》诗句，而是大胆改写《约翰福音》4：48“除非你（接下页）

月桂树下的闷击[①]
却听到低语声，它暗示
被含糊地授予荣誉。

甚至通过死尸都能看出
獾已经回来了。
一只变得恶臭难闻，
未受碰触躺在路边。
昨夜一只迫使我刹车，
但更多是出于恐惧而不是敬意。

留着来自獾穴的隐淡臭迹
和散发着他夜里奔跑的气味，
这只羊齿草国度的鬼怪
从我内心的藏匿处跑出来，
现出他的原形：
属于猪科
而完全不是他被描绘的样子。

这是多么危险，不选择
去爱那展示给我们的生活？

（接上页）们看到征兆和奇迹，否则你们不会相信"。甚至是大胆改写《马太福音》12：38—39"邪恶和淫乱的时代寻求征兆"。（布鲁姆）

① "闷击"既是獾的闷声，也是更重要的，华兹华斯《序曲》的"低呼吸"。闷击还是希尼艰难的呼吸，在该诗中和在凶残的北爱尔兰脉络中。（布鲁姆）

他结实肮脏的身体
和擅自闯入的爬行。
他天生的智力。
那不容置疑的男仆[1]的肩膀
——有可能就是我自己的。

---

① 男仆（houseboy），可能是指那个“被炸碎的暴力青年”，也有论者认为是指（或呼应）诗集《熬过冬季》里的《男仆（Servant Boy）》。

歌手的屋子*

当他们说卡里克弗格斯[1]，我可以听到
盐矿工的尖嘴镐的霜冻的回声。
我想象它，有房间，闪闪发亮，
一座用光建造的城镇。

我们还有什么话要说
来用魔术变出我们土地的盐[2]？
如此多来了又去了，
它们本该晶莹和被保存，

显现事物本色的
各种宜人气候，
它们的季节和仓库的浓味，

---

* 本诗题解见第 291 页。

① 卡里克弗格斯，北爱尔兰东岸港口城市，位于安特里姆郡，曾以盛产岩盐闻名。

② 我们土地的盐，出自成语“土地之盐”（意为社会基层、中坚、最优秀者）。

是我们将得到的全部行装①。

因此我对自己说圭巴拉湾②，
它的音乐冲刷那地方
如同流水冲刷花岗岩。
我看见闪烁的声音

被镶入你的窗框，
餐刀和餐叉摆在漆布上，
几个海豹头突然冒出，
扫视一切。

这里的人总是相信
溺水的灵魂活在海豹身上。
大潮时它们可能会改变形状。
它们喜爱音乐并游向歌手，

那歌手可能站在夏天尽头，
在一座粉刷泥炭棚入口，
他的肩膀靠着门边框，他的歌
是黄昏里外海的一条划艇。

---

① “行装”又可译为“包装”。诗中两个意思都有，行装指打点行装，暗示北爱尔兰人的离散，包括希尼自己从北爱尔兰移民到爱尔兰共和国。包装指把农产品包装好。

② 圭巴拉湾，位于北爱尔兰多尼戈尔郡西岸。

当我第一次来这里你一直都在唱歌，
在你簸扬的攀升和起声中
有一种尖嘴镐用劲的暗示。
再提高，伙计。我们依然相信我们听见的。

鳄音缪斯*

夏末，午夜
我闻到白天的热气：
在我那俯视酒店停车场的窗口
我呼吸着来自湖上的浑浊夜风，
望着一群年轻人离开迪斯科舞厅。

他们的声音升起，嘶哑而令人安慰，
如同那天晚上饲养的丁鲹在薄暮时分
搅起的油污泡沫——黏糊糊的丁鲹
曾被称为“医生鱼”，因为据说
接触它的黏液，鱼的伤口就会愈合。

一个穿白色连衣裙的姑娘
在几辆汽车间被人献殷勤：
当她的声音奔涌溅泼成欢笑
我感到自己像一条身上长满疮痂的老狗鱼
渴望游泳去接触温唇柔嘴的生命。

---

* 本诗题解见第 292 页。

格兰莫尔十四行诗*

——给安·萨德尔迈尔

“我们最热情的接待人”

I

元音犁入别的：开垦地。①
二十年来最和煦的二月
是雾霭聚集在犁沟上，一种无声的深度
易受远处发出漱音的拖拉机伤害。
我们的道路散发着蒸汽，翻出的田亩呼吸。
如今美好人生可能就是越过一片田野，②
而艺术就是土地的词形变化表，刚从犁的
车床轧出。我的草地被深深耕种。
老犁铧狼吞每种感官的底土
而我随着一阵农场的香气

* 本诗题解见第 292 页。

① 我觉得，在《格兰莫尔十四行诗》中，有呈现那种意识，意识到两人作出承诺，或再承诺：“我们的分开；/ 我们披满露水的做梦的脸”。还有另一个承诺：“元音犁入别的：开垦地。”（希尼，《踏脚石》）

② 出自俄罗斯诗人帕斯捷尔纳克诗句：“人生并非越过一片田野。”

被激发如一朵未开的暗色玫瑰。
那么等一等……迎着雾霭，身穿播种者的围裙，
我的幽灵们来了，阔步踏进他们的春天站台。
梦的谷粒飞旋如反常的复活节雪花。

Ⅱ

来自藏匿地的感知、跃动，
词语几乎进入触觉，
把自己从它们的黑暗贮存箱里搜出来——
“这些事物不是秘密而是神秘，”
奥伊辛·凯利多年前在贝尔法斯特
对我说，向往着那与凿子
合谋的石头，仿佛纹理
牢记着大头锤才会知道的事情。
然后我着陆在格兰莫尔的露天学校
并希望从壕沟边坡提高
一种从号角和缓慢的风笛簧管捕回来的声音，
它也许会继续、维持、消除、平息：
元音犁入别的开垦地，
每一首诗返回如犁掉头。

Ⅲ

今晚布谷鸟和长脚秧鸡
（这么多，太多）在黄昏时分结伴。

全都是朦胧和抑扬格的。
在田野上一只兔崽子
测定自己的方位，而我知道母鹿
（我也在这座房子的窗口见过它们，
像鉴赏家，对空气充满好奇）
在落叶松和五月里碧绿的云杉下小心翼翼。
我早前说过："我把我们带到
这种陌生的孤独，我不会旧病复萌。
多萝茜和威廉——"她插话：
"你不是要拿我俩跟他们比较吧？"
外面一阵沙沙响的梳理树枝的微风
使精神一振又渐渐减弱。是乐段的收束。

Ⅳ

我以前常常卧着用耳朵紧贴轨道，
因为如此一来，他们说，应该有一种声音
在前面逃逸，一种轮缘
和活塞的铁调子沿着地面定音高，
但我从未听到过。反而总是
两英里外碰撞的车钩和调轨
在树林上空升起。马头
从闸门漩涡式回卷，一种
臀胯部和鬃毛的灰色翻转，而我会望向
路堑，因为她很快就会从那里出现。
两片田野后，在屋子里，小涟漪颤动

无声地掠过我们的饮用水
（就像它们此刻颤动着掠过我心头）
然后消失在似乎是它们最初泛起的地方。

V

莽汉树躯干里柔软的起皱，
它那绿色嫩芽，它那斑斑点点的焊锡似的枝条：
它是我们儿时的树荫处，随着我长大
它变成一种碧绿、阴湿和闪光的记忆。
后来我学会叫它接骨木。
我爱它开的花，像盛满饭菜的浅碟，
它的浆果，一串弹丸似的黑鱼子酱。
一团浮起的卵，一片从紫色里跃出的瘀伤之光。
接骨木？它是梦想着红酒的诸郡。
莽汉树是树荫树，树荫下我玩“触舌”，
并感到另一个人的质感迅速触及我的[①]。
因此，我这个根茎和嫁接的词源学家
跌回我的树屋，蹲伏在
小芽悄悄发芽和茁壮成长的地方。

VI

他生活在那不可说的光中。

---

① 此诗轻易地从诗人童年与大自然亲密接触的回忆过渡到他在自然环境下与一个女孩亲密接触的回忆。（劳埃德）

他在一个毛毛雨的正午看见倒挂金钟，
接骨木花在黄昏时像一轮升起的月亮
还有绿色田野在风吹的高处变成灰白。
“我将突破，”他说，“我所眺望的事物
连同完美的雾和平静的缺席”——
突然和确定如那个大胆骑车
横渡结冰的莫约拉河的男人。
一个我们从未见过的男人。但是
在一九四七年那个冬天，当大雪
使乡村保持明亮如工作室，
在事物可能会结晶或毁灭的寒冷中
他的故事激动我们，一只白野鹅
在入夜后被听见飞越漂移的屋子。

Ⅶ

多格，罗考尔，马林，爱尔兰海：
绿色的、迅猛的高涨，北大西洋的流动
被那警告风暴来临的强大声音魔术般变出来，
倒塌进一种咝咝响的半影。
午夜和停业。冻原的塞壬，
鳗路、海豹路、龙骨路、鲸路的塞壬，在
厚羊毛毡背后提高她们被风加剧的哀号
并把拖网渔船赶向威克洛的避风处。
星号、海鸠号、美丽海伦号
今早在劳累如臼研机的港湾里护理着

它们明亮的名字。神奇
又真实，我大声说，“一个避难所，”
这个词加深、澄清，如同别处的天空
在明奇海峡、克罗默蒂港、法罗群岛。

Ⅷ

闪电在裂开的原木上：大雨点
以体热的温度并充满不祥的预兆
把黑暗溅泼在斧铁上。
今早，当一只喜鹊踏着颠簸的脚步
视察一匹在树林边沉睡的马
我想起盔甲和腐肉上的露珠。
我，逃脱血腥，会在路上遇见什么？
癞蛤蟆坐在多深的木柴堆里？
是什么翻滚着穿过这作物上黑暗的寂静？
你可还记得在朗德那家膳宿公寓
那老妇随着小歌曲猛力摇呀摇呀
摇她怀中一个先天愚型患者？
快来我这儿，我在楼上颤抖着。
我全部的你闪电中的桦木。

Ⅸ

厨房窗口外一只黑老鼠
在荆棘上摇晃如腐烂的水果：

“它看穿我，它盯得我慌神，我不是
在胡乱想象。你快点出去赶走它。”
我们来这荒凉地方就为了它？
我们有我们大门口光洁的月桂树，
经典，挂着来自隔壁农场飘来的
青贮饲料臭味，叶子酸如良心。
干草叉上的血，糠和干草上的血，
老鼠在摔打的汗水和尘土中被叉起——
我用什么来为诗辩护？
我下楼时，空荡荡的荆棘丛
在窸窣作响，而在那边，在里面，你的脸
隐现如透过凌乱的玻璃瞥见的新月。

X

我梦见我们睡在多尼戈尔一处沼泽
在泥炭河岸上，盖着毯子，我们的面孔
彻夜暴露在润湿的毛毛雨中，
无血色如滴水的幼桦树。
洛伦佐和杰茜卡在寒冷气候里。
迪尔米德和格兰妮等待被发现[①]。

---

① 希尼的童年在摩斯巴恩度过，因此梦中地点带有熟悉和安全的弦外之音，但是这熟悉和安全立即受到希尼选择的楷模人物的削弱。这两对恋人（一对来自莎士比亚《威尼斯商人》，一对来自爱尔兰神话）代表希尼承认他同时吸取英国和爱尔兰传统，但两对恋人都是逃亡者，随时有失去生命的危险。（狄波拉·麦克洛克林，见布鲁姆）

黑暗地被洒了圣水和熏了香，我们摊开
如呼吸着的雕像在加高的地面上。[①]
而在那个梦里我梦见——你可喜欢这个？——
我们多年前在那家酒店的初夜，
当时你带着从容的吻走来
把我们升向可爱又痛苦的
肉体契约；我们的与世隔绝；
我们披满露水的梦脸的喘息。

① 洒圣水、熏香、雕像，合起来传达一种死亡气氛，这气氛因希尼回忆他与妻子的初夜而被短暂地驱散。（狄波拉·麦克洛克林，见布鲁姆）

一种身后

她会把所有诗人都打入第九层
收拾他们，让他们牙齿咬着头颅，舔食大脑；
为惩罚他们活着时背后诽谤，她会把他们的地狱
变成一个狂热的自我主义的雏菊花链[①]。

顽固、受刺激、野心勃勃、不甘示弱，
闭紧牙关、作困兽斗，每个都是一只被拴住的獾
想挤占有利位置，互相倾轧和攻击，
像乌戈利诺骑在大主教罗杰身上[②]。

而当她获得维吉尔妻子[③]的协助
和怂恿，要到冰层去巡视，
我会高呼："我的宝贝，在我们上面
那绿色大地，谁戴着月桂，谁的一生

是最奉献和堪作榜样的？"

---

① 雏菊花链，在此诗脉络中，大意为一丘之貉。
② 乌戈利诺和大主教罗杰，但丁《神曲》人物，参见本诗集里希尼翻译的《神曲》片段《乌戈利诺》。
③ 维吉尔并无妻子，这里是希尼虚构的。

而她：“我已塞住我寡妇的耳朵，
不听诗人和诗歌尖酸刻毒的消息。
为什么你不在我们有生之年

多放松，在从你房间下楼时多传来笑声，
黄昏时分多跟我和孩子们散步——
像那个有接骨木开花和干草的晚上，
当野玫瑰正渐渐褪色？”

接着（这时某个诗人用鱼叉刺我的脖子）：
“你不是最坏的。你渴望采取一种善良、
冷漠、双方都有错的圆滑。
你先把我们，然后才把那些诗集抛在背后。”①

① 反过来说，就是你把诗集看得比我们还重要。

水　獭*

当你扎入水中，
托斯卡纳的光摇曳
荡漾着穿过水池
从水面到水底。

我爱你湿漉漉的头和猛烈的爬泳，
你优美的游泳者脊背和肩膀
冒出又冒出水面
今年和此后每一年。

我喉咙干渴坐在温暖的石头上。
你是我难以企及的。
那变得柔和的清晰，那深紫红色的空气
变得稀薄和令人失望。

谢天谢地，多亏这缓慢的磨合：
如今当我抱着你
我们亲密又深沉

* 本诗题解见第 293 页。

像水上的气氛。

如今我双手是测探过的水。
你是我记忆中可触摸的
柔韧的水獭
在此刻的水池中，

你转身仰泳，
每次无声、震动大腿的猛踢
都使光再倾斜，
使你脖子上的凉气掀起。

而突然间你已游远，
又回来，还是那样专注，
穿着焕然一新的毛皮，笨重而活泼，
在石头上留下印痕。

臭 鼬

直立，黝黑，裹着条纹和花缎
如葬礼弥撒上的无袖长袍，臭鼬尾
炫耀臭鼬。夜复一夜
我像期待客人一样期待她。

冰箱嗡嗡声渐渐寂静。
我台灯的光变柔，漫至阳台外。
橙树上乍现几颗小橙。
我开始紧张如窥视狂。

十一年之后我再次写起了
情书，启开“妻子”这个词
像一个陈年酒桶，仿佛它那纤细的元音
转化成了加利福尼亚黑夜的泥土

和空气。[①] 桉树那股美丽而
无用的浓烈味代替你的缺席。
喝一大口酒的后果

---

① 希尼曾在加州教一年书。

就像对着空枕头呼吸你。

而她在那里，那只专注而有魅力、
普通、诡秘的臭鼬，
神话化了，非神话化了，
嗅着我五英尺以外的纸板。

昨夜这一切又历历在目，想起
就寝时你的衣物轻声滑落如煤烟飘降，
你低着头，翘着尾在床底抽屉
寻找那件黑色开胸睡服。

嫉妒之梦*

与你和另一位女士散步
在树林覆盖的开阔地，低语的青草
用手指梳理我们充满猜测的沉默
而树林敞开向一处成荫的
意想不到的空地，我们在那里坐下。
我想光的坦率让我们沮丧。
我们说起欲望和嫉妒，
我们的谈话像一件宽松的长袍
或一块白色的野餐桌布
在荒野里摊开如一本礼仪书。
“让我看看，”我对我们的同伴说，
“我所垂涎的、你胸部的淡紫色星星。”
她同意。啊爱人，不管是这首诗
还是我的审慎，都不能治愈你受伤的凝视。

---

* 本诗题解见第 293 页。

田间耕作

I *

在山毛柳被每一阵微风吹白的地方，
在筑巢的黑鸟完美的眼睛注视的地方，
在一棵羊齿草永远青绿的地方

我站着看你
从路口门房里取来一块软垫
伸去把荆豆上的石灰粉拍掉。

我能看见痘疤
在你上臂绷紧，闻到从我们之间
驶过的火车的煤味，一列慢货车，

一节又一节车厢，载满睁大眼睛的牛。

II

但你的痘疤是在你大腿上，

---

* 本诗题解见第 293 页。

一个“O”愈合成树皮。

除了树神不是一个女人
你是我受伤的树神

散发潮湿和结癣的
栗树林那母亲般的育养味。

我们的月亮小而遥远，
是一个被长期凝望的硬币

鲜明地挂在裴廓德号[①]的桅杆上
横渡大西洋和太平洋水域。

III

不是泥巴痕，
不是杂草丛生的黑水
充满桤木球果和结痘疤的叶子。

不是冬天的峨参
连同其漂白的胫和腕，
其咝咝声，其摇撼。

① 裴廓德号，梅尔维尔《白鲸记》里的捕鲸船。

甚至不是夏天满是蝴蝶飞舞的
青得发酸的绿荫
和胀鼓鼓如皮鞍的真菌。

不是。而是在一个宁静的角落，
贴着掺杂小卵石的墙壁，
沉重、下垂、满是嘴巴和眼睛，

那株向日葵，正梦见棕土。

Ⅳ *

猫尿味，
粉红色花开：
我把从开花的醋栗
摘来的一片叶子
压在你手背上
让它黏乎乎的汁液
那紧而慢的火辣感
搽上你的皮肤，
让你的血脉与叶脉
相互交错。
我舔我的大拇指
并在耕土里蘸了蘸，

---

* 本诗题解见第 293 页。

给施了涂的叶形
施涂。耕土
在你手背上
开花和染色
像一个胎痣——
我的棕土人儿，
你被玷污了，玷污
至完美。

歌*

一株花楸像一个涂口红的姑娘。
在小路与主路之间
一片桤木林在灯心草中站得远远的，
隔着一段湿漉漉的距离。

那里有讲方言的泥花
和音高完美的不凋花，
还有那个时刻，当鸟儿非常贴近地
随着发生的事情的音乐歌唱。[①]

---

* 本诗题解见第294页。

① 我认为，“发生的事情的音乐”大概就是“天籁”，是“真实”的音乐，也是被视为现实世界的普通世界、日常世界的音乐。（坦普林）

残　余*

一种柔和的呼呼声，变黑的
根茬上稻草的夕光，
一种茅草屋顶厚的、令人精神振作的
野蛮的绯红色燃烧——

我骑马下英格兰
当他们点燃一种已经是
庄稼的残余的庄稼，
那被粉碎的亚麻色大麦，

经过伊利圣母堂，
那永远被驱逐的
甜蜜男高音拉丁语，
那被托马斯·克伦威尔刮得

变透明的华贵的窗子[①]。
他会去哪一层，

---

* 本诗题解见第 294 页。

① 托马斯·克伦威尔摧毁隐修院和各种偶像，并把英国所有教堂的彩绘玻璃换上透明玻璃。

踩着发烫的鹅卵石，
每一块都是破碎的雕像头？[1]

午夜过后，夏天过后，
走在一片闪耀的田野里，
闻着露水和灰烬
并惊动威尔·布朗格文[2]的鬼魂

从热煤烟里冒出——
一缕倏忽的幽光，
在堆禾束的咝咝声
和碰击声中散开。

---

① 希尼想象克伦威尔下地狱，脚下踩着用被他摧毁的雕像头做成的发烫的鹅卵石。

② 布朗格文，D. H. 劳伦斯小说《彩虹》和《恋爱中的女人》中的人物。

丰收蝴蝶结*

当你打丰收蝴蝶结
你也把你身上那变得醇厚的沉默
掺入麦秸里，麦秸不生锈
但会发亮，当它随着一个个结收紧成
一个可辨认的日冕，
一个用完即弃的禾秆爱结。

那双随着抚摸幼柃杖和竹杖而老化
以及在斗鸡般的一生中折腾的手
听从其天分，以美好的意图劳作
直到你的十指梦游般移动：
我摩挲和触碰它如盲文，
从那可感知的搜集那未说的。

而如果我透过它的金圈窥视
我就会看见我们在铁路斜坡之间走着
进入一个黄昏，那里有茂草和蠓虫，

---

* 本诗题解见第 294 页。

直冒的青烟，树篱里的旧床头板[1]和犁，
外屋墙上的拍卖告示——
你翻领上别着一个丰收蝴蝶结，

我带着钓竿，已经患思乡病了，
怀念这些黄昏的巨大兴奋，当你使劲
用手杖将野草和灌木的尖端打掉，
凌乱的节拍，猛击，但没惊起
什么：那原初的乡土依旧
在你手结的禾秆中缄口。

艺术的目标是平静[2]
可作为这个脆弱的图案的铭文，
我已把它别在我们的松木衣橱上——
像一个收拢的罗网
刚刚被谷神溜走
却因为它穿过去而擦亮，仍有余温。

---

① 据希尼未发表的手稿《讣告》，旧床头板属于“无子鳏夫”亨利·麦克威廉斯，他是希尼家的邻居。他的床头板被当作“我们后院的栅栏门”。（帕克）

② 这句引语出自考文垂·帕特莫尔，也是叶芝非常认同的一句话，希尼是从叶芝早期著作中读到这句引语的。

纪念弗朗西斯·莱德威奇*

(1917 年 7 月 31 日在法国牺牲)

那青铜士兵系着一件青铜披肩，
披肩在想象的风中僵硬地起皱
不管真实的风如何轻吹或猛刮
他那迅速蹲下的奔跑，那永远伸长脖子

俯视佛兰德斯①的姿势。头盔和背包，
从枪托到刺刀牢牢扛着的枪，
雕花匾牌上那些忠诚、倒下的名字——
这一切对一九四六年或四七年的我来说

都不算什么，那时我是发愁的宠儿
紧抓着玛丽姑妈的手
沿着斯图尔特港海滨大道，然后绕着新月形排屋
穿过城堡径直走向海滨。

来自科尔雷恩的领航员驶向煤船。

---

* 本诗题解见第 295 页。

① 第一次世界大战大部分壕沟战都是在佛兰德斯发生的。

恋爱的男女们从沙丘里站起来。
一个脱得只剩下领扣和闪亮马甲的农民
把裤子卷至他胆怯的小腿。

弗朗西斯·莱德威奇，某个星期天下午
你在德罗赫达[1]远处的海边谈恋爱。
文学的，甜言蜜语的，土里土气的，
你骑车从你所属的地方斯莱恩[2]

那条林荫路出来，那儿忧伤
又可爱：满是野花的五月圣坛，
喷洒在外屋的复活节水，
弥撒石[3]、山顶史前寨和椽梁牛棚。

我想起你穿着你的英军制服，
一张困扰的天主教徒脸，无血色而勇敢，
鬼魂般出没于战壕如山楂花
或取自博恩甬道巨石墓[4]内核的沉默。

那是一九一五年夏天。我看见我那当时
还是女孩的姑妈在宽阔的路边草地上放牧。

---

① 德罗赫达，博恩河口附近的港口。

② 斯莱恩山高耸在斯莱恩村边，可俯视博恩河。

③ 弥撒石，被迫害的罗马天主教徒秘密举行弥撒的石坛。

④ 巨石墓是地下陵墓，通过漫长的隧道进入；博恩河是爱尔兰东部一条河，威廉三世在此击败詹姆斯二世。

在达达尼尔海峡一片低地灌木丛背后
你吸吮石头使你干裂的口生津。

那是一九一七年。她依然在放牛
但一次大规模的低空轰炸熄灭伊普尔[1]的烛光：
“我的灵魂在博恩河畔，修剪新草坪……
我的国家穿着她的坚信礼服。”

“我被称为英国士兵，而我的家乡
在各民族中间没有位置……”六个星期后
你被弹片撕裂。“我很难过，
我们的帐篷要按党派政治划分。”

你，我们死去的谜团，在你身上所有的压力
在无用的平衡中交叉纵横，
而当风鸣叫着穿过这座警惕的青铜像
我再次听见促使你一直从博恩河水追随到巴尔干的

那无可置疑的混乱鼓声
但没听见你的长笛应当吹响的暮光音调。
你定的音调和音高都不像这些坚定的英国忠诚者，
尽管如今你们在地下全都是伙伴。

---

① 伊普尔，比利时小镇，曾是第一次世界大战三场战役的发生地。

乌戈利诺*

（译自但丁《地狱篇》第三十二、三十三章）

我们已经离开他。我走在冰上
看见两个人被焊合在一个冻结的洞里
一个压着另一个，一个的脑袋覆盖着另一个的，
啃他，他的颈和头
被嫁接在大脑的甜水果上，
像一个饥民猛咬一条面包。
狂怒的堤丢斯[①]也是这样啃咬
墨拉尼波斯[②]被割下的首级
仿佛它是一个飞溅的肉瓜。
“你，”我喊道，“压在上面那个，是什么仇恨
使你狼吞虎咽和难以满足？
是什么使你如此狂性大发？
可有任何故事让我
替你在上面的世界讲，数落他的不是？
如果我的舌头那时还没有在我的喉咙里干瘪，

---

* 本诗题解见第 296 页。

① 堤丢斯，希腊神话英雄，攻打忒拜城的七将之一。

② 墨拉尼波斯，帮助防守忒拜城的将领。

我会报告实情，还你一个清白。”

那个罪人放松口里的食物
来回答我，并以他的受害者那被蹂躏的
脑袋上长出的头发抹嘴，
然后说：“哪怕我还没开口
一想到必须重温那个绝望时期
我就会感到恶心；
然而当我流着泪诉说这经历，我也要像下咒一样
播种我的话——使它们增加
和成倍落在我正啃着的这个头上。
从你的口音，我知道你来自佛罗伦萨，
但我不清楚你是谁
或你为什么竟能下到这里来。
不过，你还是应该知道我是谁，因为我就是
乌戈利诺伯爵，而这个是罗杰大主教。
至于我为什么要骑在他身上
原因则无疑是人所共知的；我的诚意如何
轻易成了他的恶意的猎物，
我如何被抓走、扣留、处死。
但你必须听听你无法知道的事情
如果你要评判他——我死在
他手上的残忍。那现在就听着。

在那监狱里别人也会像我一样痛苦，
那监狱以我命名，叫作饥饿，别人也会

像我那样透过一个狭小的洞孔凝望
一轮又一轮明月，清亮而梦游般的，
从头顶上经过，直到那天晚上我梦见
那个噩梦，我的未来的面纱也随之撕破。
我看见一次猎狼活动：这家伙骑马奔驰
在比萨与卢卡之间的那座山上，纵猎狗追杀
那匹狼和狼崽子。他一派老爷和主子气势，
他的群犬凶悍迅猛，他的同伴
部署在他前面，还有瓜兰迪
和西斯蒙迪，以及兰弗兰基，
他们很快制服了狼父和狼子们
而我的幻觉
全是尖牙和撕开流血的胁腹。
当我在黎明前醒来，我的脑袋
旋转眩晕，震荡着我身边儿子们
在睡梦中的哭叫声，哭叫着要面包。
（如果你还没有开始对我这颗心早先遭受的痛苦
产生同情，如果你不哭，那你就是铁石心肠。）

现在他们醒来了，因为已接近
食物如常送来的时间，
他们每个在梦醒后都心绪不宁，
当我听见门被关牢，再用铁锤把钉子
敲上去，在噩梦般的塔楼底端。
我凝视儿子们的脸，说不出话。
我眼睛已干，我心已变成石头。

他们哭叫，我的小安塞尔姆说：
‘究竟怎么了？你为什么这么望着，爸爸？’
但我没流泪，我没回答
在那一整天，在那一整夜，
直到另一个太阳在空中发红
并送来一小束光查探监狱
四壁里面的痛苦。接着当我看见
我的脸在他们四个脸上的形象
我绝望地咬我的双手
而他们以为是我饿得要吃自己的双手
便都突然焦急地站起来
说：‘父亲，如果你吃我们，反倒会大大减轻
我们的痛苦，当初是你给我们穿上这悲哀的肉体
现在就顺便帮我们脱掉吧。’
于是我使自己平静下来，好使他们平静下来。
我们沉默不语。那天和第二天悄悄从我们身上溜走
而地面也似乎对我和他们更冷硬了。
整整四天我们任由沉默积聚。
接着，加多伏倒在我面前
说：‘为什么你不帮我，父亲？’
他就这样死去，并且如同你在这里看着我
我就这样看着我另三个儿子
在第五天和第六天相继倒毙
直到我再也看不见了。盲了眼，寻找着，
整整两天我在他们身上摸索着，呼唤他们。
接着，饥饿在悲痛只是伤了我之处杀了我。”

当他说完这一切，他的眼睛转动，
他的牙像咬住一块骨头的狗牙
咬进那头颅，再次猛啃起来。

比萨！比萨，你的声音像一种咝咝声
在我国长满青草的语言里嘶嘶作响。
而鉴于邻邦都在你的灭绝中失职，
那就让一个庞大的
岛屿堤坝封住阿尔诺河口，让
卡普拉亚岛和戈尔戈纳岛筑坝拦水
并淹没你和你的人民吧。因为出卖
你城堡的乌戈利诺的罪孽
绝不应由他的儿子们来担当。[①]
你的残暴是忒拜式的。他们年小
又无辜：休、布里加塔
和另两个其名字已在我歌中的孩子。

① 据《牛津英语文学指南》(1985)，乌戈利诺“两次通过背叛行为来使自己成为比萨的主人”，然后才被吉伯林派领袖鲁杰里·德利乌巴尔迪尼（按：鲁杰里即希尼译文中的罗杰）出卖。(帕克)

题解

《牡蛎》

诗中的说话者因痛苦的再考虑而把自己清白的胃口败坏了。他自己的性焦虑和政治焦虑使他无法安于当天的物质享乐，这些焦虑使他把他正在吃的牡蛎与“活着并受侵犯”的受害的妇女归在一起，与为了富裕的罗马人享受而昂贵地拖向罗马的进口牡蛎归在一起。因此，“动词”对希尼而言，代表着对未被性或政治的再考虑糟蹋的，对生活的直接而感官的理解。（文德勒〔B〕）

这首被一个看法扰攘，也即再也没有任何感官享受是简单的了：不可能有完美记忆的晴朗日子。良心、忧虑和道德反感的荆棘扎着每一次憩息。（文德勒〔M〕）

《三件组》

《三件组》所使用的神谕式、预言式、准叶芝式修辞，把一种有说服力的雄伟和权威的气氛赋予这首诗所持的关于爱尔兰现状的痛苦观点：现在，在希尼作品中第一次呈现南方及其唯利是图的贪婪性和北方及其教派暴力。这首《三件组》的各块嵌板非常试探性地提出某种理解或安慰或仅仅是忍耐的概念。（科科伦）

《杀戮之后》：《杀戮之后》写于英国驻爱尔兰大使克里斯托弗·尤瓦特—比格斯 1976 年 7 月遇害之后。在诗中，“小眼睛的幸存之花”“广阔的窗光”和女孩的蔬菜礼物是实实在在的（尽管也有象征性的回响）、自然的补偿，补偿此诗开篇展示的挥之不去的暴力意象和荒凉意象。然而，这些意象包括把爱尔兰共和军临时派成员与“不安的创建者”加以比较，创建者是指 20 世纪 20 年代爱尔兰自由邦那些革命的、暴力的缔造者。他们还被描写成“渎神和令人振奋如他们的器械”（也即他们的步枪）。这些形容词以自我取消的方式彼此针锋相对：渎神者（因而也是该罚入地狱者）被反抗者纠正。用来形容武器的“器械”一词，把步枪变成跟音乐“乐器”一样地中性，同时暗示“器械”具

有作为目的或目标之手段的功能。（科科伦）

《女预言家》：《女预言家》里的女孩（她曾在《杀戮之后》结尾短暂地作为某种谷类女神式人物出现）被更刻意地神话化，她说出她的预言，带着“宽恕”的渺茫希望。新生命重返那棵“戴头盔和流血的树”这个不寻常的意象，可能源自维吉尔《埃涅阿斯纪》第六章冥府里流血的树，以及源自戴维·琼斯为其关于第一次世界大战的长诗《插入语》所画的卷首插图，插图中一个裸体但明显地戴着头盔的士兵纠结在一片由燃烧的树构成的风景中，这个意象把野蛮与脆弱糅合起来。在这个意象中，希尼随机应变，把雄伟的与温柔的人性的东西（那些“婴儿拳头般的花蕾”）糅合起来，创造一种强有力的意识，意识到另类可能性。不过，现实地讲，这个希望是令人疲倦地有条件的。（科科伦）

《在水边》：《在水边》把诗人置于厄恩河树木繁茂的小岛上的古代基督徒和异教徒遗迹中，那里是爱尔兰最古老的有人居住的地点之一。诗人渴望基督徒忏悔的谦卑姿态：“我身上的一切 / 都想弯腰低头……”然而宗教愿望被实际政治记忆所抑制；这个地点所象征的，推崇“宽恕”精神的基督教，现在只提供“沉默”，其“圣水钵”现在“盛雨水”而不是基督教祝福的圣水。此诗结尾，同时也是《三件组》结尾的诗行凄凉地失去任何有预见或宗教的可能性，陷入“不可阻挡”的政治现实：英军直升机的“阴影覆盖”纽里的游行，纽里游行是为了抗议“血腥星期日”（1972 年 1 月 30 日）。（科科伦）

《图姆路》

此诗描述诗人家乡遭受的军队入侵，以及诗人既无助又不屈的复杂感情。（麦卡雷）

“我这些路”中使用的所有格是当地人愤怒挑战殖民入侵者的信号。事实上，英军短暂地变成罗马帝权力量的延续，因为他们被年代错置地称为“双轮战车驾驭者”。针对他们的放肆，希尼坚持认为“鲜活地”存在着“那看不见的、难以推翻的奥姆法洛斯”。奥姆法洛斯是指特尔斐神谕地点的肚脐石，也即世界的中心点，这暗示图姆路（它与 1798 年“统一爱尔兰人”的反抗运动密切相关）对希尼来说具有神谕般的重大意义。爱尔兰民族主义感情的肚脐石保存着一种对殖民强权的持续、顽强的反对；希尼在诗中则刻意地担当了一个代表性的角色，成为这种感情的发声者：“我有通行权，有我看管的田野、牛群……”（科科伦）

《一杯水》

这个老妇是“一位邻居，叫作安妮·德夫林”。（希尼，《踏脚石》）

希尼后来在接受《卫报》采访时说：“在诗中，她变得有点像缪斯，把诗歌之杯递给那个害羞的孩子。”

《贝格湖滨》

《贝格湖滨》懊悔地承认希尼的家庭无能力面对教派分裂的某些暴力现实：“因为你和你家还有你家和我家都回避事实，/ 讲一种古老的共谋者语言 / 却不能抽响鞭子或把握时机”。其结果是，按推测，这家人成了守法的民族主义者而不是革命的民族主义者。这个态度未再深究，但这首诗清楚表明，麦卡特尼是被那些抽响鞭子和把握时机的人杀害的，而暗杀本身以一种甚至更恐怖的方式发生，也即它侵扰了一片风景，该风景与对北爱尔兰天主教徒来说神圣不可侵犯的事物有种种联系。因此，该诗结尾试图使这个受侵扰的地方恢复某种半神圣的仪式，这仪式源自其指涉《神曲》中但丁的引路人维吉尔用炼狱的露水洗擦但丁脸上的地狱污垢。（科科伦）

麦卡特尼进入古爱尔兰神话中斯威尼的国度，噩梦吞噬他。这里的暴力是传说，麦卡特尼是在不知不觉地重演追逐与牺牲的循环。恐怖分子的路障在道路上闪现，假红灯，假权威，蒙面的头露出“狗眼”。（柯蒂斯）

《伤亡人员》

此诗纪念希尼的朋友路易斯·奥尼尔。继英军在“血腥星期五”杀了十三个人之后，爱尔兰共和军作出报复，奥尼尔因不遵守爱尔兰共和军的宵禁令而在爱尔兰共和军袭击一家新教酒吧时被炸死。

《伤亡人员》除了是一首纪念奥尼尔的、有着完美判断的挽歌，熟练地唤起对奥尼尔一生的品质的记忆，并在真诚地悲伤之外，还思考背叛“我们部族的共谋”这一伦理问题，也即一个北爱尔兰天主教徒复杂的效忠问题。在诗的结尾，希尼邀请奥尼尔“再质问我”，可以被视为希尼本人在质疑固定的立场、固定的效忠和固定的“共谋”，这些固定的观念准许那些自动的报复和复仇的行为，而这些报复事实上没有作出任何教派区分。（科科伦）

希尼对个性和这位渔民的强调，以及他对这位忠实于自己所选择的生活方式的渔民的明显欣赏，使我们很难不同情他，但是博格塞德、“拥挤的大教堂”“共同的葬礼”“他自己的人群”“我们部族的共谋”所代表的共同悲痛却构成一股巨大的、对抗性的道德力量。（麦克雷）

《獾》

希尼本人对艺术的感恩，在《獾》中有间接的表达。这是一则关于爱尔兰共和军活动的小寓言，探讨诗人的自我与他的影子自我之间的关系。该诗本身是一种去神话化的行为，暗示诗歌是在一定程度上把希尼从他的“幽灵”那里拯救出来，这幽灵是那个被诱入教派暴力的愤怒天主教男青年。艺术的一个目标，或者至少说《田间耕作》的艺术的一个目标，乃是寻找一条出路，与这类影子的可能性达成和解，以便艺术与人生能够一起变成一种有生产力和有启发性的行动模式。困难在于达成这点而又不否定自己、自己的艺术，自己的历史环境和自己的社群。（托宾）

这首精灵显现的诗，是诗集中最成功的诗之一。“放错位置的东西”是这名暴力青年的灵魂，在那种导致他成为恐怖分子并使自己在爆炸中被炸死的生活中，这灵魂被阻障发育和被扭曲。“被炸碎的暴力青年”是希尼的第二自我。（文德勒）

《歌手的屋子》

此诗是写给戴维·哈蒙德的。希尼曾与哈蒙德合作过诗与音乐的巡回演出，此诗写于他们在贝尔法斯特的录音计划因贝尔法斯特发生恐怖袭击而流产之后。

《歌手的屋子》和《丰收蝴蝶结》都以特殊类型的艺术完美的例子——民间歌手的歌和麦穗蝴蝶结——来反对对人类生活和历史的破坏，两首诗都包括一种对未来的含蓄祝福。“一种尖嘴镐用劲的暗示”把北方新教徒盐矿文化占主导的港口卡里克弗格斯与位于多尼戈尔郡圭巴拉湾的歌手的“屋子”连接起来，从而暗示北方与南方的一种新和谐。当海豹被想象成是“溺水的灵魂”被歌手的声音吸引，它们就成了无声的希望和可能性的象征。它们可能“改变形状”乃是一种乐观。诗的结尾则是对歌唱这门艺术的肯定，这门艺术在面对人类的损失和削弱时，仍能主动提供一个平静和解的榜样。（科科伦）

在《歌手的屋子》结尾，暗示那样提高声音，是提高总体生活水平的一种方式。（希尼，《踏脚石》）

《颚音缪斯》

颚音是爱尔兰语言的特质之一。“颚音缪斯”代表本土盖尔人的缪斯，据说本土盖尔人讲话带有温柔的颚音腔。诗中这群青年男女带颚音的言谈，尤其是那女子的笑声，代表着生命的缪斯，活泼的缪斯。（弗林）

《格兰莫尔十四行诗》

《格兰莫尔十四行诗》是一个由十首十四行诗构成的组诗，差不多位于《田间耕作》的中心，并在诗集中起到过渡的作用。该诗集的开头在很多方面都是希尼前一本诗集《北方》的公共和政治主题的继续，但是这些十四行诗创造一种转变，重返一种希望，希望与自然和个人生活的对话可以提供一种逃避，远离希尼的爱尔兰当前局势中的斗争。对自然和个人的关注类似于希尼在较早的诗中所表达的，但是在这里有一种新的转折，因为现在自然和这位作私人沉思的诗人与更广大的公共世界会合了。这些诗写于一个约四年的时期内，当时希尼与家人居住在都柏林郊区格兰莫尔。他们从贝尔法斯特迁到那里，不仅企图逃避北爱尔兰持续的暴力而且希望希尼可以恢复其诗歌自我，重返他的

根源，因为这个地方类似于他青少年时代生活的地方。（布鲁姆）

《水獭》

希尼颂扬妻子的水中技能，并与自己的恐水症比较。（麦吉尼斯）

《嫉妒之梦》

在《嫉妒之梦》中，希尼背叛妻子，投向另一位“女士”，后者向他露出她乳房的“淡紫色星星”。如同这首诗的音调和十四行诗的形式所暗示的，这位女士是一个无名的露茜（按：指华兹华斯的缪斯）或劳拉（按：指彼特拉克的缪斯）。她是文学缪斯而不是颚音缪斯，是艺术的缪斯而不是生活的缪斯。在一个奇妙的押韵中，他的妻子“受伤的凝视”（stare）压倒那文学的“星星”（star）。它逼视艺术，如同《奇异的果实》中沼泽女孩逼视斧头和宣福。他的诗或他的审慎都不能治愈它。（托宾）

《田间耕作》

Ⅰ：非熟悉化的标志是妻子的痘疤和胎记。他曾想象她的痘疤是在她的手臂上，但现在发现它是在她大腿上。他玷污她的手，以便他可以辨认她。《田间耕作》从想象世界转移到真实世界。第一部分包含一个理想化的完美世界。但第二部分开头就呈现相反的证据：“但你的痘疤是在你大腿上。”（麦吉尼斯）

Ⅳ：格兰莫尔的醋栗丛开出粉红色花，带有意想不到的“猫尿味”。看到开花的醋栗丛，诗人采取了可想象的最原始的艺术行动。首先，他把来自叶汁的叶形搽在妻子手上，然后给黏乎乎的被搽过的皮肤画布上覆盖上一层耕土颜料。这些动词“我舔……蘸……施涂（油）”是仪式性的圣礼的动词，模糊地带有施洗的意味，模糊地带有坚信礼的意味。在黏乎乎的叶汁（生命之汁）和黏着的泥土（“你本是尘土”，《创世记》）的标志下重新认领受玷污的身体（无论男女），终于使他得以采取决定性行动，而他长期以来都把自己视为一个犹豫不决和充满渴望的观察者，疏离了他最初那著名的关于他的笔的动词宣言——“我将用它挖掘”。（文德勒〔B〕）

《歌》

在《歌》中，希尼似乎是要说，普通事物例如“讲方言的泥花”使艺术贴近其中心。（坦普林）

“发生的事情的音乐”来自詹姆斯·斯蒂芬斯翻译的一个爱尔兰古老民间故事中菲昂与奥西恩的辩论。“伟大的菲昂说”：“发生的事情的音乐，那才是世界上最伟大的音乐。”（科科伦）

《残余》

《残余》在一个田园式场面中把威尔·布朗格文与英国隐修院解散的始作俑者托马斯·克伦威尔加以并置，这个场面暗示（以宗教和教派背景定义的）爱尔兰与帝国的英格兰之间存在一种延续性，后者曾因宗教改革而蒙受丧失。（古德拜）

相对于克伦威尔，布朗格文只是焚烧田野。（麦吉尼斯）

《丰收蝴蝶结》

父亲用麦秸编织一个蝴蝶结，为诗人提供了一条有形的连接，连接他与父亲、现在与过去、自然与艺术。此诗从有形之物走向记忆和沉思，“从那可感知的搜集那未说的”。时间跨度从写诗之时回溯至贯穿父亲的一生，禾秆蝴蝶结的传统则更深远地延伸至更频繁地乞灵于“谷神”的时期。蝴蝶结有一种随意性，一种“用完即弃”的元素，但也有较仪式性的一面，尤其是这“脆弱的图案”中有某种象征性的东西。它是一个传达未说出的信息的物件，其所说乃是“沉默”“未说的”“缄口”。作为一个护身符，它有神奇力量，支持一种延续性，把好运气从一代传给另一代，从父亲传给儿子，从自然传给艺术：“艺术的目标是平静。”用于编织蝴蝶结的麦秸“不生锈”，并且“仍有”它所代表的传统的“余温”。蝴蝶结引起希尼的记忆，使他想起与父亲散步，既在一起又分开。（麦克雷）

那遵循一种人类传统的手指能够移动自如，仿佛在睡梦中移动——用斯蒂文斯形容孩子的话来说，就是“沉睡在自己的生命中”。但是希尼必须“摩挲

和触碰它如盲文”，因此这就是诗人的田间耕作：“从那可感知的搜集那未说的”，也即在粮仓满了之后的拾穗。（布鲁姆）

“禾秆爱结”并没有被丢弃，在一个需要希望的象征的时期，那“收拢的罗网”至少是对丰收的记录，它“仍有余温”。（柯蒂斯）

对诗人来说，蝴蝶结是一件艺术作品，既可欣赏又令人振奋（“一个可认识的日冕”），并展示了其创造者的“天分”和“美好的意图”。但是对其创造者来说，它只不过是另一个季节性的“用完即弃”的东西，轻易地、几乎是不费吹灰之力地用已经变得“梦游般”的手指制作。一旦落入诗人手中，蝴蝶结便恢复其原初作为迷信物的功能。一旦碰触，它便认可他，使他成为“缄口”的父亲的解释者。一旦通过它窥视，它便使他得以扫视他们共同的过去，重获记忆，并使记忆变得像“树篱里的旧床头板和犁”那样“可感知”。希尼对晚秋农村仪式的颂扬，应放在当代城市历史的脉络里看。自北方1968年夏天以来，每年夏天不仅意味着游行季节，而且是贝尔法斯特和德里的暴力预期将取得其最丑陋的丰收的时节。（帕克）

《纪念弗朗西斯·莱德威奇》

弗朗西斯·莱德威奇（1891—1917），爱尔兰诗人，生于博恩河谷米斯郡的斯莱恩村，距德罗赫达约九英里。他与1916年复活节起义的一些领导人保持友好关系，但是他像当时成千上万的爱尔兰人一样，感到有必要应征加入英军，捍卫“弱小民族的权利”，还因为英军“站在爱尔兰与我们文明的共同敌人之间”。

对希尼来说，莱德威奇是“我们死去的谜团”，把英国和爱尔兰的民族主义问题，维持在“无用的平衡中”。他在这位死去的诗人身上看到自己面对的危险。莱德威奇以其天真，“从博恩河水追随到巴尔干的 / 那无可置疑的混乱鼓声”。博恩河是爱尔兰历史上最容易引起情绪冲动的地名之一，它是奥兰治的威廉胜利的地点，这场胜利确保新教徒以强大势力控制构成乌尔斯特的六郡。（柯蒂斯）

《乌戈利诺》

（《神曲》中“乌戈利诺”的故事）是一个著名的辞章华丽的段落，但它也碰巧有一种间接的适用性（以其情感的凶猛及其对一个分裂的城市的叙述），适用于北爱尔兰的局势。（希尼，1988 年访谈）

但丁把同情给予乌戈利诺的四个无辜儿子，但并没有扩展至他们的父亲：在他对比萨的诅咒的结尾，他严厉批评这些无辜孩子遭受的不公平，但坚决谴责乌戈利诺的罪孽。希尼译文更侧重于比萨的“残暴”（这个词不在原文中，并且这个词对英国读者来说，有明白无误的北爱尔兰的弦外之音）而不是侧重于乌戈利诺的儿子们的无辜……在意大利原文中，他们承受的苦难立即使人想起基督的牺牲和无辜；对这个来自《新约》的意象，希尼用以使人想起《旧约》的诅咒的词语来替代，而这便悲哀地指向北爱尔兰的局势，那里“儿子们”依然在为“父亲们”的罪孽付出代价。（富马加利）

选自《斯威尼失常》（1983）*

* 《斯威尼失常》是希尼对中世纪一个主要是诗歌的作品《斯威尼的疯狂》的翻译，讲述斯威尼的故事。斯威尼是7世纪乌尔斯特一位国王，他因为以不敬对待新的基督教会，而被主教罗南诅咒，变成流亡者，但有飞行的能力。他过着野地生活，半鸟半人，疯狂但对大自然很敏感，虽然是一个被毁了的国王，却有奇妙的语言天赋。对希尼来说，他象征不同的效忠的冲突、对地方的强烈意识和对勇敢及创意的追求。(麦克雷)

斯威尼飞逃

当斯威尼听到士兵的呼喊和军队巨大的喧嚣，他从树上醒来，飞向乌云，并远远越过群山和土地。

很长时间他都在爱尔兰各地生活，
在坚硬的岩石缝里探路，
用肩膀挤着穿过常春藤丛，
在狭窄的峡道闪避掉下来的卵石，
在三角洲蹚水，
挺胸迎山峰而上，
跋涉穿过幽谷，
直到他找到了博尔凯恩峡谷的快乐。

那地方是一个天然避难所，全爱尔兰的疯子都会在他们发疯之年结束时聚集在那里。

博尔凯恩峡谷是像这样的：
它有四个通风口，
惬意的树林，有着干净围栏的水井，
冷冽的泉水和含沙的清溪，溪里
绿茎叶的水田芥和慢悠悠的有柄水苦荬

在水面上调戏。
那是大自然的食物储藏室，
有酸模叶、酢浆草，
莓果、野大蒜，
黑刺李果和褐橡子。

疯子们会为了争摘水田芥和溪岸上的床位而打架。

斯威尼在那个峡谷待了好长时间，直到有一天晚上他被纠缠在一棵高高的爬满常春藤的山楂树顶。他无法忍受，因为每次他扭身或转身，多刺的枝桠就会抽打他，他被蜇痛被割破全身流血。他从那个停留处转到另一个，那是一处浓密的荆棘丛，有一株年轻的黑刺李从荆棘丛里拔地而起，而他就安顿在那株黑刺李树梢上。但黑刺李太纤细。它摇晃弯腰，使斯威尼重重摔下，穿过灌木丛跌在地面上，浑身是血，像一场大屠杀的幸存者。接着他鼓足力气站起来，疲累又虚弱，走出灌木丛，说：

——在享受过我所知道的愉悦时光之后，这种生活难以忍受。而这种生活我到昨夜为止已经忍受了一年！

于是他诵出这首诗：

一年来，直至昨晚
我都生活在黑暗树枝里，
在洪水与落潮之间，
寒冷和一丝不挂，

没有枕头可靠，

没有人可陪伴，
那就请你帮帮我吧，上帝，
我没有矛也没有剑！

没有女人可说甜蜜话。
而是渴望
水田芥，渴望有柄水苦荬
那干净的蔬食。

没有王室血液的涌动，
露宿在这孤独中；
没有光荣燃烧这树林，
没有朋友，没有音乐。

说实话：苦命一条。
并且逃无可逃；
没有睡眠，没有憩息，
也很久没有希望了。

没有充满活跃气氛的屋子，
没有声音洪亮满怀善意的人，
没有人叫我国王，
没有美酒和宴会。

如今一道巨大鸿沟裂开
隔在我和我的扈从们之间，

在疯狂与理性之间。
没有人清理穿过峡谷的道路

来朝见我这个疯狂的国王：
没有盛大场面或诗人的巡游
而只有在树林中亡命的奔逃。
天上的圣徒啊！神圣的上帝啊！

没有技艺精湛的乐师的巧妙，
没有温声细语的女人，
没有慷慨大方的施予；
我注定要慢慢死去。

我们忧伤倍增
在康加尔倒下的那个星期二。
我们的死者就像巨大的丰收，
我们剩下的是最后一刈作物。

这就是我的苦境。
突然被赶走，
悲伤而失常，
到昨晚已经一年。

斯威尼继续走，直到他抵达现在叫克卢恩巴伦的香农双鸟游教堂；说得准确些，他是在某个星期五抵达那里的。教堂里的神职人员正在做第五次祈祷，女人们正在捣亚麻，有一个正在分娩。

——斯威尼说，女人们不宜违反主人的斋戒日。那个捣亚麻的女人使我想起我们在莫伊拉挨打。

这时他听见晚祷钟声响起，于是说：

——班恩河畔布谷鸟的啼叫，听起来也要比这晚钟的唠叨甜蜜。

然后他说出这首诗：

我歇下来休息并想象
布谷鸟在河对面啼叫，
班恩布谷鸟啼叫更甜蜜，
远胜于教堂钟声的唠叨和磨碾。

星期五不是你，女人，
生孩子的合适日子，
这一天疯狂的斯威尼为了
爱上帝而在忏悔中斋戒。

别不考虑我。听着。
在莫伊拉我们的部族被打败，
被槌击、被梆梳、被锤倒，
像亚麻被这些女人捣烂。

从迪奥拉湖的峭壁
一直到德里科尔姆西勒
我看见大天鹅，听见它们的叫声
甜蜜地斥责战争和战斗。

选自《斯威尼失常》（1983）

从孤独的崖顶，雄鹿吼叫
使整个峡谷震撼
和回响。我陶醉。
非人间的甜蜜震荡我胸膛。

基督啊，充满爱而无罪，
请听我的祈祷，请听着，基督啊，
让什么都不能分开我们。
永远把我混入你的甜蜜里。

那是收获季节结束时，斯威尼听到树林边缘一个同伴打猎的呼喊声。

——这将是乌伊·法莱恩前来杀我的呐喊声。我在莫伊拉杀了他们的国王而这群人是来替他复仇的。

他听见雄鹿吼叫，于是他吟诵一首诗，诗中他大声赞美爱尔兰所有树林，并历数他的某些艰难和悲伤，他说：

那棵茂密多叶的橡树
是树林中最高的，
榛树叉状的新梢
隐藏甜蜜的榛果。

桤木是我的宝贝，
长在缝隙间，完全没有刺，
某种人类善良之奶

流动在它的汁液里。

黑刺李是锯齿形的鱼篓
点刻着黑果；
绿色水田芥一蓬蓬长在
乌鸫来喝水的井边。

有叶茎柄中最甜蜜的
野豌豆蔓生在小路上；
牡蛎草是我的愉悦，
还有野草莓。

低矮的苹果树丛
摇晃时笃笃落下硕果；
红色莓果如血块
凝结在山花楸上。

荆棘在路边蜷作一团，
但没有退却的意思，
它们汲血并蜷成天真的样子
以便发动下一轮偷袭。

教堂庭院里的紫杉
把黑夜裹在它的黑风帽里。
常春藤是树林中
一个阴暗的精灵。

冬青竖起它的挡风屏，
一道拒抗冬天的门；
矛柄上的气血
使梣木的纹理失色。

白桦树，光滑而幸福，
使微风感到愉悦，
高枝为它扎辫加冠，
封它为树中皇后。

山杨脸色苍白，
低语着，犹豫着：
一千条受惊的短尾
在它叶子间急摆。

但茂密树林里
最使我不安的
是一枝来来回回晃动的
橡树条。

*

一场繁星闪烁的霜降
将落在池塘上
而我将迷失

在无遮蔽的高处：

苍鹭叫唤
在寒冷的格莱尼利河谷，
一群群鸟儿迅速
飞来又飞走。

我更喜欢乌鸫
那捉摸不定的狂想曲
而不是男人和女人
喋喋不休的废话。

我更喜欢獾
在獾穴里的吱吱叫
而不是清晨
打猎的追逐声。

我更喜欢雄鹿
回响在群山之间的
吼叫，而不是
那傲慢的号角。

那些无挽具的奔跑者
从峡谷到峡谷！
谁也驯服不了
那高贵的血统，

每一只都高高屹立
在正当的峰顶，
竖起茸角，警惕着，
想象它们吧，

高高的费利姆山的雄鹿，
陡峭的菲尤丘陵的雄鹿，
杜哈罗的雄鹿，奥雷里的雄鹿，
基拉尼凶猛的雄鹿。

马吉岛的雄鹿，拉恩的雄鹿，
莫伊林尼的雄鹿，
库利的雄鹿，坎山的雄鹿，
双峰的布伦山的雄鹿。

*

我是斯威尼，怨诉者，
峡谷里的疾跑者。
但还是叫我
山峰脑、雄鹿头吧。

接着斯威尼说：

——从现在起，我不在达尔阿里耽搁了，因为林奇西昌会要我的命，替那母夜叉复仇。

因此他前往康诺特的罗斯康芒，在那里他飞临水井边，用水田芥和水招待自己。但是当一个女人从教堂管理员的屋子里出来，他便仓皇逃走，而她则从溪水里采集水田芥。斯威尼从树上观望她，极度哀叹他那撮水田芥被偷走，说道：

——真无耻啊，你拿走我的水田芥。要是你知道我的苦况，知道我怎样不被族人或亲戚可怜，怎样不再是世界屋脊上任何屋子里的客人。水田芥是我的财富，水是我的酒，坚硬的光秃秃的树和柔软的树荫处是我的朋友。即使你留下那水田芥，你也不会缺什么；但你拿走它，你便是拿走我口里的食物。

于是他吟起这首诗：

女人，采水田芥
舀我的饮水，要是你
把它们留下，作为我应得的，
那你也不会因此更穷些。

女人，请考虑考虑吧，
我们河水不犯井水：
我栖息在外面的树梢上，
你居住在安稳的屋子里。

女人，请考虑考虑。
想想我在刺骨的寒风中，
被遗忘，没人理会，
浑身颤抖，衣不蔽体。

女人，你无法知道
斯威尼已忘记的悲伤：
朋友们怎样长期否认他，
他甚至毁掉了自己交朋友的天赋。

逃亡，被抛弃，被他
当国王的日子的记忆嘲笑，
不再被请求去统领军队
当战士们结集，

不再是爱尔兰任何地方
任何餐桌上的贵宾，
像一个疯狂的朝圣者
在山上的岩顶漫游。

那弹琴催我入眠的竖琴师，
他抚慰的音乐如今哪里去了？
还有我的人民，我的亲友，
他们的情意哪里去了？

在我年富力壮时，我，高高地
骑在马背上，进入我的全盛期：
如今记忆是一匹破马，
直起后腿突然把我摔倒。

在星光照耀的沼泽和平原上，

摘走我的水田芥的女人啊，
斯威尼的影子走向
他寒冷而寂寞的停留处，

水田芥做他的畜群，
冷水做他的蜂蜜酒，
灌木丛做同伴，
光秃秃的山坡做床。

俯视洁净的砂砾，
探身到清凉的井上，
喝一口阳光照耀的水
采一把水田芥——

就连这个也被你抢走，
这不像样的蔬食使我血液变稀薄，
在寒冷的高地上使我发抖，
在疾风吹起时使我蹲下。

早晨的风是最冷的风，
把我的烂衣撕走，把我的皮肤冻结——
那记忆使我说不出话，
采走水田芥的女人啊。

那天晚上他在罗斯康芒过夜，第二天去奥蒂山，从那儿去斯勒密什怡人的山坡，再去布鲁姆山的高峰，再从那里去伊尼什默里。之后，他在苏格兰西部附近艾格岛一个属于唐南的洞穴里住了六个星期。从那里他前往艾尔萨岩，又住了六个星期，而当他最后离开时，他向那个地方告别并这样为他的处境而哀伤：

没有床或木板
我在冻僵的藏身处
和狂风吹袭的大雪里
面对黑暗日子。

冰被风擦干净。
虚弱的阳光投下淡淡阴影。
高原上唯一
一棵树作为栖息处。

出没于鹿路，
忍受雨水，
踩在从没有人走过的
霜冻的灰草上。

我朝着山隘攀登，
雄鹿的吼叫
从树林中传来，
去到哪里都有

拍岸涛声升起，
心碎、疲累、

腰腿酸痛的斯威尼，
胡言乱语、呜咽呻吟。

冬夜飒飒响，
我双足挤满冰雹
当我蹑脚走在斑斑点点的
莫恩河岸上

或彻夜未眠躺在
厄恩湖边山里的湿床上，
紧张地等待第一道光
和早点动身。

掠过
邓塞弗里克的波涛，
倾听
邓罗戴尔塞的巨浪，

从那伟大的波浪
飞驰至潮汐翻滚的
巴罗的波浪，
今晚在难熬的邓塞尔南，

明晚在贝恩博伊尔内的
野花中；
然后是克罗帕特里克岩屑堆上

一个石枕。

*

但结果还是
来这里哀叹，
在艾尔萨岩。
一个难熬的停留处！

艾尔萨岩，
海鸥之家，
上帝知道
它是难熬的寄宿处。

艾尔萨岩，
钟形岩石，
高耸入云霄，
用口鼻拱海——

它有硬喙，
我呢褴褛嶙峋：
我们是天生
一对硬胫鹤。

有一回当斯威尼流浪和游荡穿过康诺特，他来到蒂雷拉赫的阿特南。有一群圣人在这里安家，这是一个可爱的山谷，有汹涌的河流从悬崖上泻下；树木在峭壁上结果和开花；有可作栖身处的常春藤和枝头繁茂的果林，有野鹿和野兔和肥猪；还有油亮的海豹，习惯于从海洋里爬上来，睡在悬崖上。斯威尼对这地方垂涎至极，于是在这首诗中大声赞美它：

阿特南圣洁的峭壁，
坚果丛，榛树林！
寒冷快速的水流
从峭壁边急落。

那里常春藤又绿又密，
橡果最是宝贵。
果实累累的枝桠点头弯腰
从枝头繁茂的苹果树垂下。

獾在那里打獾穴，
疾跑的兔子有它们的暖窝；
海豹头在海洋里游泳，
为奔流的泡沫铺大卵石路。

而在瀑布边，科尔曼的儿子，
枯槁、憔悴、冻伤的斯威尼，
德鲁姆格什的罗南的受害者，
正睡在一棵树底下。

最后，斯威尼抵达莫宁居住的地方，那地方叫作圣马林斯。

当时，莫宁正专注于凯文的圣咏集，在读其中的篇章给学生们听。斯威尼飞临井边并开始吃起水田芥来。

——太欢迎你了，斯威尼，莫宁说，因为你注定要在这里生活和死去。你要把你冒险的历史留给我们，并在教堂墓地接受基督教葬礼。因此，莫宁说，不管你每天浪迹爱尔兰多远，我都要你保证晚上回到我这里，好让我记录你的故事。

在接下来的一年里，这个疯子都不断回到莫宁那里。某一天他会去康诺特西部的伊尼什博芬，另一天会去可爱的阿萨罗。有些日子他会观赏斯勒密什干净的轮廓线，另一些日子他会在莫恩河畔发抖。但无论他去哪里，每天黄昏他都会回来参加圣马林斯的晚祷。

莫宁嘱咐厨娘把每天挤的奶留一些给斯威尼当晚餐。这个厨娘叫作缪尔格希尔，她嫁给了莫宁的养猪人，他叫蒙根。不管怎样，斯威尼的晚餐是这样的：她会把她的脚踩入最近旁的牛粪里直至脚踝深，然后给那个洞注满了新牛奶。接着，斯威尼就会偷偷进入挤牛奶的院子的荒凉角落，舔食那牛奶。

有一天晚上缪尔格希尔跟另一个女人吵架，在吵架期间那女人说：

——如果你不喜欢你丈夫，你不能去跟另一个人相好，却只能跟着这个你整年都在见面的疯子，真是可惜。

当时养猪人的妹妹就在附近听着，但她什么也没说，直到第二天早上。这时，当她看见缪尔格希尔去把牛奶留在斯威尼栖息的树篱旁的牛粪里，她便去找哥哥，跟他说：

——你还是个男人吗？你老婆在那树篱里跟另一个人幽会。

嫉妒像一场头脑风暴震动他。他在狂怒中翻身下床，从屋子里的架上抓起一把矛，直奔那疯子。斯威尼正俯身大口喝着牛粪里的牛奶，肋部正好对着养猪人，后者把矛掷向他。矛尖从斯威尼左胸的乳头直穿进去，断了他的背。

尚有另一个故事。有人说，养猪人在斯威尼喝牛粪里的牛奶的地点藏了一个鹿角，斯威尼跌倒，自己撞在那鹿角尖上死了。

莫宁和他的教团立即赶到斯威尼躺着的地方，斯威尼忏悔，并向莫宁告罪。他接受基督的身体，[①] 并为能够接受它而感谢上帝。之后，神职人员为他涂油。

曾经有一个时候我更喜爱
斑鸠绕着池塘轻飞时
那细柔的欢腾，
而不是谈话的低语声。

曾经有一个时候我更喜爱
乌鸫在山上歌唱
和雄鹿对着风暴吼叫，
而不是这个饶舌钟的叮当响。

曾经有一个时候我更喜爱
山里松鸡在黎明时分啼鸣
而不是一个美丽女人的
声音和贴近。

曾经有一个时候我更喜爱

① 指象征基督身体的饼。

狼群狂吠和长嚎
而不是一个神职人员咩咩
朗诵圣歌的难为情的声音。

你想在你的饮窟里为健康干杯
并狂饮作乐，那请便吧；
我要用我张开的手掌
伸入井里偷水。

你倾心于关起门来与学生们
谈话的无声无息，请便吧；
我要学习博尔凯恩峡谷
猎狗汪汪的纯粹吟唱。

你向往在宴会大屋里
吃咸肉和鲜肉，请便吧；
我要在别处生活，满足于
一簇簇绿色的水田芥。

养猪人的尖矛结束了我，
明快地穿过我的身体。
安排万事万物的基督啊，
为什么我不死在莫伊拉？

接着，斯威尼的死亡昏迷降临他，莫宁在神职人员的侍候下站起来，每个人都在斯威尼的墓上放了一块石头。

[1981]

野兔的名字

（译自中古英语）

那撞见野兔的人
永不会有好运气，
除非他把手里的东西
放在地上——
不管是棍棒或者弓箭——
并用他的肘部祝福它，
然后怀着虔敬和真诚
吟诵以下连祷文
说出对野兔的赞美。
这样他就会更好。

“野兔，管它叫短尾星，
大家伙，勇敢侠，
悲狐友，蹦跳狂，
小捣蛋，赛跑手。

辟路汉，白脸猴，

见沟怕，拉屎精。

不吃窝边草，讨厌鬼，
一溜烟，细细嚼，
算我撞邪，淌口水。

乱窜犯，草头露，
啃叶佬，三窟崽，
晚归佬，骗嘴徒。

无朋友，树丛猫，
半瞎眼，荆豆猫，
老躲藏，惺忪眼，
斜白眼，睥睨眼，
还是个跳篱健儿。

茬地雄鹿，长耳朵，
草堆母鹿，活泼腿，
野小子，飞跃种，
贴地窜，暗里伏，
追风客，开溜货，
丝毛盗，钻篱贼，
打露棍，跳露虫，
不动爷，草无赖，
舞蹈步，趴土肚，
急脚妇，蹲蕨夫，

菜地雄鹿，割草童。

蹑足公，静坐翁，
尖尾鸭，绕山跑，
突来禽，
恐怖兽，
白肚皮，
逃命羊。

笨鸟，蠢驴，
吓人狼，背信狗，
嗅地嘴，秃子头
（主要叫作流氓）。

长出绒角的雄鹿，
住在谷物里的孱头货，
忍受所有人鄙视的呆瓜货，
没人敢提它名字的蹩脚货。”

当你说完这一切
野兔的力量便会消散。
这时你就可以动身——
东西南北都行，
只要你愿意——
不过你还是要老练灵活。
你好，野兔先生，日安。

愿上帝指引你跟着我
一路顺溜溜：来我这儿找死
在洋葱汤里或面包里。

大雅

为一种品格注脚

希尼系列

开垦地：

诗选 1966—1996（下）

[爱尔兰] 谢默斯·希尼　著
Seamus Heaney

黄灿然　译

广西人民出版社

选自《斯泰逊岛》（1984）*

* 《斯泰逊岛》分为三部分：开头部分收录个别抒情诗，来自发生于普通生活的事情或对普通生活的回忆；中心部分也即用作书名的部分，叙述一系列与死者的邂逅或对这些邂逅的戏剧化；最后部分是《斯威尼再生》，它如同希尼在该书的说明中所称的，乃是“为斯威尼发声”。斯威尼是7世纪国王，在中世纪爱尔兰诗歌《斯威尼的疯狂》中变成一只鸟。希尼曾把《斯威尼的疯狂》翻译成《斯威尼失常》。然而，这本诗集尽管有不同部分，在形式上却是统一的，尤其是三部分中都有斯威尼的影子。因此，《沟背之王》所称的斯威尼的“黑色摩尔斯电码”渗透整本诗集；它详细地说明这位诗人对自己的承担、忠诚和责任的严厉检查。这种自我检查以不同方式贯穿于诗集《斯泰逊岛》三个部分。在第一部分中，它发生在不同的抒情诗中，这些抒情诗发源于自传性的经验；在组诗《斯泰逊岛》中，这个当代的自我进行了悔罪和忏悔的练习，练习神话化的朝圣；在《斯威尼再生》中，这个刚刚平稳下来的自我被释放到某种反自我和平行自我的自由中，如同希尼的声音或笔迹与斯威尼这个人物的声音或笔迹结成了孪生关系，而“斯威尼”这个名字恰恰与“希尼”的名字押韵。（科科伦）

地 铁*

我们在有穹顶的隧道里奔跑，
你穿着那件蜜月外衣在前面加速，
而我，当时我像一个疾走的神
想在你变成一根芦苇或某一朵缀着

深红色的新白花之前赶上你，
而那件外衣狂飘而起，一颗颗纽扣
跳落成一线踪迹，遗在
地铁与艾伯特厅[①]之间。

度蜜月，闲逛，误了散步音乐会开场[②]，
我们的回声在那长廊里消逝，而现在
我来，像汉赛尔踏着月光小石而来，
沿着原路寻觅，拾起那些纽扣，

---

* 本诗题解见第419页。

① 艾伯特厅，指伦敦皇家艾伯特音乐厅。

② 散步音乐会，指每年在艾伯特厅举办的“散步音乐节”。散步音乐会原指公园或其他户外场所的音乐会，观众可以自由或站或坐或漫步，但“散步音乐节”的“散步”基本上已脱离原意，仅剩下音乐厅里有些站位。又译“逍遥音乐节”。

最终来到穿堂风阵阵、灯光照射的地铁站
火车已离去，潮湿的路轨
裸露和紧张如我，我正全神贯注于
你跟上来的脚步，如果我回头我会入阴间。

黑刺李杜松子酒[1]

杜松的晴朗天气
渐渐暗入冬天。
她给黑刺李果注入杜松子酒
然后把玻璃罐密封起来。

当我把它拧开
我闻到食物储藏室里
渐渐弥漫起灌木丛
那被扰乱的酸味宁静。

当我倒出它
它形成一片刀刃
并吐出
亮星般的火舌。

我为你干杯
以有烟痕水印花纹的

---

① 原文 Sloe Gin，现在一般译为黑刺李琴酒或黑刺李金酒。

暗蓝黑刺李[①]，苦涩
而可靠。

① 黑刺李子在杜松子酒里膨胀，它们缕缕的深颜色在玻璃杯里微动和缠绕如云烟。（麦克雷）

契诃夫在萨哈林*

——给德里克·马洪[①]

看来，他要偿还他的“医学债”[②]。
但他还是先在太平洋边喝科尼亚克白兰地
背对他去那里旅行所要面对的一切。
他的脑袋自由地晃荡如秋明城[③]的

三驾马车，他从他三十年的船舷
俯视，往自己的深处
看进一英里，仿佛他是清澈的水：
从汽船甲板横栏眺望的贝加尔湖。

如此遥远，莫斯科如同失去的青春。
而他是谁，口里要品尝他出发去一个
罪犯流放地旅行时，迷惑
不解的文学界送给他的美酒——

---

* 本诗题解见第419页。

① 马洪，爱尔兰诗人和翻译家，希尼的同代人。

② 虽然契诃夫以医生的资格毕业，但是他没有完成可以使他成为教授的研究论文（相当于哲学博士），因此他欠了一笔医学债。

③ 秋明城，西伯利亚城市。

他，这个也许可称为生于柜台下的人？
起码这意味着他知道它的价值。没有任何
在教堂圣像屏帷边放声高歌的领唱者
获得比他从那酒杯里获得的更神圣的欢乐，

那酒杯闪耀而温暖，如同钻石温暖着
沙龙里某个年轻诱人的乳沟，
不可侵犯而又冒犯。
他感到酒杯在午夜阳光下变冷了。

当他蹒跚地站起并把它砸在石头上，
它鸣响，清脆如萦绕他心头的
罪犯的镣铐。在接下去的几个月里
它继续鸣响着，如他的自由的重负，

试图发出准确的音调——不是传单，不是论文——
并摆脱鞭打。他曾想过
要把他那奴隶的血挤掉并唤醒自由人，
却让一个罪犯[①]做向导，带他走遍萨哈林。

---

① 这个罪犯即希尼所称的“影子自我”，文德勒所称的第二罪犯自我。

沙岩纪念品*

它是某种白垩似的固化
赤褐色葫芦，由成层沉积构成
并且如此可靠地密实和砖块似的
使我常常攥着它，在两手间抛来抛去。

它还要红润些，有一种水下
挫伤的暗示，当我举起它，
蹚过伊尼什欧文[①]一个鹅卵石海滩
三角洲对面点点的灯光

无声地映照拘留营围墙的
周边。一块来自佛拉革同[②]的石头，
在地狱热河河床上流血？
夜霜和盐水

使我的手冒烟，仿佛我拔出那颗

---

* 本诗题解见第 419 页。

① 伊尼什欧文，位于福伊尔三角洲的爱尔兰这边。对面是北爱尔兰的麦吉利根，那里是犯人拘留中心的所在地。

② 佛拉革同，火川，冥界五川之一。

把盖伊·德蒙特福特罚入火流的心——[1]
但并非真的如此，尽管我记得
他的受害者的心存放在小盒子里，长期受崇敬。[2]

不管怎样，我手里拿着那块潮湿的
红石，从我那意象和幻觉的
自由状态[3]里凝视对面的瞭望塔，
被瞄准的双筒望远镜猛地逮住又放下：

一个不值得在乎的身影，
晚上戴着围巾穿着高筒防水胶靴出来，
并不打算曲解或矫正时代，
一路弯着腰，是其中一个崇敬者。

---

① 盖伊·德蒙特福特（1244—1291），英国贵族，1271年为了报复父亲被杀，他在意大利维泰博大教堂弥撒时杀死了他的表兄亨利王子（1235—1271），亨利王子是亨利三世国王的侄儿。但丁在其《神曲》中想象盖伊·德蒙特福特因其罪行而永远被罚入火川。那颗心和下面的“受害者的心”皆指亨利的心。

② 受害者的心，据传说，伦敦竖起一座亨利王子雕像，显示他拿着一个小盒子，里面放着他的心。朝圣者前来崇敬这颗盒子里的心，把它当作圣物。

③ 原文为free state，是一个双关语，既指自由状态，又暗指爱尔兰“自由邦”。

货架寿命（选）*

花岗岩碎片**

犬牙花纹石头。心灵的阿伯丁[①]。

念着我将在酒杯里投入一颗珍珠[②]
我伤了我的手，因为我的手紧紧攥住
这块从乔伊斯的马泰洛塔[③]敲下来的
碎片，这块有色斑的不可溶解的鲜艳物

我保存着但感到与它几乎没有共通之处——
某种石器时代的割礼刀，
某种加尔文[④]锋刃在我柔顺的木髓里。
花岗岩是锯齿形、含盐、惩罚性

---

* 本诗题解见第420页。

** 本诗题解见第420页。

① 阿伯丁，苏格兰城市，有花岗岩城市之称。苏格兰于1907年与英国合并。

② 语出莎剧《哈姆雷特》，剧中克劳迪斯国王准备给哈姆雷特喝毒酒时说“我将在酒杯里投入一颗珍珠”。珍珠原文 union 在现代英语里是“联合”“统一”的意思。

③ 詹姆斯·乔伊斯曾于1904年在马泰洛塔暂住过。

④ 加尔文，法国神学家，16世纪欧洲宗教改革家，新教加尔文派创始人。

和严厉的。到我这儿来吧，它说，
你们所有这些劳苦和挑重担的，我
将不会使你们恢复活力[①]。它还补充说：把握
时机。以及，你可以带上我或留下我。

老熨斗*

我常常望着她
把搁在火炉顶盖上
如下锚的拖船般的
楔形压铁举起。

为了测试它的热度她会
盯着熨斗表面吐唾沫，
或把它举到脸颊边
估量它隐藏的危险。

落在熨斗板上的轻撞声。
她那弯成肉窝的肘
和专注的俯身，
当她把熨斗对准亚麻布

像一把刨子刨下去，

---

① 改自《新约·马太福音》：“凡是劳苦担重担的人，可以到我这里来，我就使你们得安息。”

* 本诗题解见第421页。

像女人的怨气。
干活，她无言的猛扑说，
就是在一定的距离内

移动一定的体积，
做好分内事并感到
一丝不苟和能够胜任。
感到被拖拽。感到能浮起。

来自特尔斐的石头*

在某个黎明时分被带回神庙
当大海将其远方的阳光麦浪铺向南方
而我再度做了一次晨祷：
愿我能避开流血的瘴气，
管辖舌头，畏惧傲慢，畏惧神
直到他用我无拘束的口说话。

---

* 本诗题解见第 421 页。

变得陌生*

我站在他们之间，
一个拥有阅历丰富的才智
和黄褐色的包容，
说话如弓弦的拨撩声，

另一个未修过面和迷惑，
陷在威灵顿长统靴的双筒里，
微笑着向我求救，
面对我给他带来的这个陌生人。

接着一个狡猾的中间声音
从道路对面的田野里传来
说："要熟练，成为方言，
讲述这阵吹过铁皮屋的风，

把我叫作雨后多花蔷薇
或浓雾里冷却的雪浆果。
但要爱这个阅历丰富者的风度

* 本诗题解见第 421 页。

而且也要把我叫作波阿斯[①]的麦田。

要在所有恳求又恳求的人中，
在这些眼睛、水洼和石头中
超越那确实可靠的，
回想当初我探访你时

你多么勇敢，
作出不能反悔的离开的决定。”
一只花鸡从灰烬里轻弹而出，接着我便
发现我已开车载着这陌生人

穿过我自己的家乡，讲熟练的
方言，逐一讲述我在我知道的
所有事情中的自豪，而就在这讲述中
它们开始变得陌生。

① 波阿斯，《圣经》人物。据《路得记》，寡妇路得在麦田里拾遗穗，田主是波阿斯。波阿斯了解到路得对同样是寡妇的婆婆的忠心，便邀请她与他的工人一起吃饭，并故意留些麦穗让她拾。

出生地*

I

他写东西的松木桌子，如此小和素淡，
那张单人床是一个克制之梦。
楼下铺石板的厨房，它浑浊的光

那带微尘的斜照：他那保持不受扰乱
而可靠的幽灵生活，不需要去发明。
还有屋子周围的高树，日日夜夜

被风呵气，那风缓慢如一辆迟迟才从
市场回来的牛车，或一把小提琴
所能在他不情愿的心中唤起的微动。

II

那天，我们就像他笔下
一对无话可说，直到他

---

* 本诗题解见第422页。

替他们说的烦恼男女，

午间寂静的光顾者
在一条有蕨草和蝴蝶的
散发性欲味的深巷里，

吃惊于我们相互的伤害，
喉痛、中暑，躲进
地面阴湿的树林里

在那儿我们创造了一段
我们自己的插曲，难忘，
难以启齿，

然后再次像牛那样突然从灌木丛间
冒出来，湿透而怒冲冲，
距那座屋子只有几码。

Ⅲ

无所不在就是无所在，①
谁能证明
一个地方多于另一个地方？

---

① 语出塞内加：哪里都去也就哪里都没去（无所不在也就无所在）。当一个人一生都在到处旅行中度过，他结果只获得很多招待他的人而没有一个真正的朋友。

我们一无所获回来，
既助长又抵抗
那些趋于静止的词：

出生地、屋梁、白涂料，
石板、炉床，
像一些凌乱摆放的铁砝码

漂浮在星系中。
不过，这还是在三十年前吗，
当我第一次通宵，直至

曙光初现，读完
《还乡记》？
再生草里的长脚秧鸡

核实自己，而我听见
公鸡和狗，完全一样
仿佛出自他笔下。

易*

当你随我默默来到
高高的草丛中的水泵

我听见很多你听不见的：
铁锹铲进去的咬断声，

泥水匠混合砂浆时的
滑溜声和咕哝声，

女人提着白桶走来
好像她们起伏的翅膀在闪亮。

水泵盖的铸铁边缘
在我掀开时叮当响，

有东西在它口里微动。
我鸟瞰到一只鸟，

---

* 本诗题解见第 423 页。

燕雀绿，斑白，
窝在干草上，静静伏着，

忍受光。
所以我尽可能轻地

给这城堡盖顶，并让你
轻轻把顶盖拿开

但那只鸟哪里去了？
有一个蛋，卵石花纹般的白，

而在生锈的喷嘴弯曲处
它尾羽展开，窝着不动。

如此温柔，我说："记住。
沿着这条原路返回会对你有益

当你长大离开了并且终于站在
空虚城市的正中央。"

路上的蝙蝠*

> 一颗蝙蝠似的灵魂在黑暗、秘密
> 和孤独中醒来，意识到它自身。①

你会举起杈尖上的一顶旧帽子
沿着桥洞口拖拽，搜寻那微小的
蝙蝠搏动和振翅。皮包骨、毛茸茸的羽瓣，

幼爪抓着防汗帽衬……但是别
把它端下来，别又打断它的飞行，
别拒绝它；这一回让它自由离去。

跟着它的蝙蝠拍翼，来到石桥下，
来到米德兰—苏格兰铁路下，
让它消失在那里的黑暗中。

接下来它就会给涂了油亮月光的月桂树投下阴影
或掠过网球场结着圈儿的球网。

---

* 本诗题解见第 423 页。

① 这句题词来自詹姆斯·乔伊斯小说《一个青年艺术家的画像》。

接下来它已经在你前面的路上了。

你在追踪什么？你不断偏离转向，
盲目地飞过灰烬坑和铁丝网；
接受某个词的轻拂的邀请，例如*罩衣*[①]、

窸窣声和瞥视、闪色绸、洪流的鬼祟
如此贴近，我都能听见她的呼吸[②]
而它飞临树林背后亮灯的窗边

悬挂在纠缠砖墙的蔓生植物里，
一会儿是飘动在私人车道的一片湿叶子，
一会儿是白色大门边一撮有柔软毛边的

旋花似的东西。谁会想到这个？在白色大门口
她任由他们做他们喜欢的。你想在那里
紧贴多久都可以。没什么好隐藏的。

---

① 指妇女的罩衣。
② 此句引自《一个青年艺术家的画像》中达文的话。

给凯瑟琳·安的榛木棍[1]

一条有着活珍珠母鲜艳色彩的鲑鱼
刚浮出水面

就那样不见了，但你的棍子
依然保持着鲑鱼般的银光。

风干并且易弯，
它使手相信

你把你拥有的握住
就可以拿来玩耍、摆姿势

和猛抽。
然而它也往回指向牛

和噼啪响，以及敲击
大门的铁栅——

① 凯瑟琳·安，希尼的女儿。

如同我们从你家族树上
砍下的那种棍子。

一个鲜亮的钴蓝色下午
蜻蜓首先把我的眼睛引向它

而晚上我为你修削它时
你见到你第一只萤火虫——

我们大家无声地围站着，你甚至
庞大到足以遮暗

一只萤火虫的天空。
而当我拨开草丛，

一个发光的小窝使眼睛一亮
在你那削尖的棍子底下。

给迈克尔和克里斯托弗的风筝[①]

那整个星期日下午
一个风筝飞翔在星期日上空，
一个绷紧的鼓面，一个粗糠般褐色的飞掠物。

在制造过程中我看见它灰色而滑溜，
当它干透成又白又硬我轻敲过它，
顺着它的六尺尾巴我束紧
一串报纸做的蝴蝶结。

但现在它一会儿远在高处像一只黑色小云雀
一会儿缓慢移动，仿佛鼓胀的牵线
是一条湿绳被拉上来
准备拽起一网鱼。

我的朋友说人的灵魂
重量相当于一只鹬，
然而那停泊在上面的灵魂，
那跌下又升起的牵线，

---

① 迈克尔和克里斯托弗是希尼的儿子。

其重量就像一条犁沟被迎入高天。

在风筝坠入林中
而这条线变无用之前
用双手抓住它吧，儿子们，去感受
悲伤那拨撩、扎根、长尾的拉力。
你们天生能做到。
站在这里，在我面前
承受那绷紧。

铁路儿童

当我们爬上路堑的斜坡
我们的眼睛便与电报杆上的白瓷杯
和嗞嗞发响的电线齐平。

像随手画出的可爱线条它们向东向西蜿蜒
好几英里直到我们看不见，悬垂
在燕子们压着的负荷之下。

我们很小并且以为我们不知道
任何值得知道的事。我们以为文字在电线上行走
藏在那一小袋一小袋发亮的雨滴里，

每一袋都满满接住了
天上的光，句子的闪耀，而我们
被按比例无穷地缩小

简直可以一下子穿过针眼。

选自《斯泰逊岛》（1984）

赤颈鸭

——给保罗·穆尔敦

它受了严重枪伤。
当他在拔它的毛
他发现，他说，那个喉——

像一个长笛指孔
在损坏的气管里——

于是意外地
在它上面吹
他自己的小赤颈鸭的尖叫声。

希拉纳吉*

(在基尔佩克)

I

我们仰望她
蹲成了她在屋檐下的
那个角度。

她用腰背部和肩
和被束缚的双肘
承担整块石头的重负,[①]

狡猞的口、紧抓的手指
在说插啊,用劲插啊,
更用劲些插啊。

随着臀部翘高
她大蝌蚪似的额头

---

* 本诗题解见第424页。

① 石雕刻在四方形石头(看上去像扁石板)上,而且占了差不多整块石板,所以看上去就好像双手被绑住,整个人肩负着整块石板。

圆圆地凸显在阳光中。

而她身边这儿有两只鸟，
一个兔头，一个公羊头，
一个吞头的口。

II

她那双撑住自己的手
像一双在旧谷仓里
把一个袋子撑开的手。

我在外面望进去
看着卷起而柔顺的袋口
流泻着谷粒。

我仰望茅屋顶下
鸟巢或鼠洞里
黑暗的口和眼，

闻着墙上的玫瑰、
霉菌、泥土地面、
屋檐温暖的深处。

接着某个晚上在院子里
我在暴雨下站立不动

头戴那个袋子，像女人头饰后部。

Ⅲ

我们瞻仰她，
她环形城堡似的眼睛，
她滑溜的小肩膀，

她塌扁的鼻子，
并感到仰望的眩晕。
她骨如枝条，像骑在性器上，

长大，变得普通，
似乎在说，
“好呀，尽情地望着我吧，

但也要细看别的东西。”
而这里是一个穿短褶裙的跳跃者，
两个在接吻的人，

一张衔着小树枝的嘴，
一只奔跑的雄赤鹿，两条鱼，
一头损毁的带工具的野兽。

“是啊”

（选自《田间小路》）

没女人的厨房里的大声音。
他们在夏季从不点灯
而是像庄严的树林
接受暮光来临。他们在黑暗中干坐着，
口里烟斗暗红，谈话再次简化成
是啊和是啊，当狗躁动，便随口来一句
好啦，乖！
　　　　　　我闭上眼睛
让光的微尘在他们背后流动
而我的头开始轻飘飘，我的椅子
在枝桠间升降而风在下一个长长的是啊中
惊扰了秃鼻乌鸦结巢的树林。

沟背之王*

——给约翰·蒙塔古[①]

I

仿佛一个擅自闯入者
打开一道被遗忘的大门
并拔除纠缠栅栏
下端的生长物——

就在那树篱外
他沿着河岸打开
一道黑色摩尔斯电码，[②]
无声、布满蛛网的

青草的一道弯曲
之伤。我停下来
他也停下来

* 本诗题解见第 424 页。

① 蒙塔古（1929—2016），爱尔兰诗人，生于纽约。

② 蒙塔古在其《丧失的传统》一诗中，有一句："整个风景是一部手稿 / 我们已丧失阅读它的能力。"

如月亮。

他活在他的双脚
和双耳里，一对天气眼睛，
蹑脚谛听，
一个无窝的活动者。

在桥下
他虫蛀似的
诱人的倒影斜斜
移向水流。

我被他偷偷摸摸的
沙沙声缠扰，
那意料不到的足迹，
那落定的花粉。

Ⅱ

我肯定我认识他。我在那个楼上房间里不能自拔地度过的，使我更加接近他的时光：在我一根接一根抽烟从屋顶老虎窗望向杂草丛生的山坡使自己的弱点暴露无遗时，每一个狂喜的空隙。他在依赖着我，当我孤立无援地悬在一个翻译的句子上如同一个少年踩着桤木树枝冒险探身在漩涡上。树枝间小小的梦幻自我。我俯向梦幻恐惧，查问：

——你是我跑上楼时发现溺在浴室流水下的那个吗？

——是被收割机切断像僵硬的丰收雕带里的野兔的那个吗？

——我们把其血淋淋的小衣服埋在花园里的那个？

——在黑暗中不能入睡与不安的马蹄仅一墙之隔的那个？

在我壮胆念出这些呼唤之后，我往回走向大门，去跟随他。我的偷偷摸摸是我的第二天性，仿佛我是在获得我应有的身份。我记得我曾被授予这个使命。

Ⅲ

那天我被带到一旁时
我有一种被选中的感觉：

他们用渔网装饰我的头
并把多叶的细枝织入网孔

所以我的视力是一只鸟
在灌木丛中心的视力

而我边说话边走动
像从抖动的灌木里传出的声音。

成了沟背之王，

我顺从地跟着他们

来到一处鸽林的边缘——
我们在脱叶的华盖、黄昏有屏风的

四轮运货马车下默默躺着。
没有鸟来，但我在荆棘和石头中

等待，或低语，
或碰破沾满露水的蛛丝

如果我动一动肌肉。
“回到我们这里来，”他们说，“在收获时，

当我们躲在禾束堆里，
当猎犬无法寻回

被击落的东西。”而我看见自己
在那种伪装中站起来行动，

结了顶髻，用禾束遮脸，留心
鸟儿们掉落：一个富裕青年

撇下他拥有的一切

为了一种候鸟式的孤独[①]。

① 他决定以新的伪装继续前进。虽然他可能因此而被击落（留心 / 鸟儿们掉落），但他还是决心要分担疯狂流亡的斯威尼的命运，后者被其社会遗弃，注定要变成一只鸟飞越他的国度。他的牺牲具有一种《圣经》式的壮烈："一个富裕青年 / 撇下他拥有的一切 / 为了一种候鸟式的孤独。"（法贝特）

斯泰逊岛*

I**

一阵急促的钟鸣
越过早晨的鸦雀无声
和起水疱的麦田，
一种逃逸的清音
消逝如同扬起

那样快。礼拜天，
寂静呼吸
并且不能平息
因为有一个人出现
在田野边

带着一把弓锯，像里拉琴
那样僵直地拿着。
他走走停停，抬头
凝望榛树丛

---

* 本诗题解见第 425 页。

** 本诗题解见第 426 页。

用他的锯瞄一瞄，

又撤回来再凝视
然后继续瞄下一个。
“我知道你，西蒙·斯威尼，
因为你是冥顽不化的安息日违反者，
已死去很多年。”

“你知道个屁，”他说，
他的眼睛仍盯着树篱
并没有回头。
“我曾是你的神秘人
今早又再是。

透过灌木丛的空隙
你第一次领受圣餐的脸
会看着我伐木。
当砍下或折断的
树干变黄，当

林中炊烟廓清空气
或壕沟沙沙作响
你便觉察到我的踪迹
仿佛它被喷涂过。
它使你有点害怕。

当他们要你
在卧室黑暗中
倾听树林里的风雨
和想象流动锅匠在翘起的
马车下宿营

你闭上眼睛看见
潮湿的车轴和辐条
在月光下，而我
浑身淌着暴雨的水
朝你家门而去。”

阳光在榛树间骤亮，
急速的钟鸣
响第二遍。我转向
另一种声音：
一群裹披巾的妇女

正在青麦中跋涉，
她们的裙子轻拂。
她们的姿态使早晨悲哀。
它向寂静低语
“为我们祈祷，为我们祈祷”，

它通过空气念咒召唤
直到田野充满了

不太记得的面孔，
一群松散的礼拜会众
三三两两地经过。

当我在他们背后拖着步，
我是一个斋戒的朝圣者，
头晕，离开家里
要去面对我的驻站。
“别加入任何队伍！”

斯威尼对我喊道，
但人群的低语声
和他们踩着雪泥穿过柔嫩、
有叶尖的杂草丛的脚步
开辟一条下了迷药的路

而我被迫踏上它。
在炊烟升起前
我跟在那些步伐整齐的
早起者后面。
急速的钟鸣又响了。

II*

我把汽车停靠在公路上，聆听
凤头麦鸡和绕着汽车吹拂的风，
突然有某种东西在后视镜里活跃起来，

某个人快步走着，穿着长大衣
和靴子，光着头，魁梧，坚定，
以他确定的匆促沿着路拱而来，

使我觉得自己是被挑战的对象。
汽车门砰地关上。我突然间出来了
与一个激怒的男人面对面，

他一边不断在痛骂着多少个夜晚
都在留心等待着听到枪托猛击家门，
包括他邻居在内的自由民怎样横冲

直撞，一边试图讲清楚事情的经过。
我说，“你就在这附近赶上了那些女人，”①
我已明白是怎样回事，“你那本《德格湖朝圣》

---

* 本诗题解见第 426 页。
① 这里的女人指卡尔顿著作中的两个丑老太婆。

我每次越过这座山时都会想起——
仿佛我被跟踪了，或我在跟踪着。
我眼下正在去驻站忏悔的途中。”

“啊，神圣的耶稣基督，难道什么都没有改变吗?”
他的头左右猛晃然后仰起来
像一个跳水员跳水后冒出水面，

接着用一种“这小崽子究竟是谁?”的
表情，他再次注意到
他在哪里，道路：山顶，

被一阵暴雨柔化了的空气，
明显地平息了他的愤怒，直到：
“这是一条你独走的路。

我学会在亚麻的恶臭中阅读，
闻着吊在绞刑示众架上腐烂的尸体，
看他们圈状的黏液在粗布袋里闪着光——

硬嘴的绿带会[①]成员和奥兰治会偏执狂们
把我变成弄糟他们政治牛棚的
说谎的老变节者。

---

① 绿带会，19世纪爱尔兰天主教徒秘密组织，针对地主及其代理，在意识形态上反对奥兰治会。

如果时代强硬，我也可以强硬。
我让我身上的叛徒挥刀猛砍。
而你也许可从中借鉴，

不管你是谁，不管你从哪里来，
因为虽然你那微笑也算自然
但我还是能从中感到某种戒心。”

“愤怒角色绝非我的使命，”
我说，“我来自德里郡，那里
帕特里克节最后的绿带会游行乐队

依然演奏他们的《圣母赞歌》。
我首先听得进去的还是他们顺从的曲调
而不是芬尼亚成员拉紧的

不饶人的铁竖琴。你写的很多东西
我都听了并做了：这个德格湖驻站、
拔亚麻、跳舞、赶集日、路口闲聊

和当地教育颤抖的声音。
诸如此类。此外，永远有奥兰治鼓。
还有邻居们夜里带着枪站在路上。”

“我知道，我知道，我知道，我知道，”他说，
“但你必须尝试理解发生的事情。

记住一切，保持镇静。”

“树篱里的桤木，”我说，“蘑菇，
牛马排泄粪便的黑暗草丛，
有衬皮作里子的栗子壳在你手中

裂开时的喀喀响，果壳腐败时的融化，
淤泥阻塞的排水沟里的旧果酱罐——”
但这时卡尔顿打断说：

“所有这一切都像鲑鱼被养在泉水里
或蛆虫播散在急需药膏的伤口里——
另一种清洁我们生存环境的生物。

我们是土里的蚯蚓，所有我们
经历过的事情都将成为我们的踪迹。”
当他说这些话的时候他转身

继续迈着强硬的步伐朝道路前方走去。

Ⅲ*

我跪下。间隙。习惯的遗风……
我回到念珠咔嗒响和从告解室内

---

* 本诗题解见第 427 页。

传来的低语声中，侧边祭坛
渐灭的烛光散发轻微而亲密的

体温般的蜡油味。
有一种活跃的、风静的鸦雀无声，仿佛
贝壳内被倾听的海洋停止了，
浪潮凝住并支撑着屋顶。

接着一件海边小饰物漂浮，闲荡
在视野里，像发着磷光的水草，
一个藏玩具的龛穴，上面悬挂着
粘成图案的幼嫩贻贝壳和鸟蛤，

浓缩自一个病弱小孩的呼吸的珍珠
变成一艘闪光的方舟，我的黄金屋，
它收放着她很久以前死去时
下雪的天气。我会躲进我们那个

大橡木餐具柜的空间里搜寻它，
它被永远存放在薄纸里。
那感觉就像碰触鸟蛋，打劫**花环**
这个词的巢，隐匿、干燥、秘密

如她的名字，他们几乎从不提及
但那名字却是一只困在我体内的白鸟

拍着受惊的翅膀，当病人之痊[①]
在连祷词中振起它为我等祈祷的双翼。

一阵冷气在跪板下吹袭。
我想到在一个绝对无一物的空间里
走来走去又走来走去，
一个绝对的源头，像想起声音那样

或像在一圈被踩倒的青草和灯心草上
弥漫着的沼泽味的空气中感到的欠缺，
我们曾经在那草地上发现我们那条
数周前失踪的狗的腐尸和一撮撮毛。

Ⅳ*

模糊的眩晕，当我面对太阳，
背对石柱和铁十字架
准备说那些梦话我宣布放弃……

新获授圣职的面孔那模糊的椭圆形照片，
带着一种奉承的意味说出的“神父”，
父母受祝福时那阳光照耀的泪水。

---

① 病人之痊，指圣母马利亚，是祈祷用语。
* 本诗题解见第 427 页。

我见过一个年轻牧师，光滑亮泽如一只乌鸫，
仿佛他刚刚从他的涂油仪式里
走出来：他的紫圣带和饰绳

或束带松弛地系着，他锃亮的鞋
在打褶裥、滚边的白麻布圣职衣下
出人意表地世俗。

他的名字多年来一直未受干扰
像阴沟里一个旧自行车轮胎
最终在丛生的荆棘下破裂，

潮湿和消失。我的双臂敞开
但不能说话。“那雨林，”他说，
“你从未见过那样的景象。我只

坚持了一两年。袒胸露乳的
女人和老鼠肋骨的男人。一切都白费。
我腐烂如一个梨。我流尽弥撒的汗……”

他的呼吸越来越短促。“在长屋里，
我把圣餐杯举到头饰之上。
见此标志[①]……在那座废弃的

---

① 原文为拉丁语，是“见此标志，你将征服”的上半句。原为罗马皇帝君士坦丁出征前梦见十字架下的几个词。

传教团大院，我的使命
是湿透的爬行动物身上蒸掉的水汽。”
他讲话时，我停止了

我的放弃声明，以便让路给
其他排着队等待开始的朝圣者。
“现在我已经比你当年离开时的年纪还大，”

我大胆说，感到一股陌生的反向力。
“我无法看见你在外国传教。
我只能看见你骑着自行车，

一名回家度暑假的神学院学生，
注定要从事体面的工作。探访邻居。
喝茶，赞美自制的面包。

他们心中某种东西会得到证实
当他们看见你穿着黑套装出现在门前，
像某种神圣的吉祥物降临。

你带来很大的安慰，你解除了
世界对他们挂满圣像和十字架的
厨房龛穴发动的围攻。”

“而你，”他犹豫地说，“你在这里所做的
不是同样的事情吗？是中了什么邪？

至少我那时年轻，并不知道

我以为被选中的，其实只是习俗。
这一切你原本已经避免了可你却
再陷进去。而神，如他们所说，已经退出了。

你在做什么，重复这些姿态？
除非……除非……”再次他呼吸短促，
他整个发热的身体变黄和颤抖。

“除非你来这里是为了看最后一眼。”
接着他原本站着的地方已经空荡荡，如同
我们俩都在其附近成长的道路，那儿

在某个下着蒙蒙雨的黄昏这个病人望了最后一眼
当柏油碎石与春天的最初呼吸一同散发蒸汽，
我在齐膝深的雾中默默跋涉

在他背后，那时他正在巡回布道，探访。

V *

一个老人的双手，像软爪向前挥动，
摸索和挡开前面的空气。

---

* 本诗题解见第427页。

巴尼·墨菲拖着脚步走在混凝土路面上。
墨菲老师。我听见那虚弱的声音
又在突然的狂怒中重新吼叫，
于是跟在他后面，眼睛盯着他的脚跟
像一个人跟在割草机后把一捆捆草抱起。
他没穿袜子的双脚像干蚕豆
在高高的旧教室窗口上的
陈列罐里裂开缝线，
白如教室门内害羞的面孔。
“老师，”那些年纪较大的低语，“我想问，老师……”
把信封弄得窸窣响，递交，退后，
等待他在他们的分数旁边署名，
而我对自己重复“老师”
他这才停下来但没有转身或移动，
双肩平静下来，小脑袋
在湖面吹来的冷风中保持警惕。
我走向前，面对他，握他的手。

在翼形领之上，他那张布满斑点的脸
在微笑中渐渐冷淡，这时他的声音
准备就绪，嘶哑、沙嘎地说，“好人，
你自己就是好人”，然后又再次
陷入喉咙的地狱边境和干壶里。
喉结在风化的喉囊里转动
如同干旱的水泵的柱塞
但发不出什么来帮助那无助的微笑。

选自《斯泰逊岛》（1984）

早晨田野的各种味道随着风吹拂而过，
雨后多花蔷薇的性感味，
新草地干草味，满是叶子的鸟巢味。

“你曾觉得阿纳霍里什学校
是一座够任何人受的炼狱，”
我说。“你已完成你的驻站工作。”
这时他稍微颤抖了一下，他的呼吸
轻掠空气，像他失去的草地里的镰刀。
“白桦树已经遍布利特里姆苔藓地，
奶牛在学校原址上吃草，
学校花园松散的黑土壤已变成杂草。”
他就这样走了，而我朝相反的方向
面对更多专注于这练习的朝圣者。
当我在他们的低语声和赤脚中站着
我出发去跟他面对面学拉丁语的
所有那些早晨的雾霭
使我精神一振。门萨、门萨、门萨姆[①]
在空气中歌唱如一块繁忙的磨刀石。

“有一天我们要去你叔叔在图姆的农场——”
另一个老师说。[②]“因为什么是诗歌那伟大的

---

① 拉丁语 Mensa，mensa，mensam，意为“桌子、桌子、桌子”，其词形变化分别表示其主格和宾格。

② 从这位老师的言语，包括爱引经据典和注重细节，以及他是“领养者”，可猜测他是《歌唱学校》第五首描写的启蒙老师迈克尔·麦克拉弗蒂。

感动力量和源泉呢？是感情，
尤其是爱。[①] 去年我去那儿的时候
我喝了三杯井里的水。
非常冷。耳朵都感到蜇痛。
你应该见一见他才对——”传来时像往常一样
夹着擦亮的引语，他凝神的鸟眼
在啄寻细节。**当你在路上**
让人搭便车，你永远会学到点什么。
然后他走了，穿着系腰带的华达呢大衣，
他之后，是另一个领养者[②]，
松垂的肩膀，清澈的眼睛：“我早就该知道
一旦我开了路，你迟早会
跟上来。四十二年了
你没有走得更远些！[③] 但这之后，跟着
你还有什么别的地方可去？也许是冰岛？也许是多尔多涅？”

然后是临别的冷话。“在我自己的时代
怪人来这里都是为了找女人。”

VI *

雀斑脸、狐狸头、金雀花的荚果、

---

① 这句话引自英国诗人霍普金斯。

② 这位“老师”，是爱尔兰诗人帕特里克·卡瓦纳。

③ 卡瓦纳的诗集《德格湖》出版于1942年，距希尼写《斯泰逊岛》，约42年。

* 本诗题解见第427页。

柳絮精灵、蕨草小小的嗖嗖摇曳：
她从哪里来到这里？
像一个许了
就完了的愿，我“秘密”选择她
来向她低语。当我们玩“过家家”。
我在大教堂门前中暑——
一种遥远的寂静，一个空间，一只碟，
一只变黑的锡罐和翻倒的凳子——
像一块被踩到的新石器时代地板
在沙丘中被发现，那里弯腰的青草
芦苇般低语着关于弥达斯①的
秘密、秘密。我对钟声充耳不闻。
抱头。闭眼。掩耳。别说。别说。

一群朝圣者响应钟声
慢慢踏上台阶而我从台阶上下来
走向一棵橡树的深绿色
宁静的阴影。萨宾人农场的阴影

---

① 希腊神话人物，弗里吉亚国王，贪财，能点物成金。据奥维德《变形记》，弥达斯国王因在一次音乐比赛上触怒阿波罗，其耳朵被阿波罗变成驴耳。弥达斯试图掩饰其驴耳，但一个仆人看见，并被要求发誓保密。但仆人还是无法控制自己，向河边一个洞低语此事然后把洞掩盖。但不幸的是，从洞里长出的草在风吹拂经过时低语着说出了这个秘密。这里，以及后面引用贺拉斯的话，都是指一些不见容于教会的被压抑的感情。也是在这里，希尼回忆初恋情人，以及描述他对被性吸引所怀的内疚。

在圣帕特里克炼狱[1]的床上。
夏末，乡村景色，没有一丝微风：
松开托加袍享受美酒和诗歌
直到归来的福玻斯击溃晨星[2]。
随着一首对圣母的庄严赞美诗升起
我感到一阵曾经被扎好的麦子袋
和斜靠的干草杈柄和锄头柄
拿来嘲笑我的旧剧痛：我自己漫长的处男
禁食和饥渴，我每夜的影子盛宴，
出没于诸如*乳房*这样的词语的粮仓。

仿佛我跪在锁孔前多年，
为之疯狂，但打开的
却是告解室被呵气的格栅
直到那天晚上我透过她的锁孔连衣裙
洞开的锁孔，看见她那有着如蜜皮肤的
肩胛骨和她背部的麦地，
然后一扇朝向运气的南方腹地的窗子
打开而我吸入善意的土地。
如同小花被夜里冷风吹得
低垂紧闭，一旦感到阳光的触摸
就在枝叶上昂起和开放，

---

① 萨宾人是意大利古民族，后来被罗马征服。这里指罗马男人会到邻近的萨宾家庭带走一个女伴。圣帕特里克，爱尔兰守护神。这里的圣帕特里克的炼狱，是指斯泰逊岛这个朝圣地点以及朝圣者的艰苦。

② 福玻斯，太阳神阿波罗的别称。此句引语来自贺拉斯。

我也从我自己枯萎的力量中恢复过来，
我的心焕发光彩，像某个人重获自由。①
像被翻译了一遍，获馈赠，在橡树下。

VII*

我来到水边，为只是望着水
目光在水面上闲荡所抚慰
仿佛水是一个清晰的晴雨表

或一面镜子，当他的倒影
并没有出现但我能感到一种存在物
进入我对我那无法专注的

专注里的时候，他说出
我的名字。虽然我不愿意
但我还是转身去看他的脸，而我至今

还震惊于我当时所见。他的眉毛
在他眼上被吹开，血已经
在他脖子和脸上干了。“放松些，”

他说，“是我，别怕。你见过人们看完足球赛后

---

① 此段引文译自但丁《地狱篇》。
* 本诗题解见第 427 页。

那种恍惚状态……我醒来时是什么时候
我至少还没搞清楚

但我听到这种敲击，敲击，而这
吓坏了我，如同凌晨的电话铃声，
所以我直觉就是不要开灯

而是从窗帘背后望出去。
我看见两个顾客在门阶上，
一辆车门敞开着的旧路虎

停在街上，所以我放下窗帘；
但他们一定是在等待窗帘掀动
因为他们叫喊道，快下来店里。

这时她开始哭，在床上翻滚，
对自己哀叹又哀叹，
甚至不问那是谁。‘你是不是头脑

不正常，或你到底怎么了？’我咆哮，更多
是要使我自己恢复理智
而不是真的对她发怒，

因为那敲击声吓坏了我，他们那种不断敲击的方式，
而她絮絮叨叨的抱怨和半尖叫使事情变得更糟。
他们一直在叫喊着‘开店！

开店!’所以我穿上鞋和运动衣，
重新回到窗前并大声喊道：
‘你们要干什么？你们能不能安静别吵

否则我不下去。’‘有小孩病了。
快开门，看看你那里有什么——药丸
药粉或瓶装药之类的。’

其中一个说。他往小径后退几步
使我能看到他那张在街灯下的脸，
而当另一个也后退，我便认出他们是谁。

但那敲击声虽然可怕，这安静
对我更可怕。她自己也静了，
一动不动躺着，低声说小心。

我在卧室门边开了灯。
‘他们不去找药剂师，很奇怪。
这三更半夜的，他们究竟是谁?’

她问我，眼睛竖在脑袋上。
‘我认识但不了解他们。’我说，但不知道是什么
使我把手伸到床上去紧握她的手

然后才下楼进入店子的

走道。我站在那里，双腿
发软。我记得当我去开门时

一股熟肉或什么东西的腐味
扑面而来。此后的事情，
你知道的跟我一样多。”

“他们没说什么吗?”“没。他们有什么好说的呢?”
“他们穿制服吗? 没有用任何东西遮脸?”
“他们没任何掩饰，就像在光天化日下，

他妈的以为一切由他们说了算。”
“我不是要安慰你，
但他们都被抓了，”我告诉他，“都坐牢了。”

四肢魁伟、正派、脸无遮拦，他站着
现在变得很健忘，除了
他那被糟蹋的脑袋里冒出的东西，

并开始微笑。“你体重增加了点
比起你某个星期天晚上开着那辆租来的
大型奥斯汀牌汽车去求爱的时候。”

穿过生与死，他几乎完全没变老。
他身上永远焕发某种运动员的
整洁之光，并且除了

毁坏的前额和血，他依然是同一个
四肢修长的中场队员，穿着蓝色运动衫
和浆过的裤，是队中唯一动作优美的运动员，

这个完美、整洁、不可想象的受害者。
“原谅我那样淡漠地生活——
原谅我怯懦、谨小慎微的介入。”

我吃惊于自己这样说。“原谅
我的眼睛，”他说，“我头顶上那个样子。”
接着，一阵痛楚似乎传遍他全身

而他颤抖如一股热浪然后消退。

Ⅷ*

黑水。白浪。被雪覆盖的犁沟。
一只喜鹊从大教堂飞来
在我所凝视的通风的花岗岩空间里
蹒跚而行，我正跪在
圣布里吉德床坚硬的入口。
我回过神来，在床的石头中心

---

* 本诗题解见第 428 页。

是我的考古学家[1]，非常像他本人，
他那张抄写员的脸露出紧闭双唇的微笑，
用跟从前一样的假装诧异
盯着面前的我，使得那林中轻兵的
头发的尾翼展呈扇状悬在他眉头。
接着，仿佛一阵豪雨使原已经变黑的
根茬变黑，他难以名状的
痛苦的阴暗气候笼罩着他。
一个朝圣者弯下身，在床内低语巡行
慢慢从我们之间经过。

“在那病房里，在你身边屏幕上搏动的
那些梦幻般的星星——我是说，你的心跳，汤姆——
以它们赤裸裸剥光事物的方式吓坏了我。
在那次探访中，我的打趣失败得太早。
我的目光无法离开那个机器。
我必须马上赶回都柏林，
负疚而空虚，感到我什么也没说，
感到我像往常一样不知怎的违背了
契约，未能履行一个责任。
我隐约知道我们永不会再见……
是否我们长久的凝视和最后的握手
没有包含任何能够抚慰这一认识[2]的东西?”

---

① 希尼的考古学家朋友汤姆·德拉尼的鬼魂，他 32 岁时死于肺结核。
② “这一认识”指上面提到的“隐约知道”。

"完全没有。但熟悉的石头
使我半麻木地独自面对这件事。
我爱我那一脸平静的考古学。
高高十字架上那小沙果的
面貌，修道院里雕刻的头像……
否则为什么还要深挖多年，在那个坚硬的地点，
在墙下那偏执的肥堆里
在碎片和威廉派的炮弹中凿来凿去？
但所有这些也被我们变成打趣。
我感到我应该更经常跟你见面
并且原本也应该可以——但却死在三十二岁！
啊诗人，幸运的诗人，告诉我为什么
那看似应得和有希望的事情跟我交臂而过？"

我说不出话。我看到一堆贮藏的
黑玄武岩斧头，光滑如甲虫背，
一堆蕴含石头力量、可能引爆的石标，
一窝危险的蛋。接着我看见一张
他曾经送给我的面孔，一位女修道院长的
石膏模型，是那位高兰[①]师傅做的，
嘴巴柔顺，头戴僧帽，一个优雅的人物。
"你的礼物将成为我们屋里的烛光——"

---

① 高兰，爱尔兰基尔肯尼郡东部城镇，那里的基尔肯尼村教堂有不少雕塑品和雕刻品。

但当我望过去想与他目光相接时他已经走了，
取而代之在那里蹲着的
是一个流血、脸色苍白的男孩[1]，涂着厚泥。
“杰尔波恩特[2]那红烫的拨火棒闪耀
可爱的红光，在我被谋杀的那个星期天，”
他平静地说，“你可还记得吗？
你听到消息时，正和诗人们在一起，
并留下来继续和他们待在一起，而你自己的血肉兄弟
则被人用大车从菲尤运往贝拉希。
他们听到消息时，比你
还激怒。”

　　　　“但那是因为他们听到第一手的
危机消息，科拉姆，他们刚好碰上了
活生生的教派暗杀。
我一时说不出话，遇上这命定的事情。”
我这样跟我的远房表弟解释。
“我总是看到贝格湖的一个灰色地带
和黎明时分空荡荡的湖滨。
我感到自己就像干涸的湖底。”

“你看到那东西，写那东西——但不是事实。

---

① 希尼的表弟科拉姆·麦卡特尼，1975 年在菲尤斯森林遭亲英派准军事成员枪杀。参见希尼诗《贝格湖滨》。

② 杰尔波恩特，一座建于 12 世纪的西多会修道院，位于爱尔兰基尔肯尼郡托马斯镇附近。

你混淆了躲避与艺术圆通。
那个一枪打穿我头部的新教徒
我直接控诉他，你却是间接地，
现在你也许是要为你那种行径
而在这床上赎罪，你掩饰丑陋，拉起
《炼狱篇》可爱的窗帘，
用早晨的露珠来装点我的死亡。”

这时我似乎从睡梦中醒来
置身于更多我不认识的，正缓缓
流向旅舍过夜的朝圣者中间。

Ⅸ *

“我[①]的大脑干如铺晒的泥炭，我的胃
缩小成煤渣并收紧和裂开。
我常常像狗一样跟踪
自己在湿草上可以舔的血迹。
在监狱毛毯[②]下，一种使我感到安全的
埋伏式寂静在我周围弥漫。
小镇的街灯亮起，炸弹的光闪耀
然后声音才响起，我看见我所知道的

---

* 本诗题解见第428页。

① 这个“我”，是一个在监狱里绝食抗议的囚犯的鬼魂，他曾因参加暗杀行动而坐牢。

② 绝食的一个要求是不穿囚衣而穿平民衣服，所以宁愿只裹着毛毯。

家乡，从格伦谢恩到图姆，
听见一辆我能分辨出是几年前的汽车，
我在汽车后座里像一个白脸新郎，
一个就要开杀的枪手，空无而致命。
当警察推出我的棺材，我头晕
如我瞄准目标时。”
　　　　　　　　　这个来自枯萎病
和饥饿的声音穿过黑色宿舍消失：
是他，准备殡葬的尸体，包裹的双脚边
凌散堆着弥撒卡。然后是放风场里
行刑队的齐射。我看见大门柱
和门窗边框里的木蛀虫，闻到从他
窥看和躲藏的牛棚阁楼和从他
那覆盖饰物的灵柩将穿过的田野传来的霉菌味。
不安的灵魂，他们原应把你埋葬在
你扔出你的第一颗手榴弹的沼泽里，
那里只有直升机和宵禁
制造它们那肢体残缺的音乐，水藓
可以教你怎样静养，
直到鼬鼠用尾巴发出呼啸时
再也没有别的鼬鼠服从它的号召。

我做梦和漂流。我那被轻轻冲涮
和泛白的自我厌恶似乎只是奔向垃圾，
就像肮脏、闪亮的洪水的漩涡中那只浮沉
如一朵巨大腐败的木兰花、超现实

如一个脱落的乳房的奇异水螅虫。
而我在夜间水域中呼喊："我忏悔
我那未断奶的生活，它使我能够持续
去与纵容和不信任一起梦游。"
接着，像从水螅虫长出的雌蕊，
一支点亮的蜡烛升起并稳定下来
直到那整个明亮的桅杆般的东西
寻回航线，而它驶过的水流
重现可行进的面貌。不再漂流，
我的双脚触到底部，我的心重振。

接着某种又圆又清晰
而且略微动荡的东西，像泡沫膜
或光滑地泛起涟漪的湖水中的月亮
在一个结蜘蛛网的空间里升起：一件工具
那熔化的内在光泽
把其抛光的凸面全力地
绕着我旋转，如此靠近和明亮
我似乎在一次急坠中摔回去。
然后是在阳光中和钟声中
和隔壁小隔间里水龙头的喷涌声中
醒来的清晰。它仍在那里供随意拿取！
那支我曾经在厩楼茅草屋顶下发现的
旧铜号连同其活瓣和指孔，一种我当时退避的
神秘，因为我觉得这样的贵重发现物超出我的能力。

"我憎恨我那么快就了解我那个地方。
我憎恨我出生的地方，憎恨一切
使我听话和守口如瓶的事情。"
我张开嘴巴对着剃须镜里
自己半镇定的面孔，像派对期间
某个喝醉的人在洗手间里
静下来并厌恶于自己的影像。
仿佛界碑石可以藐视界碑。
仿佛漩涡可以改造水潭。
仿佛一块在小瀑布下打转，在水潭底
损蚀和继续损蚀的石头
可以把自己打磨成另一个核心。
这时我想起那个部族，他们的跳舞永不停止
因为他们不断跳舞直至他们发现母鹿[①]。

X *

旅舍里早晨的骚动。一个水壶
挂在铁链环上。片片煤烟。噗通的水声。
敞开的门被阳光照亮。
壁炉烟漫延，陶器的碰击声

使我回到过去，直到我看到那个大杯子

---

① 坚持不懈变成行动指南，如同传说中饥饿的印第安人。同样的鹿，也是诗歌之鹿。（法贝特）

* 本诗题解见第 428 页。

在我够不着的高架上，就是那个
有蓝色矢车菊图案的，一道道枝状花纹
反复环绕它，安静如一个里程碑……

它是何时不在那里的？有一天晚上
巡回剧团演员用它做道具
而我坐在黑暗的大堂里疏远它
当一对情侣发誓并把它称作他们的爱杯

并在我们眼前举起它直到帷幕
突然落下，发出普通的声响。
接着被这次转变浸染和赋予魅力，
它恢复成它原有的发纹般的睡姿

在壁炉台上打盹儿，它的仿羊皮纸涂层完好无损——
如同那只水獭曾经衔着罗南①那本
掉进湖水里一天一夜，竟奇迹般
完好无损的圣咏集冒出水面。

于是那圣徒在湖岸赞美上帝
为了这不可能的眩目，
我再次赞美充满阳光的门上这不可能的眩目，

---

① 罗南，《斯威尼失常》中念咒导致斯威尼疯狂的主教，也即下节诗中提到的“圣徒”。

它如此绝对地明亮简直可以灭火。[1]

XI*

仿佛我有一次猛地将之投入
一大桶浑水里的万花筒棱镜
像一艘神奇的轻船冒了出来

并从它涂了淤泥的晶体中露出一张修士脸，
这张曾于多年前在护栅背后说话的脸
再次说到有必要和有可能

去拯救一切，去重新展望
任何被错误贬低的天赋的
顶点和那被瞥见的璀璨……

一事无成的东西总是可以重新装满。
“把诗当成祈文来读，”他说，“为了苦练
你就翻译点胡安·德拉克鲁斯[3]的东西给我。”

---

① 这不可能的眩目提供了催化剂，熄灭任何天主教信仰的残迹。饮水的大杯子归还是一回事，相信奇迹是另一回事。(法贝特)
如果说诗人／朝圣者被他漫长而黑暗的旅程净化，得以赞美充满阳光的门上那不可能的眩目，他仍然必须与生者土地上我们这些人一起，踏上一段黑暗中的旅程。(吉特)

* 本诗题解见第428页。

③ 胡安·德拉克鲁斯（1542—1591），即十字架的圣约翰，西班牙基督教奥秘神学家、诗人。

从西班牙回到我们裂开的荒野，
他的辅音送气发出，他的前额闪亮，
他使我感到没有什么可忏悔的。

如今他那穿凉鞋的旅程激发我想到：
我多么了解那个注满、奔流的喷泉，
　　尽管现在是黑夜。

那个永恒的喷泉，隐匿起来，
我知道它的避难所和它的秘密
　　尽管现在是黑夜。

但不知道它的源头，因为它没有源头，
那是一切源头的源头和本源
　　尽管现在是黑夜。

没有任何别的事物可以如此美丽。
这里大地与天空喝饱饮足
　　尽管现在是黑夜。

如此清澈它绝不会被搅浑，
而我知道所有光都从它那里发出
　　尽管现在是黑夜。

我知道没有任何测探绳能找到它的底端，

没有人涉过或量过它最深的深处
　　尽管现在是黑夜。

而它的水流是如此泛滥以致外溢
去浇灌地狱、天堂和所有民族
　　尽管现在是黑夜。

而从那里引发的水流，
它愿意流多远就能流多远
　　尽管现在是黑夜。

而从这两股水流形成的第三股水流
所去之处我知道都不是这两股所去之处
　　尽管现在是黑夜。

这个永恒的喷泉隐藏又飞溅
在这块对我们而言是生命的活面包里
　　尽管现在是黑夜。

听它呼唤每一个生物。
而他们喝这些水，尽管这里黝暗
　　因为现在是黑夜。

我渴望着这股活喷泉。
在这块生命面包里我把它看得清清楚楚
　　尽管现在是黑夜。

选自《斯泰逊岛》（1984）

XII *

像一个康复病人，我抓住从登岸码头
伸下来的手，再次意识到
一种异样的安慰，当我一脚踏在地面上

并发现那只帮助的手还紧紧抓着我的手，
鱼一般冷，瘦骨嶙峋，至于是引领
还是被引领，我不能确定

因为我旁边这个步调一致的高个子男人
似乎是盲人，尽管他拄着梣木拐杖直着走路
如同急冲，两眼直盯前方。

然后我才在柏油碎石路面上，
在汽车中间认出他本人，
冷硬和尖锐如一丛黑刺李。

他那随着所有河流的元音旋转的声音
回到我这里，尽管他还没开口说话，
那是一个像公诉人或歌手的声音，

狡猾、致幻、好模仿、明确

---

* 本诗题解见第 428 页。

如钢笔尖向下一划，明快而干净，
接着他突然用他的拐杖敲击

一个垃圾箱，说：“你的职责
不是以任何共同仪式来完成。
你所作所为必须独立独行。

最重要的是为写作的快乐
而写作。培养一种工作欲望，
它想象它的庇护所就像夜里你的双手

梦见乳房雀斑里的太阳。
现在你禁食，头晕，危险。
从这里起跳。别那么热情，

那么急着要忏悔。
松手、放开、忘记。
你已经听得够久了。该弹你自己的调子了。”

仿佛我自由地步入太空，
与无不是我熟悉的事物
一起。雨点吹打我的脸

当我回过神来，听见那教训和嘲笑
还在滔滔不绝继续着。“英语
属于我们。你是在拨弄死火，

在你这个年纪就重复老一套抱怨。
臣服的民族之类乃是蠢人的游戏，
幼稚，就像这种乡巴佬朝圣。

做这种体面的事情，你失去的反而
多于你赎回的。不要人云亦云。
当他们把圈线扩大，你就该自己

游出去，使自然环境充满
你自己的频道独有的特征：
回声探测器、搜寻、调查、诱惑，

整个大海的暗黑中的幼鳗闪光。”
阵雨变成大暴雨，柏油碎石路面
冒出水汽和发出嗞嗞声。当他迅速离去

倾盆大雨松下帐幔，围绕他笔直的走姿。

斯威尼再生（选）

*

第一个批注[*]

紧握笔杆。
认定那第一步，
它从一条被认为正确的路线跨出来
踏入边缘。[①]

斯威尼再生

我搅动湿沙并振作自己
爬上两侧陡峭的土墩，
我的头像一个合股的湿线团
浸泡得密密实实，但正在开始
解开。

---

* 本诗题解见第 428 页。

① 又可译为“它从一行被视为正当的文字跨出来／踏入页边空白处”。

另一股味
正从河里吹来，苦涩
如打麻坊的夜空气。
见不到那些古树，
树篱薄如素描，
整块圈地消失
在崎岖小路和尖脊房屋下。

而这就是我，自己也难以置信，
在这些人中间，他们都太急于相信我
和我的故事，尽管它碰巧是真的。

在山毛榉中*

我是一个建立后便被忘记的瞭望所。

我下面，一边是水泥路。
另一边是阉牛的隐藏处，
一处饮水地的气息和安慰，
这中学毕业生在那里发现宁静
并在搅起的淤泥的恶臭中触摸他自己。

而这棵树本身是一种陌生和安慰，
既是圆柱又是树干。那株常春藤

---

* 本诗题解见第 429 页。

迷惑地把其乳齿形叶边和叶尖
探向粗糙面：那是树皮还是石工雕凿？

我望着红砖烟囱层层
耸起雄蕊，
动作滑稽的烟囱修理工在那上面
就像大山衬托下的苍蝇。

我感到坦克的推进开始于
年轮的中心点，
然后畏缩于它们那在混凝土路面上
每一道碾成粉末的螺栓痕中重振威势的帝国力量。
护目镜向后推的飞行员进入视野
低得我可以看见驾驶舱的铆钉。

我的偏狭的边界树。我的知识树。
我根深蒂固、柔羽毛、通风的监听站。

第一个王国

皇家道路都是牛径。
太后蹲坐在凳子上
把牛奶的竖琴弦
拨弄进木桶里。
贵族们拄着饱经风霜的拐杖
对牛群腿臀指指点点。

测量单位被满满地考虑，
满大车、满独轮车、满桶。
时间是一种名字和不幸事故的落后熟记法，
坏收成、火灾、不公平的安置、
洪水死者、谋杀和流产。

而如果我对它的权利仅止于
通过口头表决，那它有什么价值？
我优柔寡断。
他们都有两面并与人方便。
传宗接代
他们依然坚持着，一样地
虔诚、苛刻和没尊严。

第一次飞逃

更多是梦游而不是痉挛
然而那是一个
时代也痉挛的时期——

贯穿我们的纽带和结
裂开
沿着纹理线。

当我贴近卵石和浆果，

野蒜味，重新学习
霜冻的声响

和林中鸟鸣的意义，
我那掠过田野的影子
只是一个派生物，

我的空地只是一个借口，
为了变换营地，演练
老一套的欠债和背叛。

他们单个地走向这棵树
两个口袋里各装着一块石头
来威胁和劝诱我回去

而我会在他们离开时
磕磕碰碰穿过枝叶急泻而下，
我的憩息点被撞得歪斜。

我深陷于依附关系里
直到他们开始宣布我
是一个以战场为食的人①

所以我升腾至新层次的高空

---

① 暗指希尼在诗集《北方》出版后，被指控以北爱尔兰暴力来捞取名利。

在他们目力不能及的地方
俯视他们山上的篝火，他们的款待

和禁食，一如既往征集自
苏格兰的军队，还有从事艺术的人，
他们转移他们有节奏的吟唱

去阻挡疾风的猛攻，
而我会欢迎那猛攻并全力
以赴地攀升。

漂　泊

没有拍过一次翼而滑翔多日的
领头鸟和信天翁
我都同样难以企及。

我向往塘鹅的猛击，
苍鹭无嫉无妒的
全神贯注。

在秃鼻乌鸦群的同志情谊中，
在聚栖地怀有恶意的警觉中，
我感到自在。

我学会不信任

布谷鸟的引诱
和椋鸟的闲话，

忠诚于强悍的红腹灰雀，
太经常地开动脑筋
与小气量的鹪鹩斗智，

太经常地屈服于
对水鸡和易惊恐的
长脚秧鸡的怜悯。

我太相信掉队者，
高估乌鸫的镇静
和喜鹊的民间传说。

但是当金翅雀或翠鸟撕裂
平常事物的面纱，
我就会弯腰，翼梢低语

和绷紧，笨拙
而盈满，随时
准备冲刺。

神职人员*

我听见对着牛棚里的牛群
祈祷的新词，在瓦罐和隐藏的
蒸馏锅上发现他的踪迹，

在早晨最初的烟雾中闻到
他的香炉散发的气味。
接着他不断前进，穿过

一些豁口，快步在一些地点走动，
把他的牧杖插入
要塞壁炉炉床深处。

如果他仅止于让他自己那些
下巴紧锁的女修道院院长和吟诵者
在圈地周围耕耘觅食，

讲他的拉丁语和胡谄爱，
把羊皮纸和阴谋诡计放入信封
用船通过水路寄走，那也就罢了——

但是不，他用涂油礼和命令

---

* 本诗题解见第 429 页。

来压服，他必须
一开始就主动参与。

历史把其标准种植
在他的三角墙和尖塔上，
把我撵走，出没于

鬼鬼祟祟和絮絮叨叨的边界。
或者是我叛逃？
替他说句公道话，最终

他为我开辟了通往一个王国的道路，
这王国视野如此辽阔，忠诚如此中性，
使我的空虚可以随意统治。

隐　士*

在他那块林间空地边缘，选择的刀身
没有饶过哪怕一个感情的树墩，
当他在那里踱步

他就像一个犁铧
埋进土里，为了维持整个的
力场，从马脖子

* 本诗题解见第 429 页。

那上了嚼子和
向一侧绷紧的弧度，到牢牢
握在手腕和手肘里的目标——

愈是残忍地拉和推
这件恢复精神的活儿
就愈是深入和静谧。

大　师*

他居住在自己身上
像一只秃鼻乌鸦栖于无屋顶的塔楼里。

为了接近，我必须保持
一种爬上废弃的堡垒的攀登，
不畏缩，不抬起眼睛
去寻找一只从他那隐逸之隅
警惕地守望着的眼睛。

他会谨慎地打开
他那本每次仅止于讲解
一页的书，一点也
不神秘，而只是些我们都必须

---

* 本诗题解见第 429 页。

铭刻在我们写字板上的古老规则。
每张羊皮纸上突出的粗体字母
其大小和尺寸都安稳牢固，
每句箴言都分隔开。

讲真话。别害怕。
持久、执拗的概念，
如同采石工人的锤子和楔子
得到顽强的服务的证明。
如同你接受泉源的慰藉时
所躺卧的墙头压顶石。

那感觉是多么岌岌可危啊，当我
从墙上无扶栏的梯级下来，
听见目标和探险在我头上
那翅翼的扇拍中展开。

抄经员*

我从未对他们感兴趣。
如果他们是卓绝的，那他们也是任性
而多刺的，如被他们
用来做墨水底色的冬青树。
而如果我从未属于他们，

---

* 本诗题解见第 429 页。

他们也就绝不能不把我的位置给我。

在修道院缮写室的幽静中
一颗黑珍珠不断在他们体内化脓
如同他们羽毛管里陈年干燥的阻塞。
在赞美的文本的页边空白处
他们乱涂乱抹。
他们不耐烦地吼叫，如果白天昏暗
或太多的白垩造成羊皮纸没质感
或太少造成它油腻腻。

在臀部般积压的文字下
他们集结短视的愤怒。
怨恨种植在他们大写字母
那伸直开来的蕨草叶球上。

我有时在数英里外
惊跳而起，看见在我的缺席中
每个背脊歪斜的草书，并感到他们
一页页针对我来完美他们自己。

让他们记住，这可是对他们那
嫉妒的艺术的不小贡献。

冬 青

原该下雪却下雨了。
当我们去采集冬青的时候

山沟都在游泳，我们被淹至
膝盖，我们的手皮开肉绽，

水在我们袖子上流淌。
原本该有累累的浆果

但我们带回家的树枝
闪烁如玻璃瓶碎片。

如今我在一个房间里，它就布置着
这种浆果鲜红、叶滑如蜡的东西，

而我已几乎忘记皮肤湿透
或渴望下雪是什么样的了。

我像个怀疑者伸手去拿一本书，
并想让它在我手边照亮——

一片黑字丛，一道耀眼的屏墙，
锋利如冬青和冰。

选自《斯泰逊岛》（1984）

艺术家

我爱想他的愤怒。
他跟岩石过不去的固执，他向
绿苹果索取实质的强求。

他像一只狗对着自己
狂吠的形象狂吠。
还有他对自己把工作当成唯一
有意义的事情来拥抱的厌恶——
那种期待感激或赞赏的
粗俗心态，因为这
意味着偷走他的宝贝。

他因为做他懂得的事情
而维持和加强坚忍的方式。
他的前额像一个掷出的滚木球
飞越苹果背后和山岳背后
那未被画过的空间。

旧圣像

为什么，当一切都已经结束，我还抓住它们不放？

一个双臂交叉胸前的爱国者在一束光中：

牢房铁窗和他被判刑的面孔
是这幅小蚀刻画仅有的亮点。

一幅描绘雪山的平版复印油画，那个被宣布为非法的
牧师的红祭衣，英军慢慢移动逼近
而望风者像一只狐狸穿过豁口。

制造煽动性言论的老委员会
是如此体面地出现，穿着扣紧的拷花皮鞋和马甲，
他们的传奇名字被一个告密者整理成一份名单，

他袖子紧扣，位置在后排左三，
比其他人都要引人注目，
正在策划一次行动，那是他的拉肢刑具

和别人的毁灭，他的名字的节奏
记录了种种高代价的背叛，它们
如今已变得透明，难以估量。

想当年

巨大的弥撒祈祷书展开，
悬荡一条条丝绸带子，
翡翠绿的，紫的，淡白的。

我们不及物地列席，

忏悔，领受。动词
取得我们。我们膜拜。

我们抬起眼睛望着名词。
祭坛石是黎明而圣体匣是正午，
“红字标题”这个词本身则是布满血丝的落日。

如今我住在一个著名的海滨旁，
凌晨时分海鸟呼叫
如难以置信的灵魂，

而就连我为了确信而倚靠的
那堵散步大道的界限墙
也难以使我置信。

在路上*

前面的路
以平稳的速度
不断收卷，
路沿湿气垂滴。

在我手里，
如同用力拧的奖杯，

---

* 本诗题解见第429页。

是方向盘的
空转。

驾驶的催眠状态
把所有道路融为一条：
撒拉弗出没的托斯卡纳
乡间小路，多尔多涅的

绿色橡树小巷
或那条穿过麦田的
车道，那里
有个富裕青年问

先生，我必须
做什么才能得救？
或那条公路，那儿
有一只土红背

和黑白尾的鸟儿
像燧石和黑玉的
拼花地板
在我头顶盘旋，

带着探访之意。
变卖你所有的，
分给穷人。

我又高又远

像一颗人类灵魂
在起伏、男高音的
黑字拉丁语中
从口里飘出。

我是为悲伤而来的，
是诺亚的鸽子，
是一个惊慌的影子
掠过鹿径。

如果我来人间
那将是经由我曾经
通过它挤出去
以迷信的方式

攀上天空的
一扇小东窗，
酩酊而快乐地
落在小教堂三角墙上。

我会在流亡的厚板上
栖息一夜，
然后躲藏在那座教堂
墓园的墙缝里，

那儿一只手接着一只手
在寒冷、硬胸、
许愿的花岗岩上
不断磨损。

跟着我吧。
我将迁徙，
穿过高高的洞穴口
进入燕麦做的、阳光温暖的悬崖，

下到那有柔软小结块
和黏土地板的通道，
脸轻拂，翅膀轻拍，
飞抵最深的陵室。

那里一头饮水的鹿
被刻入岩石里，
它的腰腿和颈
随着轮廓凸起，

雕琢的外形
弯曲成一个紧张的
怀着期待的口鼻，
鼻孔照亮

一个干涸的源头。
为了我的变化之书
我会冥想
那石头脸的守夜

直到那长期目瞪口呆的
精灵从隐匿处跑出来
在枯竭的洗礼盘里
扬起一阵尘埃。

[1986]

为周年纪念而作的维拉内拉诗*

一个精灵移动，约翰·哈佛在院子里散步，
原子还没分裂，西方还没赢，
书本打开而大门没关。

地图继续做梦像月尘。一切悄无声息。
未来是一个冬眠的动词。
一个精灵移动，约翰·哈佛在院子里散步。

在古典风格前，在护墙板前，
在一个起源的整个凌晨，
书本打开而大门没关。

一只候鸟的夜间飞行。
翅膀轻拍。长袍轻拂。像一只信鸽
一个精灵移动，约翰·哈佛在院子里散步。

是不是他的灵魂（外表）以恩典或德行

---

* 本诗题解见第430页。

向其回报加速？一颗流星？一个预兆？
书本打开而大门没关。

在冰霜硬和试验难的地方重新开始。
找到你自己或沉没。这里，想象
一个精灵移动，约翰·哈佛在院子里散步，
书本打开而大门没关。

题解

《地铁》

此诗有三个典故。芦苇典出希腊神话，西琳克丝因逃避潘神追求而变成芦苇。汉赛尔典出格林童话，汉赛尔家穷，夜里听到继母要求父亲把他和妹妹遗弃在森林里，他悄悄开门，看到屋外小石子在月光下闪闪发光，于是把衣袋装满小石子，第二天与妹妹被带走时沿途撒石，晚上循月光下闪光的小石子回家。诗尾还涉及俄耳甫斯与欧律狄克的故事，俄耳甫斯获准从阴间引妻子欧律狄克回人间，条件是途中他不得回望，结果他回望了，妻子又再回到阴间，但希尼诗中会下地狱的不是妻子而是他自己。

《契诃夫在萨哈林》

（契诃夫的萨哈林之旅）一部分是因为他有意识地坚信有必要为一个良好而公正的未来而努力，一部分无疑是因为他下意识地把自己身上的某种东西与其当农奴的祖父等同起来。正是这个受压抑的影子自我，迫使他与它斗争，而他则希望使它永远安息在萨哈林岛。（希尼，《尼禄、契诃夫的科尼亚克白兰地和敲击物的有趣例子》）

他（契诃夫）甚至迫使自己留下来看鞭打，以便体验流放地的全面现实。接着他还必须找到准确的音调来写他所见——“不是传单，不是论文”。一旦他允许流放地进入他的意识，他就再也不能把它驱除出去；他将在他身上带着他的第二自我也即罪犯。此中与北爱尔兰的相似之处毋须赘述；希尼已离开北爱尔兰，住在爱尔兰共和国，但他写他离开的地方的现实，且必须找到一个象征方式来上演其真相。（文德勒〔M〕）

《沙岩纪念品》

如同常见于希尼作品中的，他把自己置于一个边界上，这边界既是实际的，也是打比方。一方面，他实际上站在爱尔兰共和国的边界内，眺望北爱尔兰伊尼什欧文的福伊尔湖和湖对面关押着爱尔兰共和军犯人的拘留营灯光。另一方面，他站在他的艺术的“自由邦（状态）内，貌似远离历史的迫切性——一种辉煌的孤立”的状态。在其紧张的气氛中那块石头似乎显露一种近于神圣的气息，而在其自由状态中一路弯着腰的希尼则将成为“一个崇敬者”……不仅是生活的一个颂扬者而且是艺术的救赎力量的一个颂扬者。（托宾）

第八至九行提到的东西，几乎是随意的，直到第五节，它们才变得瞩目起来。我们这才意识到希尼关于血腥、杀戮和惩罚的天马行空的想象，是源自一块石头、拘留营、社会中的暴行和他自己对待这些暴行的立场等事情的互相联系。结尾时，诗人似乎把自己斥为对社会上的事情不感兴趣，也没有什么野心或理想。但是，最后他把自己称为“崇敬者”，这个词太大了，绝不能视为斥词。它呼应了前面的“长期受崇敬”，并通过这个呼应而认为也许具有正面价值的，并不是对暴力斗争漠不关心，而是与它保持距离。希尼从爱尔兰共和国也即“自由邦”眺望对面北爱尔兰的瞭望塔和爱尔兰陷于战争的痛苦；他一方面嘲笑他这诗人的“意象和幻觉的自由状态”，另一方面也挑明他的立场，不管他的处境多么困难甚或自相矛盾。（麦克雷）

文字游戏“自由邦（状态）”表明他的反应的复杂性：他否认民族性的约束性影响，同时承认不可避免地从民族主义制高点发挥“自主的想象力”。对英军那“对准的双筒望远镜”来说，他只不过是一个无害的影子。（安德鲁斯）

《货架寿命（选）》

《货架寿命》把更多的物品拿来检视，在这个由六首抒情短诗构成的组诗中，每一首诗都有一件物品被感知、掂量和再拥有。（帕克）

记忆被摆在希尼私人空间“表面上”的物品所唤醒；与现代术语“货架寿命”为易腐烂物品规定不适合食用的日期不同，希尼的物品不受时间限制，没有“保质期”。（法贝特）

《花岗岩碎片》：《花岗岩碎片》明确属于“另一边”。它是从桑迪芒特山的马泰洛塔楼“获得”的，该塔楼是英国人在1804年建造的，旨在保护他们自己，对抗法国入侵。它因其与乔伊斯的联系而未能得救。塔楼内石化的东西，都是侵占这片海岸和国家的清教徒帝国主义者的负面特征；它暗示一种原始文化（“石器时代”），残酷、受压抑和压抑人（“割礼”“加尔文锋刃”“锯齿形、含盐、惩罚性和严厉的”）。（帕克）

与乔伊斯构成强烈对比，希尼承认自己是柔顺和极不想冒犯人的：我柔顺的木髓。花岗岩代表着希尼所不是而乔伊斯所是的一切：“锯齿形、含盐、惩罚性和严厉的。”（法贝特）

《老熨斗》：与《花岗岩碎片》构成强烈对比的是，《老熨斗》是来自原始世界的遗物，一个内部的、女性的世界，这个世界由“轻撞声”“专注的”劳作、“怨气”和责任构成。与锋利的、明确表达的、男性的花岗岩相反，它是正在熨衣服的女人“弯成肉窝的肘”和“无言的冲刺”。这些简朴的——几乎像基督？——诗句为致力于调解自己作为诗人所承受的互相冲突的压力的希尼指出了一条向前的路。通过承担他对别人的义务，他将获得应得的放松：“做好分内事并感到 / 一丝不苟和能够胜任。/ 感到被拖拽。感到能浮起。”（帕克）

《来自特尔斐的石头》：说话者以前曾去过特尔斐，现在他渴望能够被带回那里。他渴望倾听神谕，于是做了一次早祷。（法贝特）

在神秘的《来自特尔斐的石头》中，希尼祈愿恢复虔敬感和目标感，祈愿“某个黎明时分”他可以“再度做了一次晨祷”。他不得不用天主教的意象来定义他的宗教渴望，但是如我们所知道的，他身上的另一部分却珍惜“自由自在的”讲话的可能性，如同乔伊斯的。（帕克）

《变得陌生》

这首诗的背景，是希尼充当牙买加出生的美国诗人路易斯·辛普森的导游，带他游览家乡。在光顾一家营业中的当地酒吧时，希尼撞见“某个来自童年时代的人”（据希尼在一次朗诵时的忆述），于是突然间被迫扮演两个男人之间的中介人的角色，一个是“拥有阅历丰富的才智”的化身，聪明又自信，另

一个是害羞的乡下人，“未修过面”，处于“陷在威灵顿长统靴的双筒里”的尴尬里。（帕克）

这首诗描写一件事，希尼去机场接载牙买加出生的美国诗人路易斯·辛普森。“我们停在一家距离我长大的地方约一百五十码的酒吧。我们站在酒吧门口的街上。这时我父亲来了——‘未修过面和迷惑，/ 陷在威灵顿长统靴的双筒里’——在某种程度上我差点把他当作一个题材来介绍。”这个记忆，引起有趣的自我意识，这自我意识构成他很多笑话和离题话的基础。（据詹姆斯·坎贝尔刊于 2006 年 5 月《卫报》的文章，转引自法贝特）

在希尼的第一个方言爱尔兰语 / 英语中，“变得陌生”意思是“表现得不友善”“吓得往后退”“有戒心”，如同他的同胞那样，如同他曾经有过的那样。但是在学术界，“变得陌生”令人想起俄国形式主义批评理论家什克洛夫斯基，他认为艺术可以通过把对象变得“生疏”而锐化和强化我们对世界的感知。在两种语言中变换的任务，使希尼想起自己的诗歌根源和未来所属的地方，一方面保留母语，私人和教区的经验，同时准备好扩大他的音域和音高，“超越那确实可靠的”东西。由于陌生人的存在和他技术的日益老练，他可以通过隐喻和典故等“变得陌生”的手段来重获他的家乡，重新发现其熟悉的特征和形象。仅仅是一只花鸡的“轻弹”就足以再次启动他“逐一讲述我……知道的 / 所有事情”。（帕克）

《出生地》

《出生地》回忆希尼（与妻子）访问托马斯·哈代的故居。在诗中，艺术被视为生活不可分割的部分，它塑造我们的现实并扩大我们对世界的意识。（托宾）

哈代直到 34 岁与第一任妻子结婚时，才离开他的出生地。哈代与爱玛的婚姻很坎坷，对他而言是一个极不快乐的时期。与哈代相反，希尼享受持续、充满爱的婚姻，尽管在本诗第二部分中他们的婚姻隐含敌意。（法贝特）

《出生地》是关于哈代在上博克汉普顿的屋子。那地方周围的树木、茅草屋顶、小房间，全都使我想起（我的老家）摩斯巴恩。但这不是我写这首诗的唯一理由，尚有一个事实，就是在我去那里前，哈代的小说和诗歌是我很重要的组成部分。事实上，斯廷斯福德墓园的哈代墓和上博克汉普顿的哈代屋子，是不断使我重返的文学“停留处”。（希尼，《踏脚石》）

《易》

水泵已弃用，现在有另一个功能：它变成鸟巢。（法贝特）

事实上，关于“空虚”城市的指涉，并不是我本人对孩子们的未来会变成什么的看法，而是来自《易经》的概念，所以诗的标题才叫《易》（变化）。在那个脉络中，它可以表示征服或胜利的虚幻本质：你攻下城堡或城镇，却只发现那里什么也没有。（希尼，《踏脚石》）

《路上的蝙蝠》

希尼这首诗原题为《达文在布罗亚赫路》。诗前的题词来自詹姆斯·乔伊斯小说《一个青年艺术家的画像》，而这首诗则与乔伊斯这部小说的主人公斯蒂芬·迪达勒斯从达文那里听来的故事有关。达文对斯蒂芬说，有一次他看完爱尔兰曲棍球比赛回家途中，在黑暗的路上有一座偏僻的小屋，他在小屋前驻足时，一个怀孕的农妇邀请他与她一起过夜，因为她丈夫不在家。达文吓跑了。达文对斯蒂芬说：“我感谢她，但继续上路；浑身发热。”斯蒂芬则被这个故事、这次发热所感动。“达文最后的话在他记忆中歌唱，故事中那个女人形象突出，反映于他所见的其他农妇的形象，他常常看见她们站在克莱恩门廊里，学院车辆从眼前驰过。这形象是她的种族和他自己的种族的典型，是一颗蝙蝠似的灵魂在黑暗、秘密和孤独中醒来，意识到它自身，并通过一个没有奸诈的女人的眼睛、声音和姿态，呼唤陌生人跟她上床。”初稿标题《达文在布罗亚赫路》一方面暗示这首诗关注的是达文（或说话对象是达文），同时也突出诗人与达文的某种联系，因为布罗亚赫路应该就在希尼生长地德里郡的布罗亚赫镇附近。因此他好玩地想象达文是他早年自我的一个版本。诗中说话者是在跟某个人说话，可能是朋友，自己的童年自我，甚至达文。

如果说诗前题词要求一种象征性的解读，希尼自己注重细节的诗学则似乎抵制这种解读，而在抵制中这首诗占据自己的艺术空间，拒绝屈从于其前辈的声音，前辈的声音虽然被唤起，但被控制在该诗的文本指涉中。诗中一而再地迫切要求“这一回”让蝙蝠自己飞翔，暗示蝙蝠以前无法这样，那个朋友曾试图用杈尖的帽子捕捉它。读者被迫接受蝙蝠“接受某个词的轻拂的邀请，例如罩衣、/ 窸窣声和瞥视、闪色绸、洪流的鬼祟”。于是乎，蝙蝠立即启动诗人的想象力，被一个借自华莱士·斯蒂文斯的词“罩衣”的销魂的引诱，以及受诸如闪色绸女晨衣的“窸窣声和瞥视”的引诱。语言的内衣和睡衣变成一种对蝙蝠和对诗人的引诱的邀请；诗人的情欲意象与表达这意象的语言所勾起的诗人的情欲兴奋合而为一：能指和所指对说话者来说是充满情欲的，如同对蝙蝠，如同对听达文讲述故事的斯蒂芬。这时，在诗中，达文的声音以占一行的篇幅插入：“如此贴近，我都能听见她的呼吸。”

此诗最后那令人安慰的话似乎是把各种同情和抚慰的声音，与这位强力诗人的声音混合起来，这位强力诗人修改一个关于民族焦虑和性压抑的现代主义和本质主义的比喻，产生一种关于飞行和无拘束的情欲活动的全新叙述：“你想在那里 / 紧贴多久都可以。没什么好隐藏的。”如果说乔伊斯的“蝙蝠似的灵魂”是一个与耶稣会条件反射作用作斗争和与清教式压抑作斗争的场所，那么可以说，希尼的蝙蝠既是对乔伊斯的成就致敬，同时也是在承认恐惧、焦虑、压抑和欲望依然深植于我们创造的文化中。（艾利森）

《希拉纳吉》

希拉纳吉（Sheelagh na Gig 或 Sheela na gig）是一种展示赤裸女子伸开双腿、两手撑开夸张的外阴的雕刻，见于教堂、城堡和其他建筑物，尤其是爱尔兰和英国的建筑物。英国基尔佩克的希拉纳吉石雕是著名例子之一。

《沟背之王》

沟背（ditchbacks），爱尔兰农村用语，用来形容水道周遭的天然地点（法贝特）；指爱尔兰农村把道路与田野隔开的生满杂草的土坡，流动锅匠常依着土坡搭起路边营帐（《爱尔兰——爱尔兰研究杂志》第 22 卷，1987 年）。综合各种资料，沟背应是指无水的壕沟或类似壕沟地形的边坡。诗中没有指名的人物斯威尼，也像流动锅匠一样四处流浪，在壕沟里过夜。

在分为三部分的诗集《斯泰逊岛》第一部分最后一个由三首诗构成的组诗中，希尼介绍了《斯威尼失常》和《斯威尼再生》中的斯威尼。他追踪一个活着的20世纪诗人与一个7世纪爱尔兰文学人物之间引人注目的关系的早期发展，后者在他的诗歌意识中占据显著位置已超过十年。(法贝特)

此诗探讨希尼与其影子斯威尼的关系，斯威尼亦是希尼本人的不寻常的自我，促使他对诗歌创作的前景保持警觉。(托宾)

我把《沟背之王》称为斯威尼的戏剧化，但也并非完全如此。它是关于希尼翻译爱尔兰诗歌《斯威尼的疯狂》时，他对自己与斯威尼融合的意识，以及他对“第二自我”的感知，这“第二自我”有时候是一种身份，与其说是影子不如说是他自己的实质。再次，我把它称为戏剧化是因为，它的方向是非常稳固地通往对一个非常不同于希尼本人的人物的理解。(坦普林)

也许这里（斯威尼身上）有一种存在，一种寓言，它可以引领我去发现自己身上各种在别的情况下无法用文字表达的情感，它还可以把一种梦想或可能性或神话投射在私人情感的漩涡上：一种客观对应物。(希尼，1977年访谈)

《斯泰逊岛》

多尼格尔郡德格湖的斯泰逊岛，与爱尔兰的保护神圣帕特里克传奇性的斋戒有种种联系，自中世纪以来就一直是一个朝圣场所，闻名于全欧洲。朝圣者斋戒和不睡觉，在岛上度过三天，赤足绕着祈祷场所的圆场——或称为“驻站”或“床”——走路、祈祷、忏悔和与其他忏悔者交流。希尼本人学生时代曾三次来朝圣。希尼之前的多位作家曾在作品中用这里的朝圣作为题材，他们包括佩德罗·考尔德伦、威廉·卡尔顿、W. B. 叶芝、肖恩·奥法莱奥和帕特里克·卡瓦纳。希尼这组诗由十二个部分构成，大多数是描写诗人 / 叙述者遇见某个鬼魂，他们有时候是一位作家，有时候是一个与希尼本人有关系的人。每次见面都对诗人的道德价值和文学价值构成挑战。(麦克雷)

斯泰逊岛，或称为圣帕特里克的炼狱，是多尼格尔郡德格湖中一座小岩岛，自中世纪以来就一直是爱尔兰天主教徒的朝圣场所。三天的朝圣包括自我惩罚式的祈祷、斋戒和赤足绕着石圈或“床”行走，这些“床”被认为是古代修道院隐修室的遗址。希尼在《羡慕与身份认同：但丁与现代诗人》中说，是爱尔兰早期文学中关于朝圣的描述带来的焦虑，使他转而把但丁在《炼狱》中与鬼魂的对话变成他自己这首诗的榜样：但丁向他展示如何“把在别的情况下不利的东西变成有利的东西”。（科科伦）

整个仪式包括赤足走在圣徒们的“床”（曾经是圆顶茅屋的地基）周围的尖石子上……（迪尤斯纳普）

希尼在诗中所遇到的鬼魂，都是“实际的爱尔兰世界的居民”，不管是他本人认识的朋友和相识者，或从他们的著作中认识的作家；他们在谈话中讨论过一种合适的生活或讨论重要艺术作品的产生。这些亡魂是来自坟墓的忠告者，对诗人在伦理领域和美学领域的责任提出种种建议。（科科伦）

这首诗没有被当作诗人可能过的众多生活来读，但我总是把诗中的出场人物当作一系列第二自我来读——这些男人的生活，是诗人在别的环境下可能过的生活。（文德勒）

Ⅰ：此诗是朝圣本身的序曲，遇见的是冥顽不化的“安息日违规者”西蒙·斯威尼，一个既令人着迷又令人畏惧的人物，他的建议是“别加入任何队伍!”（科科伦）

Ⅱ：此诗中遇到的男人是爱尔兰作者威廉·卡尔顿的鬼魂。卡尔顿（1794—1869）出生于天主教家庭，后来变成新教徒，在其《德格湖朝圣》中以批评角度描写斯泰逊岛。希尼在《踏脚石》中解释说：“他生下来就是天主教徒，一个北方天主教徒，亲身经历和目睹宗派主义的丑陋面，但依然是一个皈依英国圣公会并与‘我们部族的共谋’决裂的人。”一位评论家说：“他在有生之年成功地冒犯了每一个人。”他是凯尔特文艺复兴的先驱，叶芝认为他是“爱尔兰伟大的小说家”。

Ⅲ：关于此诗中的“海边小饰物”及其故事，希尼在《踏脚石》中有如下解释：它在家中具有遗物的地位。它保存在我父母卧室的一个餐具柜里，用白色薄纸包裹着，一个小龛穴，状如岗亭，覆盖着色彩斑斓的小贝壳。我们的其中一个过失是钻进那些深处去把所有东西都抢救出来散在地板上，而你很快就从大人的反应得知，在他们眼中，这个小龛穴——我不知道还有什么别的叫法——具有某种神圣的意味。然后，也是在颇早的年龄，我得知它属于阿格尼丝，或称作阿格尼丝姑妈，她十多岁的时候患肺结核病死去。她的名字永远是温柔的同义词。她的遗物是我最初和最后的事物之一。

Ⅳ：在此诗中，希尼遇见童年伙伴特里·基南的鬼魂，基南后来成为在热带雨林传教的神父。

基南的失败——以及教会的失败——的一条线索，也许可从他对那些他被派去救赎的人的极其狭窄的看法中找到。他对原居民的态度，是典型的欧洲的、殖民的态度——在他眼中，他们仅仅包括“袒胸露乳的 / 女人”“老鼠肋骨的男人”和“头饰”——而一个爱尔兰人是不应该这样的。（帕克）

Ⅴ：诗人遇见三位对他的个人发展产生过影响的人物。（法贝特）

此诗写到与诗人三位老师或导师的相遇，包括阿纳霍里什学校的第一位老师巴尼·墨菲和帕特里克·卡瓦纳。

Ⅵ：诗人疏远朝圣者们；他走相反的路。（法贝特）

希尼详述他从沮丧的性幻想者变成得到满足的行动者的过程。（帕克）

Ⅶ：《斯泰逊岛》第七首诗是希尼最伟大的诗歌成就之一。它深深地汲取了《神曲》的主题和风格，同时保持希尼的显著特色。此中，希尼的童年伙伴威廉·斯特拉森讲述他遭受恐怖主义者毫无动机的谋杀，死在两名下班的新教徒警员手中。（卡瓦纳）

在这首诗中，希尼面对一个店主的鬼魂，后者在教派冲突中被杀。这个鬼

魂讲述他被杀的过程。（麦克雷）

Ⅷ：在第八首中，诗人面对另两个亡魂，他们的挑战引发自责：一位考古学家朋友（其原型是汤姆·德拉尼，他 32 岁时早逝）；另一位是科拉姆·麦卡特尼，他曾是诗集《田间耕作》中的《贝格湖滨》的题材，他说出了这组诗中最无情的谴责，而且恰恰是责备诗人的诗歌本身。（科科伦）

Ⅸ：第九首描写在 1981 年 3 月至 9 月死在朗格克什监狱里的十名爱尔兰共和军绝食抗议者之中的一个（希尼想到的是他们之中的第二个弗朗西斯·休斯，希尼与休斯同属于贝拉希区，且认识休斯的家人）。

Ⅹ：第十首有另一个无生命的鬼魂：一个饮水杯，被演员们从诗人童年家中拿去用于演戏，然后归还，如同罗南的圣咏集奇迹般被水獭从湖里衔回来。（科科伦）

Ⅺ：第十一首诗中的鬼魂，是一位希尼曾经向他忏悔的修道士，后者要他翻译十字架的约翰的一首诗，作为自我惩罚的苦差事。现在，诗人迟来地作出反应，翻译了这首叫作《喜悦于通过信仰认识上帝的灵魂之歌》。（科科伦）

这首 16 世纪诗的译文，从第六节开始。（法贝特）

Ⅻ：希尼离开斯泰逊岛返回大陆，遇见詹姆斯·乔伊斯的鬼魂，后者提出与正统天主教徒朝圣对立的建议。他宣称，在孤立中独闯新路是完成诗人合适的工作的唯一途径。（科科伦）

《斯威尼再生》（选）

《第一个批注》：迈出第一步，从被认为是正确的正统路线踏入迄今为止是边缘的区域。（法贝特）

《第一个批注》开始寻找一条正当的路线，这使他回到边缘，回到德里郡

东部边缘地带，远离“伟大的历史行动”，听从“院子的节奏”。（帕克）

《在山毛榉中》：希尼回顾他青少年时代自我意识的发展。（麦克雷）

《神职人员》：指《斯威尼失常》中导致斯威尼疯狂和飞逃的主教罗南。

《隐士》：与传教人物罗南相反，《隐士》聚焦于早期基督教历史上一种同样具有象征意义的人物。隐士们一般选择遁世和苦行式的自我牺牲，不同于罗南那种带来巨大冲击的做法。（法贝特）

《大师》：《大师》是通过一种变形的方式记述我与米沃什见面。在罗伯特·哈斯和罗伯特·品斯基陪同下与米沃什在伯克利一家餐馆吃饭，这顿饭变成一个插曲，在这个插曲中斯威尼停下来请教一位住在古老塔楼里的“大师”……叶芝固然是这个人物的一个构成元素，但是我想象的这个人物——不造作、不神秘、话语清晰、其权威性源自阅历资深而非源自幻象经验——所有这一切都来自与米沃什的见面。（希尼，《踏脚石》）

《抄经员》：标题指涉《圣经》中一群抄经员，他们被视为法官。暗喻希尼在贝尔法斯特时期的一群文人，他觉得他们在他迁居爱尔兰共和国后，对他作出不合理的不友善反应。（法贝特）

《在路上》：在希尼开车行驶的道路上，他被抛入一次“迷魂”，听见基督对富人说的话“变卖你所有的，分给家人”。希尼的反应是以隐喻的方式接受基督的吩咐，收获他的诗歌天赋，把它们作为想象力的增强物给予想象力上的穷人。（克劳德）

诗人（以鸟国王斯威尼的身份）思考最终栖息在西方艺术的发源地拉斯科洞穴。考古调查不仅可以发掘死尸而且可以发现安慰人的艺术。尚未有水池供诗人饮用：作为鸟人斯威尼，他只能“在枯竭的洗礼盘里 / 扬起一阵尘埃”，

然而他希望那精神最终能够自我更新，如同源头那只鹿：为此，他将守夜。（文德勒）

《为周年纪念而作的维拉内拉诗》

维拉内拉诗体是一种两韵十九行诗体，源于法国。此诗系希尼为哈佛大学 350 周年纪念而作。

选自《山楂灯笼》（1987）*

给伯纳德和简·麦凯布

河床，干涸，半充满叶子。

我们，倾听树中的河流。

* 在《山楂灯笼》中，希尼与家乡的想象性距离从没有这么远过。从风格角度看，在《田间耕作》和《斯泰逊岛》中仍可以辨认的早期诗奢华的肌理，现在被剔除殆尽。如果说土和水是他早期作品中的主要元素，那么可以说，在《山楂灯笼》中它们已被火和空气取代。沼泽的厚重聚藏让位给预见性的事物……《山楂灯笼》是从具体关系的诗歌发展到思想的诗歌。(托宾)

在《斯泰逊岛》(1984) 的创作与《山楂灯笼》于 1987 年的出版之间，希尼均已七十多岁的父母双双去世——玛格丽特·凯瑟琳逝世于 1984 年，帕特里克·希尼逝世于 1986 年。父母的死亡在希尼诗歌的构织中造成一条裂缝，反映于一种无法改变的空虚取代了自出生以来就一直属于他的现实。纪念母亲的组诗《清理》以一个讣告结束：这里，世界不是由在它内部运动的种种在场定义的，而是由曾经存在的**实在**那被铭刻的不在场定义的。事实上，把《山楂灯笼》称为希尼的第一本虚拟之书并非夸张，诗人将继续在《幻视》和《酒精水准仪》中探索这个虚拟王国。《山楂灯笼》是一部心智诗集：它琢磨；它估价；它选择；它判断。它检视诗人那种“再想一想”的倾向，这种“再想一想”如同否定神学一样，防止全心拥抱任何事先形成的意识形态。(文德勒)

字母表

I

他父亲用交叉的手、大拇指和手指
做出一个影子，在墙上小口小口咬着
像个兔子头。他知道
他将知道得更多，当他去上学。

他在学校里第一周都是用粉笔画烟，
然后画了一根开叉的棍子，他们叫它 Y。
这叫写字。天鹅颈和天鹅背
形成 2，这回他既能看也能说。

写字板上两个椽子和一根横木
是那个有人读阿，有人读额的字母[①]。
有图表，有标题，有正确
或错误握笔的方式。

首先是“抄写”，然后是“英语”，

---

① 指英文大写字母“A”。

一把斜躺的小锄头表示正确[①]。
教室在鸦雀无声中弥漫着墨水味。
窗台上一个地球仪倾斜如彩色的 O。

II

词形变化在空气中歌唱像一个和撒那[②]，
如同《基础拉丁语》第一册
一列列层状式的单词，
大理石花纹和带威胁的，从他内心升起。

因为他接着便在一所更严格的学校受教育，
学校以那位橡树林保护神[③]命名，
上的课随洪亮钟声而变换，
于是他离开拉丁语广场[④]，去体验

他感到如在家中的新书法的隐蔽处[⑤]。
这种字母表的字母是树。
大写字母是开花的果园，
笔迹的线条像壕沟里蜷缩的荆棘。

---

① 指打勾。
② 和撒那，赞美神的话。
③ 橡树林保护神，指圣哥伦巴，他是德里郡保护神，而德里郡以橡树闻名。
④ 广场或论坛，应是一个隐喻，指拉丁语如古罗马辩论广场，处处讲规则。
⑤ 指学习本土的爱尔兰语。

在这里她穿着被束发带缠住的衣衫，赤着脚，
在谐音和林中鸟声中垂下长卷发，
这幅诗人梦境在他头顶上悄悄移动如阳光，
然后没入阴暗的灌木丛。

他学会这另一种书写。他是抄写员，
在他的白色田野里驱赶一队鹅毛笔。
在他小房间门边乌鸫猛冲轻拍。
然后是自我否定、禁食、纯粹的冷。

依据他们愈是进一步抵达北方就愈严厉的规则
他埋首书桌重新开始。
基督的镰刀已在林下矮树丛里。
笔迹日渐不加修饰，像墨洛温体。

Ⅲ

地球仪已快速转动。他站在一个木制的“O”中。
他指涉莎士比亚。他指涉格雷夫斯[①]。
时间已推倒学校和学校窗子。
压捆机吐出草捆像打印输出，那里收获季节的

禾束堆曾在根茬上造起一个个兰布达[②]

---

① 指英国现代诗人罗伯特·格雷夫斯，著有《白色女神》等。
② 兰布达，希腊语第十一个字母，大写 Λ。

而每个马铃薯坑的德尔塔[①]表面
都被轻拍整齐并用土覆盖好，以防霜冻。
全都消逝了，剩下欧米伽[②]，

那幸运的马蹄铁，还在每个门顶守望着。
然而形符语言，绝对还在传播中
如同康斯坦丁的天字“见此标志”[③]
仍能命令他；或那个通灵者[④]，

他会在他屋子那有拱顶的天花板上
挂一个彩色的世界图形，
以便他在户外散步时
看见宇宙图形，而“不只是

单个事物”。如同从他的小窗口
那个宇航员看见他一切的来源，
那升起、水状、独一、透亮的“O”
像一颗放大和能浮起的卵子——

或者像我自己睁大思考前的眼睛
兴奋地望着抹灰工站在梯子上

---

① 德尔塔，希腊语第四个字母，大写 Δ。
② 欧米伽，希腊语最后一个字母，大写 Ω。
③ 见此标志，原文 IN HOC SIGN。“见此标志，你将得胜”是康斯坦丁远征前梦见的出现在天上的字。
④ 指意大利文艺复兴时期学者马尔西里奥·费奇诺（1433—1499）。

涂着我们的三角墙写上我们的名字，
用他的瓦刀尖，一个又一个奇怪字母。

界　标*

I

当我在那里挖寻[①]，我就会看到
一颗橡果和一个生锈的螺栓。

如果我抬起眼：一个工厂烟囱
和一座冬眠的山。

如果我聆听：一个在调轨的火车头
和一匹疾奔的马。

这有什么稀奇，当我想
我原应再想一想[②]？

II

当他们谈到那只谨慎的松鼠的贮藏物

---

* 本诗题解见第 475 页。
① 挖寻，原文 hoke，乃是希尼童年听到的土语，详见题解。
② 再想一想，详见题解。

它便闪耀如圣诞礼物。

当他们谈到不义之财
我口袋里的硬币便羞红如火炉盖。

我既是交界[①]排水沟又是交界排水沟的岸
受尽两边所有权的局限之苦。

Ⅲ

两个桶比一个桶更容易提。
我在两者之间长大。

我左手放好标准的铁砝码。
右手添加使天平倾斜的最后一格令。[②]

郡区和教区在我出生之地相接。
当我站在中央那块踏脚石上

我是中流里马背上最后一个郡主
仍在谈判，在他同辈的听力范围内[③]。

---

① 交界，原文 march，详见题解。

② 格令，原文 grain，既指谷粒，也指最小重量单位格令，都是一丝儿、小点儿的意思。

③ 郡主……听力范围内，详见题解。

来自写作的边境*

严厉和空无围绕那个空间
当汽车停在路上，军队察看
其牌子和号码，当其中一个把脸俯向

你的窗子，你瞥见更多军队
在远处山上，眼睛顺着轻轻托起的枪
注视着，置你于射程之内，

接着一切都是纯粹的审问
直到一支步枪摆了摆而你
以警惕的不在乎加速离去——

有点儿更空虚，有点儿被心里
那颤动耗尽，就像往常一样，
被征服，没错，还有顺从。

于是你继续往前，驶向写作的边境，
那里同样的事情又发生。三脚架上的枪；

---

* 本诗题解见第 478 页。

巡警带着开关式麦克风重复

关于你的数据，等待粗声叫喊的
放行；神枪手在阳光中像一只鹰
居高临下盯着你。

突然间你已通过，被传讯但又被释放，
仿佛你从一道瀑布背后冒出来
驶上柏油碎石路面的黑色水流

经过装甲车，摆脱了两边
站岗的士兵，他们树影般流入
又流出光滑的挡风玻璃。

选自《山楂灯笼》（1987）

山楂灯笼*

那颗隆冬的山楂果不合时令地燃烧着，
棘刺树果，为小人物点的小灯盏，
不想再要他们别的什么，只要他们保持
不让那自尊的灯芯熄灭，
免得亮光招致他们失明。

但是有时候当你的呼吸在寒霜里腾气，
它会显出第欧根尼游荡的形状，
手上提着他的灯笼，寻找一个正人君子；
所以你最终会被他从他举到齐眉高的
细枝上那颗山楂果的背后察看，
而你退缩了，不敢去碰它那黏合的髓和核，
它那扎血的刺，尽管你希望它验证你的清白，
于是它那被啄过的成熟扫视你，然后移开。①

---

* 本诗题解见第 478 页。

① 尾行暗示你也不是正人君子，甚至不能替小人物说话。

来自良心共和国*

I

当我在良心共和国着陆
引擎停止时一切是如此寂静
我能听见跑道上空一只麻鹬。

在移民局，那职员是个老人
他从手织的外套里摸出一个钱包
给我看我祖父的一张照片。

那海关女人要求我宣读
我们传统疗法和魔法的词语
以治愈哑巴和避开邪恶的眼睛。

没有行李搬运工。没有传译员。没有出租车。
你扛着你自己的重负，并且很快
你不知不觉滋生的特权症状便消失了。

---

* 本诗题解见第478页。

II

在那里雾是一种可怕预兆但闪电
意味着普世之善，父母们在大雷雨期间
把包裹着的婴儿悬挂在树上。

盐是他们宝贵的矿物。贝壳
在出生和葬礼期间被举到耳边。
所有墨水和色素的基础是海水。

他们的神圣象征是一条风格化的船。
帆是一只耳朵，桅杆是一支倾斜的笔，
船体是一个嘴状，龙骨是一只睁大的眼。

在他们的就职典礼上，公共领袖们
必须发誓维护未成文的法律并哭泣，
以赎他们自以为是就任公职之罪——

并确认他们相信所有生命都来自
天神梦见他的孤寂无止境之后
所流的泪水里的盐。

III

我从那个俭朴的共和国回来

带着同一长度的双臂，因为那个海关女人
坚称我的行李重量限额就是我自己。

那个老人站起来看清我的脸
并说这是一种正式承认
承认我现在拥有双重国籍。

因此他要求我回家时
将我自己视为一个代表，
用我自己的语言代表他们说话。

他们的大使馆，他说，无所不在，
但都独立运作，
任何大使都不得卸任。

选自《山楂灯笼》（1987）

冰　雹*

I

我的脸被一打再打：
突来的冰雹
猛击和弹跳在路面上。

当天空转晴
某种被鞭过又知识渊博的东西
已经隐去

留下我在那里碰运气。
我把我手上流出的灼热的水
揉成一个小硬球

就像带刺痛感的真冰雹
融化不见了，而我从中
创造这首诗。

---

* 本诗题解见第 478 页。

II

尽管如此，还是要认真对待
那些阵雨的小顽童。
它们怎样拒绝批准

就把教室窗子碰得乒乓响，
像直尺抽过指关节，
它们怎样最初完美

然后很快变成脏融冰。
托马斯·特拉赫恩[①]有他光辉的麦子
作为证明和惊奇

但对我们来说，是冰雹的蜇痛
和艾迪·戴蒙[②]那双在荨麻中搜寻的
蜇不痛的手。

III

乳头和蜂房，咬肿，
这些几乎使人快乐的事物的小橡果

---

① 托马斯·特拉赫恩，15世纪英国诗人，有名句“小麦是光辉而不朽的麦”。
② 艾迪·戴蒙，应该是希尼的小伙伴。

暗示又不许碰[1]，

当阵雨结束
而一切说等等。
等什么？等了四十年

才说行了行了，你获得
对你的后果的最真实的预先体验——
就在那扩大中

当阳光在寂静里铺开
一辆其刮水器还在滑动的汽车
在融冰里留下完美轮印。

---

① 在隐喻式描写中暗示失去了童年母性的充足和前恋母情结的口腔满足。（鲁滨逊）

石头裁决

当他站在审判的位置，
拐杖在手里，宽边帽
还戴在头上，有自我怀疑
和一向鄙视甜言蜜语和借口之嫌，
如果就这样瞎判，将无公正可言。
在他用一生的沉默去依靠的终极法庭上
他期待的将不只是能言善辩。

让它像赫尔墨斯的审判，那个
石堆之神，石头即是裁决，
牢固地投在他脚边，堆在他周围[①]，
直到他站在他自己的赦罪
那齐腰深的堆石标里：也许是一根门柱
或一道倾颓的围墙，那里猪草把沉默埋入土里，
但有人终将打破那沉默说，“这里
他的精神还留存着，”而这已经说得太多。

---

① 赫尔墨斯杀死阿尔戈斯时，他被带去接受诸神审判，诸神判他无罪。他们向他脚下扔表决的石头，于是一堆石头堆在他周围。

匙形假饵*

如此，我们有了一种新的拟似物①
而我们说：灵魂也许可以跟一个

匙形假饵比较，小孩在铅笔盒的
滑动式盖子下发现它，

瞥见一次但想象一辈子，
飘升、自由，不知从哪里绕出来——

一颗流星返回黑暗中。
它既逃避他又燃烧他

像《圣经》中财主乞求的一滴水
掉呀掉呀掉进大深渊里②。

---

* 本诗题解见第 479 页。

① 拟似物，原文 similitude，也指《圣经》中的讽喻、寓言。

② 《路加福音》第 16 章：有一个财主，穿着紫色袍和细麻布衣服，天天奢华宴乐。又有一个讨饭的，名叫拉撒路，浑身生疮，被人放在财主门口，要得财主桌子上掉下来的零碎充饥；并且狗来舔他的疮。后来那讨饭的死了，被天使带去放在亚伯拉罕的怀里。财主也死了，并且埋葬了。(接下页)

然后退场，一个英雄那擦亮的头盔
摆在船体中部，下面是疾流的水。

退场，要不，一个光的玩具
逆流旋转着穿过他而去，不被任何东西绊住。

（接上页）他在阴间受痛苦，举目远远地望见亚伯拉罕，又望见拉撒路在他怀里，就喊着说："我祖亚伯拉罕哪！可怜我吧！打发拉撒路来，用指头尖蘸点水，凉凉我的舌头，因为我在这火焰里，极其痛苦。"亚伯拉罕说："儿啊，你该回想你生前享过福，拉撒路也受过苦，如今他在这里得安慰，你倒受痛苦。不但这样，并且在你我之间，有深渊限定，以致人要从这边过到你们那边是不能的；要从那边过到我们这边也是不能的。"

清　理*

——纪念 M. K. H.[①]，1911—1984

她教我她叔叔曾教她的：
最大的煤块多么容易就裂开
如果你找对纹路并拿准锤子。

那放松而迷人的重击声，
它聚集又散去的回响，
教我敲打，教我松开，

教我在锤子与煤块之间
面对那音乐[②]。现在又教我聆听，
发现那线性的黑色背后的财富。

---

* 本诗题解见第 479 页。

① M. K. H.，即希尼的母亲玛格丽特·凯瑟琳·希尼。

② 面对那音乐，意为承担自己行为的后果。

I

一块一百年前扔出的鹅卵石
继续朝我飞来，第一块石头
瞄准一位曾外祖母叛逆的额头。
小马抽搐了一下，暴动在进行。
她低低蹲伏在马车里，
在那第一个礼拜天冒险
以受惊的疾驰跑下陡坡，奔往弥撒。
他不断抽鞭穿过镇子朝着“伦迪!”的呼声奔去。

叫她“皈依者”。“异族通婚的新娘”。
不管怎样，那是我母亲
娘家传承的一幅风俗画，
而现在她走了，留给我处理。
没有银器和维多利亚式饰边，
但有那块免除罪责，也被免除了罪责的石头。

Ⅱ

擦亮的油毡在那里闪着光。黄铜水龙头闪着光。
瓷杯非常白非常大——
整套无缺损，连同糖缸和罐。
水壶鸣叫。三文治和下茶的烤饼
摆出来，合乎规范。为防止溶化
黄油必须避免阳光照射。
不可掉下碎屑。不可翘椅子。
不可伸手。不可指点。不可在挪动时有声音。

那是逝者之地新区第五号，
那里外祖父从他的住处起来
眼镜推到明净的秃头上，
迎接一个迷惑的回家的女儿，
而她甚至还没敲门。“怎么了？怎么了？”
于是他们一起在敞亮的房间里坐下。

III

当其他人都去了弥撒
我就全归她了，我们一起削马铃薯。
它们打破沉默，一片片掉下
像焊料从焊着的铁上洒落：
冰凉的舒适在我们之间形成，可分享的事物
在一桶清水里闪耀。
然后又再掉下。从彼此的劳作中
溅起的愉快小水花会使我们清醒过来。

因此当堂区牧师在她床边
为临终者竭尽全力祈祷时
有些人回应有些人哭泣，
我却想起她朝我的头低下头，
她的呼吸在我的呼吸里，我们流利下倾的刀——
我们整个余生都再没那样亲近过。

Ⅳ

害怕佯装反而使得她每逢听到我说了
“超出她理解范围”的话时
便佯装她难胜任。贝托尔德·布莱克[①]。
她每次总能使自己受阻
和出错，仿佛她唯恐会因为
咬字吐音太准而泄露
那受阻和难胜任。
更多是带着挑战而非骄傲，她会跟我说：“你
什么都知道。”所以我在她面前
管辖我的舌头，而这是一种真正
能胜任的字正腔圆的泄露，
泄露我知道得更深的东西。我又喔又呃
并得体地再次犯了语法不通，
而这使我们既结盟又非一体。

① 为了表示她理解能力有限，她（可能是佯装）把贝托尔特·布莱希特说成贝托尔德·布莱克。

V

刚从晾衣绳取下的被单的阴凉
使我觉得湿气一定还留在里面
但是当我拿起我这边被单的两角
对着她拉起来，先是垂直向下，
然后对角，然后轻摆和抖动
这织物，像侧风中的帆，
它们便发出干透的起伏的重击声。
所以我们会伸展和折叠，最后手和手
相交一刹那，仿佛什么事也没发生
因为没有什么事不是早就一直
日复一日发生过的，只是一触即离，
以退缩来再次贴近，
在移动中我是 X 她是 O[①]
印在她用拆掉的面粉袋缝制的被单上。

① 这里是指母子间疏远又亲近的紧张关系如同玩井字游戏，在这种游戏中，两人轮流在井字形方格里画“X”和“O”，谁先连成一行谁得胜。

Ⅵ

在复活节假期的第一阵兴奋中，
圣周期间的各种庆祝仪式
是我们的《儿子与情人》阶段的高峰。
午夜火光。复活节蜡烛台。
肘对肘，高兴于可以
肩并肩跪在那拥挤的教堂
门口附近，我们会紧跟
为洗礼盆祈福的经文和仪式指示。
如同雌鹿向往溪流，我的灵魂也是……[①]
浸洗。用毛巾擦拭。水继续呼吸。
水混合圣膏和圣油。
盛器叮当响。正式焚香
和被自豪地接受的赞美诗作者的呐喊：
日日夜夜我的泪水是我的面包。

① 此句与本诗最后一句引自《诗篇》第42章。

VII

在最后时刻他跟她说的话几乎
比他们一生在一起还多。
“你礼拜一就会在新区
我会来找你而你会很高兴
当我走进门里……不对吗?”
他的头俯向她被垫起的头。
她听不到但我们都感到欢欣。
他叫她乖乖和女孩。然后她就去了,
找脉搏的努力放弃了,
而我们当时在那里都知道一件事。
我们围绕着的那个空间已被清空
移入我们身上保存,它穿透
突然洞开的间隙。
高喊声塌落,一种纯粹的改变发生了。

VIII

我想到不断绕着一个空间走，
它绝对空无，绝对是一个源头，
那里被砍倒的栗树已从我们门前
那道桂竹香映衬的树篱中的位置上消失。
白屑蹦蹦跳跳高高扬起。
我听见短柄小斧错落
准确的砍伐，那噼啪声，那茂盛至
被震撼的树梢的东西的
叹息、倒塌和全面的毁灭。
曾经深植如今早已消失，我同龄的
从一个浆果罐移植到一个洞里的栗树，
它的重量和沉默变成一处明亮的乌有，
一个分枝的灵魂，永远
寂静，超越被倾听的寂静。

牛奶厂*

兔尾似的泡沫从排放管里旋出。
我们停在对岸望着
一股牛奶水从牛奶本身
被刺穿的一边流出，它物质的瓦罐溢出
漫过白色地狱边境的地板，那里轮班工人
昼夜不停地蹚着，而工厂
保持其距离，像一艘甲板明亮的星舰。

瞧我们，露水般纯洁的柔眼牛犊，
吃惊并升入荧光。

---

* 本诗题解见第 480 页。

许愿树*

我想象她是那棵死去的许愿树
并看着它连根枝一起升向天堂，
拖着一大串曾经在一个又一个

又一个需要的驱使下塞入其强壮的
白木质和树皮的东西：硬币、大头针和铁钉
从它那里源源流出如新铸造又熔解的

彗星尾巴。我有一个幻象，看见
一个高空中的枝梢飞升穿过阴湿的云团，
那棵树原址则涌现一张张仰望的面孔。

---

* 本诗题解见第 480 页。

格罗图斯和科文蒂娜*

远离家乡，格罗图斯把一个祭坛献给科文蒂娜，
她右手里握着一根水蕴草
左手提着一个溢出一条河流的陶罐。
无论在哪里格罗图斯望着流水就感到如在家中
而当他想起那块他刻上他名字的石头
他胸骨下某条干涸的水道便开始
汹涌和变暗——多少有点像
思考他的矮祭坛时对我发生的作用。

还记得当我们的电动水泵瘫痪，我们给它
注入一桶桶水想使它启动，我们白痴似的狂怒
还有卑躬屈膝地打电话给隔壁农场
请求有人能过来帮忙修理吗?
而当它又能够砰砰运转，
那龙头的充足力量带来的欢庆，那水
喷涌的纯粹事实，你怎样感到你绝不会
浪费一滴水而是会永远更好地懂得它的价值。
你认为我们能把这一切再过一遍吗?

---

* 本诗题解见第 480 页。

我将是格罗图斯，你[①]是科文蒂娜。

① 诗中的你，是指希尼的妻子。

沃尔夫·托恩*

轻如小划艇，机灵
然而被智胜，

我喜欢戴肩章和帽徽，
写一种有教养的文体，不为

我谋取的团结所动，
用一把剃刀戏弄古罗马人。

我是那支扛在肩上的桨[①]，以远离
冒险的大海和小船告终，

像一根搔痒的柱子或十字路口的旗杆，
置身于我不习惯的环境，在小农场主中间——

可我曾经被那些从海底浮出来的
男人的呼叫声唤醒，

---

* 本诗题解见第 480 页。

① 这里指涉荷马史诗《奥德赛》，忒瑞西阿斯建议奥德修斯扛一支桨去内地，直到他遇到有人不知道他扛的是什么，而以为是用来簸谷物的农具。

他们穿着衬衣在深水里攀升而上
当大西洋压碎我们船舱的舷窗盖

整个大船队断裂而爱尔兰逐渐变小
而我们在光秃的桅杆下，在狂风来临前奔逃。

来自期待之乡*

I

我们生活在祈愿语态的土地深处
在高高堆积起来的无奈云团下。
我们有生之年不会发生这句话里的失落声，
我们祈祷赐予或恩准时崩溃的神经，
都是可尊敬的，对现时来说已足够。

一年一度我们聚集在一片旷野，
那里有跳舞平台和帐篷，儿童
用古老语言唱他们死记硬背学来的歌。
一个曾在兄弟会中战斗过的拍卖商
列举我们永远认为理所当然的
种种耻辱，但就连他，我觉得，
也不把这视为一种号召行动。
铁嘴的扩音器震撼空气
然而无人觉得自己有错。他确认了我们。
当我们的反抗国歌奏起而会议结束

---

* 本诗题解见第481页。

我们便转身回家，准备在路障前
受加班的民兵一如既往的骚扰。

II

接着，突然间，出现这种语态变化。
在新装了电线的厨房里书本打开。
原本可能背靠奶牛的肋腹在瞌睡中
度过一生的年轻脑袋们忙于
铺设和用铅笔规划最早一些
横越指定文本的砌道。四边形的
铺路石紧接而来，然后是
祈使语法，要求的新时代。
他们会永久驱逐条件句，
这个生来不为我们在痛苦的
深渊中呼喊的胜利所动的世代。
我们那用最大的忍耐赢得胜利的信仰
他们诅咒，聪明机智
发亮而没礼貌，如撬棍。

III

那看上去最强大的，已活过其期限。
未来取决于来自下面的支持。
这些事情确证我们，当我们栖居
在我们的秘密赞助者，那被动

语态结构的守护天使的庇护下，
可如今它们把威胁的尖牙咬进我肩膀。
我向自己重复“受折磨”这个词
并光着头站在那堆积起来的云团下，
那云团愈来愈多地环绕着刺耳的雷电。
我向往铁锤在船体瓦叠式木板上的敲击，
有紧迫感的桨架那不妥协的报告，
知道我们中间有个人绝不会突然转向
偏离他所有的直觉认为是正确的行动，
他在陈述语气中站稳阵脚，
大暴雨一来他的船就会漂起。[①]

① 这几行指涉的是诺亚及其方舟。

淤泥异象*

心脏暴露和戴着有刺铁丝王冠的雕像
依然站在壁龛里，野兔在喷气机
打盹的肚皮下疾掠而过，我们的电脑菜单编写员
和洒喷雾剂的朋克摇滚乐手与他们之中
最出色者比高低。卫星连线
传送的教皇祝福飘荡在我们上空，直升机场
为巡演中的偶像和躺在担架上的死伤者
维持一个似受魔法保护的圆圈。我们在惊恐
与惯例之间的那条线上梦游，给我们
第一批本土模特儿和最后一个哑剧演员试镜，
在适当距离外看我们自己，优越
而欢快如一个跳板上的男人
不断地做准备活动因为他不会跳水。

接着在多雾的中部地区，它出现了，
我们的淤泥异象，仿佛一个淤泥玫瑰窗
在闪烁的潮湿中发明了自己，
一个蛛丝轮，与它自己那由星云尘垢

---

* 本诗题解见第 481 页。

构成的轮毂同心，肮脏但透光。
我们听说过太阳静止和太阳
改变颜色，但我们被赐予了
原初的泥土，被变形并高速旋转。
接着落日变昏暗，刮水器
无法完全抹净挡风玻璃，
贮水池有泥沙味，一根轻细毛
在头发和眉毛中生长，有些人
开始在额头涂上污迹
以防万一。有人开始在
用胶土填塞起来的豁口附近警戒，
祭坛上纸莎草撵走百合
而一群残疾人来来去去
躺在置于泥雨范围内他们可租用的床上。

见过征兆的一代人！
那些夜晚我们站在棕土露水中，闻着
马鞭草中的霉味，或醒来时枕头上
有一条浅浅的犁沟痕，当大家都在谈论
谁见过它，当我们的畏惧
夹杂着一种秘密的自豪感，只有这时我们自己
才能胜任我们的生命。当彩虹
呈洪水棕色沿曲线运动，如同河鼠背，
使司机们在硬质路肩上停下来观看，
我们便希望它消失，然而我们又觉得它是一次测试
这测试将证明我们超乎预期。

选自《山楂灯笼》（1987）

当然，我们活到知道此事的荒唐。
有一天它不见了，曾是它颤抖的花冠
保持平衡之处的东边三角墙
再次变成赤裸裸的废墟，蒲公英
高高飘荡在壁架上，苔藓
继续在其蔓延中沉睡。随着照相机
从每个角度扫射那个地点，专家们
也开始他们事后喋喋不休的评说而我们大家
全都费力挤进来等待夸夸其谈的解释。
就这样，我们忘记了那异象是我们的，
是我们了解无与伦比的事物
和跃入未来的唯一机会。本应是起源的东西
被我们在新闻中耗掉。那个被澄清的地方
既没找回我们也没找回它自己——除了
你可以说我们活了下来。那就说吧，然后望着我们，
有机会成为既坚信又疏远的泥人的我们，
显现在我们自己的眼睛里，供世界的眼睛观看。

消失的岛屿*

当我们以为给自己打下永久的基础
在它的蓝色群山和那些无沙的海滩之间，
那里我们在祈祷和守夜中度过难熬的晚上，

当我们捡来些漂流木，做了炉床，
把我们的大锅挂在它的苍穹里，
岛屿便在我们脚下破碎如海浪。

支撑我们的土地似乎只有当我们
在绝境中拥抱它时才是坚固的。
我相信那里发生的一切都只是幻象。

---

* 本诗题解见第483页。

粗　筛[*]

你从未见过用它但仍能听见
跳跃在网孔上的东西过滤和落下，

小小吵闹中的土块和叶芽，
细泻成堆，累积在它下面。

哪个更好，是粘住的还是落下的？
或者，选择本身创造价值吗？

双腿叉开，双手灵活，开始一次模拟表演
从想象的事物中过滤出对事物的感觉

然后弄清楚在那个关于用粗筛
提水的人的故事中究竟发生了什么。

它是应受责备的无知，或者更确切些，
是一种透过下降和失落而达到的否定神学？

---

* 本诗题解见第 484 页。

题解

《界标》

标题原文 Terminus，既指界标之神忒耳弥努斯，亦指界标、界限、界线、终点。

我的《界标》写于 20 世纪 80 年代中期，写于那个绝食抗议后的世界，当时北爱尔兰的政治局势完全卡住和塞住，爱尔兰共和军的运动没有减弱的迹象，撒切尔夫人的政府准备容忍所谓可接受的暴力水平。也许这就是该诗在延滞中结束的原因，所谓延滞是指伯爵停在河流中央，其对手则在他所不能企及的河对岸。这首诗说，一个分裂的世界的遗产是带来伤残的遗产；它使其居民陷入圈套，把他们逼进各自立场坚定的死角，削弱他们可以自由和有创造力地行动的意志。但在那个时刻之前和自那个时刻之后，事情已变得不一样，并且一直以来都不一样了。（希尼，《值得一提的事情》）

【挖寻】当我听到有人说“hoke”（挖寻），我便回到我自己身上那个最初的地方。它不是一个标准英语词语，也不是一个爱尔兰语词语，却不可移除地存在于那里，埋藏在我自己的言语的根基中。就在我脚下，如同我在其中成长的那座屋子的地板。可以说，是值得一提的东西。这个词的意思是到处拱、刨、搜、挖，而这也正是一首诗要做的事情。一首诗把鼻子探向地面，追踪一条足迹，一路凭直觉搜寻，朝着它所关注的东西的真正中心走去。事实上，正是“hoke”这个词本身触发我写《界标》。（希尼，同上）

【再想一想】成长于北爱尔兰而又不或迟或早被迫去再想一想，是很困难的。周围的分裂是如此严重，人们总是遇到界线，使他们立即止步。再想一想意味着承认真理是由不同的“蒂尔曼”（属于某修道院或教堂的土地，特别划出来给予神职人员使用的土地）的界线划出的，它必须顾及相反的说法。如果一个人说太多厨师糟蹋了肉汤，另一个就会说几只手可减轻工作。如果一个说小洞不补，大洞吃苦，另一个就会说杯到嘴边还会失手。乌尔斯特是不列颠的，一个说；乌尔斯特是爱尔兰古老省份乌喇，另一个说。在交界排水沟一边，你说土豆；另一边，我说地蛋。这些互相对立的说法是作为人类一员的活生生成分。但在北爱尔兰，它们获得某种特殊的地方强度。（希尼，同上）

【交界】“March”（交界）一词是我小时候一再听到的——但不是抗议游行、奥兰治游行和学徒兄弟会游行这类通常语境上的意思（按：march亦有游行、行军等意思）。在那些日子里，在那个地方，游行季节是每一个季节，因为游行的是土地本身。该动词意思是在边界相会、被毗连、被匹比和被划线隔开；一个农场与另一个农场接界；一块地与另一块地相邻；而使它们分开的，是一条排水沟或一道交界篱笆。该词的意思不是以军事风格行走，而是紧贴、并排、接壤和被接壤。这是一个承认分歧的词，但也包含团结一致这个明确暗示。如果我的土地与你的土地接界，我们便是被那条边界结合在一起又被它分隔开。（希尼，同上）

【郡主……听力范围内】前殖民地时期爱尔兰历史上伟人之一蒂龙伯爵休·奥尼尔，是最后一位抵抗伊丽莎白一世女王的都铎军队的本土领袖，最后一位奋起反抗的伯爵，也是最早内心被两种不同的政治效忠撕裂的人之一，这种撕裂直到今天依然以致命的力量在北爱尔兰内部运作着。根据英国法律，奥尼尔是蒂龙伯爵，因此，按伊丽莎白女王的理解，他应是英国女王在爱尔兰王国的忠心耿耿的代表。但是奥尼尔在血统上和宗谱上都是爱尔兰人，是神话般的爱尔兰领袖“有九名人质的尼尔”的后裔，因此在爱尔兰人心目中，他是盖尔人的奥尼尔家族的世袭领袖，命中注定要扮演捍卫盖尔人利益、与英国人对抗的角色。这里不是详述伊丽莎白在爱尔兰各场战争历史的合适场所，这些战争以1601年休·奥尼尔和红休·奥唐奈领导下的爱尔兰人在金塞尔战败告终；但是在这些漫长战争过程中发生的一件事，至今依然吸引我。

事件发生在1599年9月某日清晨，当时奥尼尔的部队把英国军队赶入他自己的土地，在劳思郡和阿马树林茂密的乡村里。英国远征军领袖是伊丽莎白女王的宠臣埃塞克斯伯爵，在他采取这次行动之前几个月，女王都一直在命令他行动。但奥尼尔是一位谈判大师，且擅于延迟对抗时刻，因此他设计邀请埃塞克斯与他在当今的劳思郡的格莱德河畔举行会谈。奥尼尔骑着马，来到河流中，水及马肚，他那些讲爱尔兰语的士兵则跟在他后面。他用英语跟埃塞克斯说话，后者站在河对岸面对他。埃塞克斯奉命以叛国之名追捕奥尼尔，但在这里，他跟奥尼尔谈话，更像曾经的老朋友而不像注定要成为的敌人——因为奥尼尔在早一代的时候，曾经是伊丽莎白的廷臣，而他当时在英国的赞助人则是埃塞克斯的父亲、第一代伯爵沃尔特·德弗鲁。因此，对他们俩来说，河边会面是这次暴力行动中的神秘转折、停顿和定格，是两岸的人都能看到正在发生什么事情但都听不到他们说什么的时刻。两人都是单独的，他们的行动的后果暴露无遗：奥尼尔已被视为叛国者，而埃塞克斯则因为同意在这一刻停火而将被女王视为背叛者，事实上真的在年底前以叛国罪被处死。奥尼尔的最终失败也为时不远，就在一两年时间里。但暂时，岌岌可危的平衡得到维持，河水在流，天空在他们头上悄悄移动：

郡区和教区在我出生之地相接。
当我站在中央那块踏脚石上

我是中流里马背上最后一个郡主
仍在谈判，在他同辈的听力范围内。

鉴于他们所处的历史环境，奥尼尔和埃塞克斯都不可能越过河，到对方那一边去。他们的界线已变成某种不可更改的军事界线。他们在界标处，就界标这个词的极端意义而言（按：这个词除了有界标、界限的意思外，还有终点的意思）。没有存在两个真理的余地。决定该问题的，将是权力的残暴而不是心灵的作用。然而当我们想象该场面，我们都希望他们能够摆脱历史的圈套。我们希望天空在他们的头顶上打开，准许他们摆脱他们那离不开大地的命运。即使我们知道这样的摆脱是不可能的，可我们依然希望有那样一个条件，使渴望已久的事情和实际的事情能取得一致。一个边界被跨越而不是被争夺的条件：

流水从不令人失望。
涉水而过永远会去得更远。
踏脚石是灵魂的停歇站。

（希尼，同上）

《来自写作的边境》

此诗写的是对被审问的意识。首先是在军事检查站，然后是作为作家面对公众评价其作品。（麦克雷）

《山楂灯笼》

山楂对我来说永远有一种奇怪的吸引力。我喜欢它作为一种小东西，作为大地的一种小水果或小石头。我也喜欢诗中那句“为小人物点的小灯盏”。这是一种看待诗歌功能的真正的中年视域。然而我其实应该说……诗歌的功能是拥有比这更大的火焰，但人们对自己的期待不应多于合适性。他们不应把诗歌的行动——而诗歌的行动在其最高状态的情况下是视域性的行动——与我们生活中的实际性相混淆，因为我们的生活充其量也只适合我们较小的尺寸。在《山楂灯笼》这首诗中，有一种意识，意识到正在接受考验并赢得了继续前进的权利。（希尼，1988 年访谈）

《来自良心共和国》

这首诗是应大赦国际之约而写的，在 1985 年 12 月 10 日人权日发表。

我觉得，良心应该是一个共和国，一个寂静、孤独的地方，那里一个人会觉得很难回避自我意识和自我审视；这使我想起奥克尼群岛。我记得我第一次着陆那里时的寂静。当我从一架小型螺旋桨飞机下来，开始越过一片草地走向一座下机旅客小屋时，我听见一只麻鹬的叫声。当这个意象出现在我脑中，我便一飞冲天，想象一个我觉得既可行又不受约束的虚构作品，一个虚构的东西，可以放在天平上，来平衡世界的已知真实情况。（希尼，《人权，诗学纠正》

《冰雹》

这些冰雹，如同约翰的启示录中那些可怕的冰雹，是一个极权制度的客观对应物，该极权制度由那些似神的“统治者”构成，他们通过发配惩罚来传达他们既成的价值。为了救赎或重估，为了发起他自己的反启示录（他在其中完美他自己和他的文化的不完善），他从原本压迫他的东西中创造某种东西——某种他可以用来作为反对他的压迫者的武器的东西（做了一个小硬球）。《冰雹》如同弗罗斯特隐喻的“冰块”，融化了构成它的东西。它追踪作者与所有权威（包括他自己）的关系。到底希尼很早就深有体会的这种痛苦，这种来自内部和外部的压抑和压迫的冰雹有什么好呢？他问道：“等什么？”汽车挡风玻璃还是诗人的视野和文本的隐喻，它试图看透和理清以往的种种分歧。（哈特）

《匙形假饵》

死后，灵魂不受依附之累，飘升而自由，不知从哪里绕出来。这是它真正的特点。本诗最后四行呈现一系列形象，它们不可避免地朝着本源的乌有延伸而去。（托宾）

《清理》

《清理》（*Clearances*）由八首十四行诗组成，作为希尼献给1984年逝世的母亲的挽诗。标题“Clearances”有多种意思。整理和清除残骸是一种clearance（清理）。19世纪人们被强迫迁离在苏格兰和爱尔兰的土地是“cleared”（搬迁，清理，清除）。允许船只进出或飞机起落称为“clearance”（许可）。某物被移开留下的空间亦称为“clearance”（清空）。（麦克雷）

在《清理》第七首，也是关于诗人母亲去世的诗中，她丈夫和孩子们守在床边，变成与把他们联系在一起的死亡为伴。这首诗是终极的不加雕饰的表达之一，呼应那被清空的空间，也是这首诗赋予这组挽诗的标题《清理》（这个词，在爱尔兰有着强大的历史反响）。（文德勒）

八首十四行诗构成了《山楂灯笼》的中心，以自传那种更亲密的措辞探讨女性的秘密。这些十四行诗是小花饰，哀悼希尼的母亲和追踪他的家系中独特的女性遗产及其对他的想象力和身份认同的影响。作为题词的诗，唤起“聚集又散去的回响”，它回响在整首组诗和整本诗集中。那回声是母亲教导儿子的东西，它是一种要比儿子从父亲那边继承下来的挖掘更困难的东西：如何倾听“发生的事情的音乐”以外的无声，空无本身的无声。（托宾）

《牛奶厂》

在诗中，看似微不足道的事情——在当地牛奶厂，牛奶突然从容器里喷出——蕴含更深刻的意义，因为它使人想起十字架上的基督被刺穿的一边流出的牺牲之血……虽然工厂工人依然被困在一种“白色地狱边境”里，但是诗中的年轻说话者及其同伴们仍未受到对人类概念性理解的常规的洗礼，因而得以被送入某种类似天堂般光辉的境界里：“吃惊并升入荧光。”（奥格）

《许愿树》

另一首写树的诗，也是关于失去母亲的，叫做《许愿树》。这首短诗中去世的女人，是我妻子的母亲，我把她与一棵生长在她们家附近的树联系起来，人们过去常常去那里许愿并把硬币塞入树干。（希尼，《踏脚石》）

我那时一直在写一些关于失去父母的诗，失去父母被想象成虚无的空间，耸立着这些不同的树，它们成了一种似乎永远不变的风景的一部分。自然地标变成瞩目的不在场、各种间隙、喷绘在空气上的怪异光亮。（希尼，转引自克劳德和霍尔）

《格罗图斯和科文蒂娜》

科文蒂娜是古凯尔特女河神，现时英国农村河流源头仍可零星找到对她的供奉。诗人想起其中一个这样的古祭坛，其石头上刻着“格罗图斯”，一个罗马人的名字。罗马人曾占领英国数百年。

《沃尔夫·托恩》

沃尔夫·托恩（1763—1798），爱尔兰一个重要的革命性人物，联合爱尔兰人组织的创办成员，被视为爱尔兰和共主义之父和 1798 年爱尔兰叛乱的领袖。

在《沃尔夫·托恩》中，希尼采用了一个历史面具，也即这位新教徒民族主义者，他曾于 1796 年和 1798 年企图在法国海军援助下发动起义，但都失败了，第一次风暴瓦解了舰队，第二次法国战舰在西岸附近被拦截，托恩被俘。

他被判处死刑，但他在狱中自杀。沃尔夫·托恩原应像一艘小划艇在历史潮流中漂浮，但他却以割喉自尽告终。（文德勒）

《来自期待之乡》

《来自期待之乡》把悲伤的老一代——无奈地执行仪式性的民族主义常规，包括雄辩术、舞蹈和歌曲——与年轻一代（希尼自己那一代）加以对比，后者受过大学教育，是行动分子，在街上游行争取民权，要求变革。然而希尼不允许他自己那一代占优势。诗中讲话者是其中一个老人，他充分意识到民族主义那憔悴的期待的疲惫，却又反感年轻人精明的方阵……第一部分中的斜体字（按：中文版为楷体字）本身即蕴含天主教忍耐的叹息。在第一部分哀叹式风格确立之后，希尼转向老一代对新一代那种傲慢而顽固的论述的看法（他们受益于 1947 年联合王国《教育法案》，该法案赋予他们接受高等教育的权利。）……随着该诗继续其语法游戏，讲话者意识到旧祈愿语态的软弱，然后又不喜欢新祈使语气那种“永久驱逐条件句”的架势，于是期待大洪水，渴望出现一个人，一个新诺亚，“他在陈述语气中站稳阵脚，/ 大暴雨一来他的船就会漂起。”虽然此诗的组织也许因其语法盔甲而显得过于系统化，但是它的三部分——民族主义者耗尽的祈愿语态、青年的祈使语气和对陈述语气的渴望——却勾勒出北方天主教的状态及其互相竞争的论述，而又完全不提及其名字。（文德勒）

《淤泥异象》

朗格制作了一个巨大的“花面孔”或玫瑰窗型的结构，完全是用他的手蘸了淤泥然后把手印按上去，以此开始的四个手印，状如十字或罗盘。当你在东北方、西南方增加四个，以此类推，你就有八个，从中心辐射出来——然后你又开始从那里向外移动。如此一来，形成一个淤泥做的巨大设计。这就是此诗最初的灵感。但很显然，整个爱尔兰天主教亚文化也都进入其中了，包括幻影和移动的雕像，等等。（希尼，1988 年访谈，转引自托宾）

《淤泥异象》是一首根植于较古老的爱尔兰生活记忆的诗，但也朝着一个仍在形成中的爱尔兰打手势。它有些源头，是我个人过去的某些事件，并有其暗示性的意义，暗示那似乎是发生在现在和未来民族心灵中的东西。

此诗是一个戏剧独白，说话者是某个社区的成员，该社区具有现代性的虚饰，但没有其精神实质。接着，突然之间人们见到天上的异象，它看上去像一个在空中旋转的巨大泥轮。这个异象传达某种深植于民族性格中的东西，并且对他们来说具有某种宗教气氛，因此只要它是明显的，他们便能体验到一个独特的时刻，自我相信的时刻，某种再苏醒的时刻。然后那个淤泥异象消失了，人们回到世俗、日常的世界……

在这首诗的虚构中，说话者属于这样一个社区：宗教的、农村的、迷信的，对他们所见的异象的陌生感感到迷惑，但在最深层次里，又对它很熟悉。然而他们周围的世界与所有这一切都格格不入：普通人把有关他们经历的事情的世俗评论视为"喋喋不休的评说"。

你可以说，他们是这样一种人，在他们身上正在展开争夺现代爱尔兰灵魂的战争。用我在另一处评论他们的话来说："他们被弹出那个有着慑人的目光的世界，那里相信奇迹、太阳停止和太阳改变颜色……他们进入媒体行话和后现代世界。他们被逐出一种与德·瓦勒拉（1959—1973 年担任爱尔兰总统）的爱尔兰文化大致相似的文化——节俭、先天论和内向，但依然倾向于一种超自然维度；他们发现自己置身于一个全球化、去神圣化、消费主义的世界……"

但那淤泥又是怎么回事，你可能会问。那异象是一种半宗教异象，其形状如同大教堂的玫瑰窗，而这形状就是艺术家理查德·朗格在 1984 年"异象的诗歌"展览期间在健力士啤酒店墙上创作的形状。朗格把手浸入淤泥里数百次以至数千次，制作一张用泥印印成的花面孔，而在想象力的自由发挥中，我对它的记忆浮现并与早年所见的奇迹场面合并。

诗结尾暗示信仰的失落——不一定就是宗教信仰，更多是人们对自己的信念的失落。失望是普遍的。在此之前他们有信仰和独特的启示；现在他们剩下现代性的虚饰，生活在一个他们理解但不再感到熟悉的世界。他们已疏远发生在他们身上的事情，于是"费力挤进来等待夸夸其谈的解释"……（希尼，《淤泥异象》）

此诗以一种苦涩的嘲讽描绘一个未透露名字的国家，这个国家似乎被夹在迷信的过去与被偶像崇拜定义的未来之间，那偶像崇拜钝化感觉，并在文化中制造一种破裂意识，其结果是精神无能。（托宾）

希尼抓住了一个无能国家的“优越而欢快”的自满，它沾沾自喜于自己的政治灵活性，以此掩饰其优柔寡断……此诗耗尽力气试图想象“淤泥异象”如何驱逐传统宗教（纸莎草取代祭坛上的百合，残疾者在泥雨下排队等待治疗，等等）。不用说，最终异象在专家们的“事后喋喋不休的评说”中消失了。说话者说“（我们）有机会成为既坚信又疏远的泥人”，但在犹豫中，所有机会都失去了。（文德勒〔S〕）

《消失的岛屿》

最后一行那最后才恍然大悟的反应是我关于“写作的地点”的第三个讲座的主题：说话者拥有他的岛屿的经验，却不知道他要赋予它什么价值，于是走在一条延伸于两种相反的真理之间的不确定性的钢丝上。首先，发生在那里的一切事情似乎是幻觉，不可靠地主观，甚至是自欺，因此是不可信的；其次，恰恰因为那经验是自我诞生的，并具有梦境幻象的怪异清晰性，它那独特的氛围才超越寻常事物的平庸可靠性并博得被唤醒的想象力的赞赏。（希尼，《写作的地点Ⅲ》）

我想到的其实是在一场迫使人们重拾他们的虔诚的政治危机中会发生什么。当威胁降临，人们都变得更简单和更清楚。例如，爱尔兰民族主义这个理念，受到修正主义者和各类怀疑论者和评论者的嘲弄，但是如果爱尔兰遭侵略或威胁，他们可能就会三思；在绝境中，人们开始意识到对他们来说什么才是宝贵的。当条件较宽松和宽裕，人们便忘记基本的东西。记得威廉·布莱克说什么吗？“逆境绷紧，顺境放松。”

（最后一节）产生于当代爱尔兰生活经验。如你所知，它是建基于圣布伦丹航海的那次事件，僧侣们下船登上一个小岛，原来那是一头沉睡中的巨鲸的脊背（指第二节）。这件事既是事实又像做梦，既意料不到又预先知道，如同诗歌本身。我认为，一首诗要做的，就是在已知环境下，在寻常和特定环境下

开始，然后像跳蹦床那样脱离它们，进入某种更梦幻和抽象的境地。（希尼，1998年访谈）

《消失的岛屿》表明希尼在溶解其原本的风景，以便把它移入幻象。其风格和题材都暗示把土地转变或溶解成意念。诗中描写的岛屿可以是爱尔兰、斯泰逊岛或那认定现实是牢固的自我之岛。《消失的岛屿》探究根基的空虚，探究在生存那持久的无家状态中安居的可能性。虽然有这种无根感，但是炉床创造了一个中心，围绕它，生命变得可承受和可理解。它的大锅是一个苍穹，一个宇宙。然而，当岛屿在这些无名开拓者脚下破碎时（他们的旅程意在使人想起圣布伦丹及其僧侣们的旅程），便发生概念的转变。这个转变建立在一个悖论的基础上：支撑的土地只有在"绝境中"才可以拥抱。如同在《半岛》中，只有看到水和陆地都去到了尽头时事物才显得像明确建立在自己的形状上。《半岛》预示着希尼深入到爱尔兰地形学和他自己的自我感觉之下的文化源头里去。但是现在，意识的地平线已不再等同于地理的地平线，反而是地理本身反映了意识的内在状态，而这是由该诗最后一行的宣称表达的："我相信那里发生的一切都是幻象。"事物不再建立在自己的形状上，而是由周遭的空虚创建，那周遭的虚空几乎使事物变成超自然现象。（托宾）

《粗筛》

《粗筛》改变了关于尼奥柏的女儿们用筛提水的神话，把它变成对诗人的惩罚——用没完没了的价值之筛提水……在"否定神学"中，你只可以用"否定方式"也即"他不"的方式来理解上帝：他不会死，他不会受苦，他不会改变，他不会作恶，如此等等。在这个对信仰的定义中，人们通过排斥虚假而不是确定真实来坚守虔诚。死亡带来的下降和失落，随之而来的人们对生命是什么或可以是什么的意识的腐蚀，无把握的"过滤"的沮丧——所有这些都是那形而上的"粗筛"的元素……利用诗歌文本的筛网和"否定神学"（而不是希尼常常被要求去做的"站边"）意味着似乎把更少的水带给干渴的民众……通过忠实于自己的下降和失落，诗人最终也许比他可能会太乐观地号召同胞去参与单一地设想的事业更有益于他们。（文德勒）

选自《特洛伊之疗》（1990）*

* 《特洛伊之疗》是希尼英译的索福克勒斯悲剧《菲罗克忒忒斯》的书名。书名是指菲罗克忒忒斯被弃置在一座荒岛，身上有一个无法愈合的伤口，伤口必须等到他重新加入没有他就不能终结的特洛伊战争的时候才能治愈。菲罗克忒忒斯参加了远征特洛伊的希腊联军，途中被蛇咬伤，一直不能痊愈。由于疮口恶化和他不停的痛叫声，希腊军队把他遗弃在楞诺斯岛，他因此在岛上苦熬了九年。菲罗克忒忒斯是著名的弓箭手，也是赫拉克勒斯的朋友，赫拉克勒斯死前把涂有毒血的弓箭传给他。后来，预言家说，没有赫拉克勒斯的毒箭就不能攻克特洛伊，所以希腊联军便派遣奥德修斯和勒奥普托勒摩斯把菲罗克忒忒斯带到特洛伊。他本来不想出战，但赫拉克勒斯显灵，要他出战，并说等他到了特洛伊，伤口就会被治好。他果然被治好，并投入战斗。

来自楞诺斯岛的声音

I

合唱队

菲罗克忒忒斯。

　　　　　　赫拉克勒斯。

　　　　　　　　　　奥德修斯。

英雄们。牺牲者们。诸神和人类。

全都摆架势，他们每一个人

都相信自己是对的，他们全都喜欢

重复他们自己和他们最后一个错误，

不管什么。

　　　　人们如此深地陷入

他们自己的自怜以致自怜使他们振作。

他们如此坚定和真实，他们是真理的支柱，

闪耀着自爱之光，像擦亮的石头。

他们整整一生都用来欣赏

自己长期遭受的痛苦。

　　　　　　　　　用强光照射旧伤疤

然后把它们当装饰品到处炫耀。

我厌恶它，我一向厌恶它，我自己
也是它的一部分。

II

菲罗克忒忒斯对勒奥普托勒摩斯

诸神诅咒它！
　　　　　但诸神诅咒的是我。
他们让我的名字和故事被抹掉。
真正的罪犯溜之大吉
而我仍在这里，腐烂如麻风病人。
告诉我，孩子。阿喀琉斯是你父亲。
你可曾听他提到过
有一个人继承了一把弓——
就是属于赫拉克勒斯的，也是
赫拉克勒斯给了他的那把弓和箭？
孩子，你是否从未听说过菲罗克忒忒斯？
听说过第一支舰队开往特洛伊时
他在一座神殿被蛇咬伤的事？
还有他的疮怎样爆发
并在指挥官们的命令下被放逐到孤岛？
让我告诉你，孩子，他们怎样遗弃我。
大海和海浪使我筋疲力尽，
于是我在岸边岩石下
打盹睡着了。
　　　　　而当时当地，就那样，

他们继续前进。

　　　　　　　而他们还很高兴。

　　　　　　　　　而他们仅留给我

一样东西，就是一捆旧破布。

总有一天我要他们全都在醒来时

面对我那天面对的。想想吧，孩子。

海湾空无一人。舰队不见踪影。

绝对孤寂。那里什么也没有

除了浪潮的拍击和我暴露的伤口的跳动……

这是一座荒岛。谁也不会

到这种地方来。什么也没有。

没有什么能吸引瞭望者的眼睛。

没有任何神志清醒的人会靠近它。

难得一两个出现在这里的

也是意外，非他们所愿。

他们会可怜我，很自然。

他们分我补给品，给我衣服。

但他们没有一个想过，想过

要把我也带上船，送我回家。

　　已经有十年了，每天都是一个

流泪的伤口。十年的悲惨——

这就是我的效劳带给我的全部。

这就是我要感谢奥德修斯

还有墨涅拉奥斯和阿伽门农的。

诸神诅咒他们全部！
我要求得到我应得的报应。

Ⅲ

菲罗克忒忒斯

你可以给我一把剑吗？或一把斧头？或别的什么？

合唱队

用来干什么？

菲罗克忒忒斯

用来干什么？你以为要用来干什么？
用来砍脚砍头砍手。用来砍断自己
获得解脱。我要离开。

合唱队

离开去哪里？

菲罗克忒忒斯

离开去死神之屋。
去找我父亲，他正坐在
泥屋顶下等待。我将回到他那里，
从光中，从他对我离开那天的
记忆中。
我们将再次流连

河岸，观看希腊人抵达
而我出发去特洛伊，以全部诚意。

Ⅳ

合唱队

人类受苦。
他们互相折磨。
他们受伤害变强硬。
没有诗、戏剧或歌曲
可以完全纠正一个
蒙受且忍受的冤屈。

历史说，别对坟墓的
这一边寄以希望，
可一生中有那么一次
渴求已久的公正的海啸
会升腾起来，
于是希望和历史押韵。

所以要希望，伟大的巨变
将在复仇的远端骤起。
要相信更远的海岸
可从这里抵达。
相信奇迹
和治愈和疗泉。

把奇迹当作自我治疗，
绝对的自我启示，
过后才恍然大悟的感觉。
如果山上有火光
和闪电和风暴
而一个神从天上传话

那将意味着有人在听
新生命呱呱坠地的
叫喊和第一声啼哭。
那将意味着一生中有一次
公正会升腾起来
于是希望和历史押韵。

菲罗克忒忒斯

赫拉克勒斯：
　　　　　我看见他在火光中。
赫拉克勒斯
　　　　　在空气中闪耀。
我听见赫拉克勒斯的声音在我脑中。

合唱队

我已打开了生者与死者之间
那条封闭的道路
为你扫清正确的途径。

现在我是赫拉克勒斯的声音。

在这大地上我的劳作是
通往上层空气的踏脚石。
那些受苦并有好结果的生命
都被永恒之光从背后照亮。

去吧，菲罗克忒忒斯，随同这少年，
去吧，得到治疗并攻下特洛伊。
阿斯克勒庇奥斯[①]将使你完整，
使你肉体和灵魂获解脱。

去吧，带着你的弓。结束我们
这场战争的脓疮和残暴的僵局。
以公平战斗赢得胜利。但要懂得
在胜利后避免报复式的屠杀。

然后只拿走战利品，最终
驶离你过去的噩梦。
要献祭。把战利品烧给我。
射箭纪念我。

但是特洛伊城沦陷时
要保留神殿。对诸神表示尊敬。

① 阿斯克勒庇奥斯，医药之神，希腊舰队的医生。

对诸神的敬畏要比我们
个体必死的生命更长久。

V

合唱队

现在是内心高水位
和涨潮的时刻，
该去了。
浪沫中的海仙女
现在将是合唱队。
还有什么要说？

要怀疑太多花言巧语
但永不要封闭心灵。
是一阵幸运风
把我吹到这里。我离开，
半准备好相信
一种损伤的信任也许能够行走

而那半真实的押韵词是爱。

选自《幻视》（1991）*

* 书名原文 Seeing Things，意为产生幻觉，字面意思是看见东西或看见事物。

对希尼来说，哪怕是死亡的空白也不能摧毁无人居住的大自然之美。他的眼睛、耳朵和上颚依然一如往常对其视觉、声音和味觉作出热烈的反应。这是《幻视》这个书名的第一个含义——在死后重新察视现象世界——但第二个含义是一种半幻象的眼界，或精灵的震颤，以华兹华斯式的想象力“看见事物”。（文德勒）

在《幻视》出版后不久希尼宣称：“过去十年间发生在我身上的最重要事情是守在两张临终床边”——指他母亲 1984 年去世和父亲 1986 年去世。一如我们所见，《山楂灯笼》包含纪念他母亲的抒情诗；而他父亲的去世则构成《幻视》的重要主题之一。但是处理父母的过世，并非这两本诗集的唯一特色：希尼对欲从隐匿处出来的精灵的沉思（在《斯泰逊岛》就已开始）并没有在《山楂灯笼》结束，而是在《幻视》中持续了下去。（富马加利）

《幻视》从维吉尔和但丁作品中的死后生命的视域汲取灵感，以便处理父亲的去世。书名《幻视》既指涉坚固而波动的物质世界又指涉一个被幽魂纠缠的幻觉的想象世界。（英文维基百科）

金　枝*

（译自维吉尔《埃涅阿斯纪》第六卷）

埃涅阿斯在祈祷，紧扶着祭坛，
这时女预言家开始说："诸神的血亲，
特洛伊人，安基塞斯之子，下到阿维尔诺[①]的道路是容易的。
黑色冥王的大门日夜敞开着。
但沿着你的足迹返回到上层空气，
这才是真正的考验和真正的困难。
有少数人能做到，他们是公正的朱庇特
所宠爱的诸神的儿子，或在一片英雄的荣光中
升上天堂。森林覆盖着下半边，
泣川蜿蜒穿过黑暗，舔着它的两岸。
不过，如果爱如此折磨你而你如此希望
两次航行这冥湖和两次巡视
阴间的黑暗，如果你非要去到被允许范围以外，
那么要先了解你必须做的事情。
有一棵树，浓密处藏着一枝金做的枝条，

* 本诗题解见第 557 页。

① 阿维尔诺，湖名，通往地狱的入口。埃涅阿斯正是从这里一个岩洞里进入冥界。

它的叶和软细枝也是金做的。
它是冥界的朱诺[1]的圣物，她是它的主顾，
它上面覆盖着一片小树丛，那里深深的阴影
沿着远方树木茂密的山谷汇集。谁也不许
下到这大地的隐匿处，除非他首先
从那棵树上折下这条金羽树枝
然后把它送给美丽的普洛塞尔庇娜，因为按规定
它属于她，是她自己的特殊礼物。当它被折下
另一条就会从原处长出，再次是金枝，
金枝上长出的叶子也照样闪耀。
因此要详查细看，而当你找到它
就要勇敢和及时抓住它。如果命运召唤你
那金枝就很容易得手，自己心甘情愿给你。
否则，不管你汇集多大的力量，你都
撼不动它，用最锋利的刀也砍不断它。”

① 冥界的朱诺，指下面的普洛塞尔庇娜。

标　记*

I

我们标记足球场：四件夹克作四根球门柱，
如此而已。场角和方格
在那里就像坑坑洼洼地面下的
经度和纬度，以便
需要时谈判，同意
或不同意。接着我们挑选球队，
点了名便跨到那条画线背后。

少年们在一个球场里大嚷大叫
当天光暗下去他们还在踢个不停
因为这时候他们是在头脑里踢
而实际被踢的球反而有一种做梦的沉重
落到他们身上，而他们自己在黑暗中
气喘喘的呼吸和草地上的打滑
听上去就像另一个世界里的努力……
那感觉快速而恒定，一场不需要

---

* 本诗题解见第 557 页。

动真格的比赛。某个界线被越过了，
有一种迅速感、推进感、不倦感
在额外、难以预知和自由的时间里。

Ⅱ

你还爱花园里用木桩标出的界线，
铁锹顺着拉紧的白绳子铲出
第一道整齐的切口。或绳子完美伸展
画出一座房子地基的轮廓，
苍白的木板条为每一个角落
定下准确的角度，每一块刚锯的新板
整洁地躺在奇怪地顺服的青草上。
或放牧的田野上一条
想象的直线，从插在这端垄头的木棍
到插在那端垄头的木棍，
等待被犁开。

Ⅲ

　　　所有这些事情进入你
仿佛它们既是门又是穿过门的东西。
它们标记那地点、标记时间并使那道门继续开着。
一部割草机分开黄铜色的麦海。
绞盘把中心从水里拖出来。
两个男人拉着一把横切锯，使它保持

在一棵伐倒的山毛榉里游来游去
仿佛他们在划动稳固的大地。

父与子[*]

I

“先抓老的，”
（父亲的笑话也很老，并且乏味
而可预料）。“然后那些小的
就会跟上来，易如反掌。”

在缓慢而明亮的河流的黄昏，这甜蜜时光
使他担心我们会太过想当然
因此我们的精神必须经过轻微检查。

脚踏实地有福了！高高兴兴有福了！
有福的是这个宽背、矮个子的男人身上
那沉默之爱的淡定，
他一生都害怕欠债，但时不时会
使人侧目，如同他所说的鲑鱼
“听声音它简直大得像一只小肉猪。”

---

* 本诗题解见第 557 页。

Ⅱ

鲑鱼跃回池塘里，穿过它自己那听不到的
同心声波，在可听见池塘动静的地方
一台割草机永远倚靠着他那柄大镰刀。

他把自己割到田野的中心
然后站在一个由日光照耀的残株形成的
最后的完美圆圈内。

“去告诉你父亲，”割草机说
（父亲对我说它这样跟他说），
“我已把它割得干净如一枚新硬币。”

父亲是一个听到消息的赤脚少年，
在齐眉高的野草和禾束堆间奔跑，
在他自己的父亲逝世那天下午。

半扇门那半开着的漆黑在等待着。
我感到空气中全是热气和紧急。
我感到他的双腿和快速的脚跟，遥远

而陌生如我自己的——当他有一天把我
高高驮在肩上，而我头昏眼花、瘦骨嶙峋
像一个糟老头，刚从火里被救出来。

选自《幻视》（1991）

幻 视*

I

伊尼什博芬岛一个星期天早晨。
阳光、泥炭烟、海鸥、渡船码头、柴油机。
我们逐个逐个被接到
一艘船里，它每次都怪吓人地
滑动又慢吞吞的。我们坐稳
在短横板凳上，两三个一张，神经兮兮的，
顺从、刚刚贴近，没人说话
除了船工们，当舷缘下沉
并且似乎随时会开始运水。
大海非常平静，但即便如此，
当发动机启动而我们的渡船人
摇晃着维持平衡，伸手去扶住舵柄时，
我还是对这船本身的迅捷和重量
感到恐慌。那保障我们的——
那快速反应、浮力和滑行——
使我一直处于痛苦中。一路上

* 本诗题解见第 558 页。

当我们均匀地航驶，横渡
那深邃、静止、看得清下面的水，
感觉就像我从另一艘在远处空气中
穿梭着的船上眺望，可以望见
我们冒多大风险闯入这个早晨，
徒劳地爱着我们无遮掩、低着、活不久的头。

II

清晰。这个无泪的拉丁词
很适合那座关于水的石雕，
那里耶稣站着，膝盖未湿，
而施洗者约翰把更多的水泻到
他头上：这一切都是在明亮阳光里，
在一座大教堂的正面。线条
或硬或细或蜿蜒，表现
流动的河水。在线条之间
古怪的小鱼繁忙着。没有别的。
然而在那绝对的可见之中
石头活生生充满了不可见的事物：
水蕴草，被惊动的、匆忙离去的沙粒，
昏暗、无阴影的流水本身。
整个下午，热气在台阶上摇曳
而我们站着连眼睛也浸进去的空气则摇曳
如描绘生命本身的弯弯曲曲的象形文字。

III

很久以前我那差点溺水的父亲
走进我们院子。他刚去了河岸上
一块田里给马铃薯喷洒防虫剂
但不带我一起去。马拉喷洒器
太大而且是新式的，蓝矾可能会
灼伤我的眼睛，那匹马是新马，我
可能会吓着它，如此等等。我向
工具棚屋顶一只鸟扔石头，无非
就是听听石头嗒嗒响罢了，
但是当他回来，我在屋里
看见他在窗外，目光涣散，
惊吓，没戴帽的样子好奇怪，
脚步都乱了，好像本来就是个鬼。
原来，当他在河岸转弯时
那匹马不管用了，后腿直立，并把
马车、喷洒器和所有东西掀起，失去平衡，
使得整套装备倾覆，掉进一个深深的
漩涡里，马蹄、链条、辕杆、车轮、桶
和索具，全都脱离世界翻滚而下，
而那顶帽早就欢欢喜喜地飘到
更平静的水域里去了。那个下午
我跟他面对面相视，他向我走来，
地面上留下从河水里出来的湿脚印，

而从此以后我们之间就再也
没有什么还不能快快乐乐的。

八月之夜*

他双手温暖而小，又博学。
当我昨晚再见到它们，它们已经是两只雪貂，
自个儿在月光照耀的田野上玩。

---

* 本诗题解见第559页。

视 野*

我记得这个女人，多年来
坐在轮椅里，眼睛直视
窗外小巷尽头的西克莫树
掉下叶子和长出叶子。

直接地掠过角落里的电视，
生长不良、狂躁的矮山楂树丛，
同样那些背脊受风吹雨淋的小牛犊，
同样那片狗舌草，同样那座山。

她稳固如那个大窗本身。
她的额头明晰如那张轮椅的铬合金部分。
她从未悲叹过并且从未
承受过一盎司多余的情绪负担。

跟她面对面是一种教育，
就像你越过一道架构结实的门——
路边简单、干净、铁制的那种，

---

* 本诗题解见第559页。

横在两根刷白的支柱之间，在那里你能看见

比你预想中更深远的乡村
而当你继续站着集中精神
并被那道挡路的门诱导，你会发现
篱笆背后的田野显得越来越陌生。[①]

① 后半部分暗示那女人观察事物也像通过乡间路上一个门看风景，虽然位置固定不变，却能诱发奇景幻象。

干草叉*

在所有的工具中，干草叉
最接近一种想象的完美：
当他攥紧举起的手，用它瞄准，
感觉它就像一把投枪，准确而轻快。

所以不管他扮演战士或运动员
或在草料和汗水中认真工作，
他都爱它那尖梢的纹理，那从其
自然摩擦中逐渐变得光滑的黑斑梣木。

铆接的钢，削圆的木，擦亮，露出纹理，
光滑、直挺、浑圆、修长和熠熠生辉。
染了汗渍、磨利、均衡、试过、合适。
有弹性、轻快、一掷而出。

接着当他想到抵达最远方的探测，
他便看见干草叉箭一般飞掠而过，
均匀地、沉着地穿过空间，

* 本诗题解见第560页。

尖齿含着星光，绝对无声——

但他终于学会追随那简单的引导
掠过它自己的目标，朝着某个另一边疾驰而去，
那正是想象中完美或接近完美的地方，
不是在瞄准的手中而是在放开的手中。

长凳床*

承传，等待，终于恰当并永久放置好。
躯干扣搭，大车般沉重，漆上粗笨的棕色。
教堂长椅般狭窄，箱子般深，方正稳立如橡树。

如果我躺在里面，我就被关在风化的松木板里
干燥如海葬船未点燃的木板。
我的尺寸被度量过了，我的耳朵封闭。

然而我听见一股古老灰暗的浪潮在床头板里冲击：
不带感情的哦呃哦呃和哦呃嚯呃，乌尔斯特
那漫长的临睡前的叹息生活，不情愿、难以击败，

新教徒、天主教徒、《圣经》、念珠，
月光下三角墙边的夜谈，壁炉炉床上的靴子，
下半夜在报时钟声中甜蜜地度过，所以接下去便是

脊瓦上的鸡鸣。
而如今这是“一个遗产”——

---

* 本诗题解见第560页。

直立、原始，在很久以前不可移动地
重重放下，然而一再一再一再地

凭意志朝向前，装载着
它自己那哑默、榫卯接合的价值
和难以到处走动的重量。但要征服那重量

不妨想象一张张天赋的长凳床从天上急坠而下
如同某种荒谬的复仇降临人们，
然后从那无害的轰击学到，任何给予的东西

都永远可以重新想象，不管它碰巧是什么，
方正稳立、厚板般笨、船体般蠢
或不合时宜。你自由如那守望者，

那个在浓雾之上的岗位里能看得很远的说笑者，
他宣称就在他从桅杆高处下来时
船已悄悄从他脚底下溜走了。

重访格兰莫尔（选）

Ⅰ. 拼字游戏[*]

——纪念考古学家汤姆·德拉尼

裸露的石板。泵水。冬夜的寒冷。
我们的背也许不会变暖但我们的脸
被炉火和热威士忌热得发烫。
感觉好像那时候就回忆这场面了，
一种古老的半想象或预知的正确性，
如同绿枝条嗞嗞叫噼啪响烧成灰烬
而那里无论什么横冲直撞都到达不了我们，
在火光照耀、门窗紧闭、石板瓦和石头墙的屋子里。

一年又一年，我们的拼字游戏：爱
被视为理所当然如同任何别的词
被偶然找到并在规则范围内被允许。
那就“乱拼”吧。不及物。
意为乱摸或乱扒某种硬东西。
那正是他听到的。我们刮挖、叮当响的工具。

---

* 本诗题解见第 560 页。

Ⅱ. 幼儿床

镰刀、斧头和树篱大剪刀，孩子们
常常在上面荡秋千的闸门的尖叫声，
拨火棒、煤斗、火钳、砂砾耙——
旧时的活动又再开始
但开始得不一样。多年之后
我们独自在同一个**愉快的地方**[①]，
不再是房客，而是完全拥有
一座空屋和保存在我们之间的不管什么东西。

那一定不只是纪念品，尽管
幼儿床已摆回原来的地方，那里凯瑟琳
曾在黎明中醒来时以**嘟多嘟**回答
道路对面那农场里的雄鸡——
而它也是我自己曾躺在里面睡觉的地方
当整个世界还只是一个勉强糊口和婴儿欢叫的农场。

V. 除邪十四行诗[*]

破门而入：从很早开始
那些激动我远甚于惊吓我的文字——

---

① 原文为拉丁语。

* 本诗题解见第 561 页。

哪怕当我“发挥所长”
并拥有一座房子，成为一个
不懂适当看管的有产者。我不会
双重闩门或锁起大门
或拉下窗帘或掀开窗帘
或对“安全”多想一想。

但这一切都改变了，当我拥有这里
并按照我的指示把旧床锯了
因为把它搬下楼梯的唯一办法
就是把床架切成两半。一次笨拙的行动，
如此懵然不知后果，如此危险，
仅剩纯粹的言行来保障这座房子。

Ⅶ. 天窗*

你坚持要有个天窗。我反对
切掉油松板那风干的榫卯
接合处。我喜欢它又低又密封，
它那幽闭恐惧症似的，在屋顶下筑巢的
效果。我喜欢那种鼻烟般干燥的感觉，
旧天花板那完美、箱子盖似的切合。
在那下面，就完全是一个盖住的笼舍。
蓝色石板瓦保持高温如午夜茅屋。

---

* 本诗题解见第 561 页。

但是当石板瓦捅开，奢侈的
天空便不请自进，把吃惊撩开。
几天里我感觉自己就像那座屋子里
一个房客，那里瘫子从屋顶上
缒下来，他的罪被赦免，
病被治好，于是拿起他的床褥走了[①]。

---

① 《新约》中一个瘫子被朋友用褥子抬来见耶稣，因为现场人太多，他们只好把那屋顶拆了，再从屋顶把瘫子缒下去让耶稣替他治疗。希尼不幸言中，多年后，在最后一本诗集《人之链》的一首诗中，希尼写到自己中风，幸得朋友相助，把他从楼上抬下来，诗中也引用了这个典故。

枕上的头*

拂晓。珍珠母的夏天
早早来了。一道道暗红色
和洗净的乳蓝色。

成为最早在路上的人，
与地上雾霭和野鸡为伍。
感到年纪更大了并高兴于

这一回你也半高兴于
阵痛已经开始——有准备
且头脑清晰，预知

那创伤，以意志的
完全同意来迎接它。
(第一次的时候，惊慌，穿着

你那件及膝的棉质白礼服，
你更像新娘而不像能生儿育女的母亲

---

* 本诗题解见第561页。

躺在配备U形支架的床上，

现在却镇定自若，
在登记前等闲
如在码头散步。）

然后我便有点眩晕
当被拍过、可触可摸的小女儿
被递到我手上；但如常

回过神来，映在一对睁大的眼睛里，
它们的显现比以往更深远
而视线越过了最后一个

等待的早晨，在那些等待的早晨里
你半球形的眉毛长久保持沉默
而黎明鸟鸣都还没开始。

佳　景*

在他们乘船旅行，从泰晤士河
驶向汉普顿宫那天，他们差点中暑。
她留的是侍童式短发，脖子裸露，
他怎么说也像做梦似的，为她疯狂
但假装远在千里之外，
细察船在水里的尾流。
这是他们的照片。她头倾向一边，
穿着无袖衬衣，一边肩膀高耸，
一边手臂松弛，像一只垂下翅膀的鸟儿
在藏身处被惊扰。他直视你，
易受伤害、迷恋、充满誓言，
像很久以前年轻的王太子。
接着是都铎风格的低矮红砖屋正面。
然而没有更多照片了，现在
我们出现在那里，就像青草
和防晒油的味道，站在他们背后
如同他们的第六感，在迷宫的入口，
没有理由地悲伤，希望他们

---

* 本诗题解见第 562 页。

大胆走向他们为之迷失的中心……
相反，如同映像蹒跚穿过变形的镜子
他们再次现身，如同在粒状的
旧黑白新闻片里，那儿他们的游船
在聚光灯下驶回来，横越沉没的桥，
而只有他们顺流而下毫发未损，
在多泥的两岸之间，岸上伤者彻夜对着
无火光的爆炸和无回声的炮弹哮叫——
在这一切之中不祥地浮现
他们自由地穿过历史时期的身影，
如同丝绸裙裾拂过一个麻风病人
或一对未受阻挠、怨声怨气、眼神明亮的
王室受宠者的安全通行权。
那就让他们保存一本自己的账目
并在需要时做出解释，
因为尽管以任何中庸之道衡量他们的运气
都可称得上公平和合理，对授予他们的每项权利
和头衔提出抗辩却是允许的
(并且是在一个法庭上，那儿纯粹的不伤大雅
从未获得批准或宣告无罪)。

轮中轮*

I

我第一次真正抓住事物
是当我学会一个本领，（用手）踩
一部倒过来的自行车的踏板，
把后轮踩得异乎寻常地快。
我爱辐条的消失，
看轮毂与轮辋之间的空隙
怎样透明地嗡嗡响。如果你把一个
马铃薯扔进去，那呼呼叫的空气
便会高速旋转，把烂糊和细粒溅回到你脸上；
如果你用禾秆碰它，禾秆就会粉碎。
踩踏板时会有某种东西
最初非常可触可摸地抗拒你
然后开始把你的手往前带
形成一股新势头——所有这一切进入我
如同一个自由力量的入口，仿佛信仰
抓起并旋转信仰的对象

* 本诗题解见第 562 页。

在一个与渴望相接的轨道里。

II

但够了还不够。不管怎样，
谁见过已知里的局限？
在我们屋后的田野里有一口井
（我们叫它“那口井”。它更像一个
里面有水的洞，一边是小山楂树
另一边是多泥、满是粪便的
渗流，全都被牛践踏过）。
我也喜欢这个。我喜欢那浑浊味，
那地方的污水坑浓烈气味闻起来像陈旧的链条油。
这可好啦，我带来我的自行车。
我将车座和把手架起来
放进那柔软的底部，把车胎
轻按到水面，然后转动踏板
直到如同水车向踏板泻水
（但这里是反过来，像甩动马尾巴）
整个焕然一新和浸泡的后轮
在我眼前旋起滚带和泥沫
向我喷吐，把我变成一个再生的泥人。
连续几个星期我用暗褐色黏泥创造一个光圈。
然后轮毂卡住、轮辋生锈、链条断裂。

III

之后这件事也就淡忘了
直到在环形马戏场，在擂鼓声中和聚光灯下，
女牛仔们旋转进场，个个洁净不染
处于一条套马索的静止的中心。
永恒运动。纯粹的单脚尖旋转。
翻筋斗者。吟游诗人。又跳又唱绕圈转。保留不删![1]

① 保留不删，原文 stet，用来指一个表示保留、不删的校对符号：圈圆内一个对勾。

寄 养*

“那由水养育的深沉的绿”

——约翰·蒙塔古

在学校我爱一幅画的深沉的绿——
地平线搭起了风车的轮辐和船帆。
磨坊静止的轮廓。它们的合适位置
反映在运河里时就更合适了。
我早就忘了从何时开始就认识一片
黄昏时有烂泥、黏泥[①]和洪水的土地的
内在水力学。
我那充塞着淤泥的希望。我心灵的低地。

生命的深沉。而诗歌
在发生的事情的郁闷中有气无力。
我等待着，直到我年近五十
才相信奇迹。像流动焊锅匠

* 本诗题解见第563页。

① 黄昏、烂泥、黏泥，原文皆为爱尔兰方言。

用锡罐做的树钟。这么久空气才明亮，
时间才目眩，心才轻松。

方形（选）*

轻　松

1**

变换的光辉。然后是门口的
冬天之光，而在石砌门阶上
一个乞丐的身影在颤抖。

于是可以确立某种特殊审判：
光秃秃的围墙和被雨点打湿的冷炉床——
明亮的水洼，那里无灵魂的浮云生命在漫游。

而在这种受控制的旅程之后，有什么？
没什么壮观的，没什么是未知的。
从远方放眼眺望，孑然一身。

而这一点也不特殊，
只是明白古老的真理：没有下一回。

---

* 本诗题解见第 563 页。
** 本诗题解见第 564 页。

无屋顶的视野。使知识清新的风。

2*

再给它盖屋顶。用板条固定好。干起来吧。
用马口铁罐喝水。懂得洗涤槽的寒冷，
一个插销、一条门闩、锻过的火钳和一个炉膛。

碰触横梁，把铁打入墙里，
从过梁、压顶石和壁炉腔上
悬一条线来核准垂直位置。

搬迁门口的基岩。
从嵌壁式三角墙窗格的位置校正。
研究不受重视的地面。

把每个冲动按下去，像插销。稳固
感觉的梭堡。不要犹豫地
进入语言。不要在语言中犹豫。

3

摆方形？在弹子游戏中，摆方形
就是你在弹出之前获准做的所有那些
找角度、瞄准、假动作和眯眼，所有那些

* 本诗题解见第565页。

蹲下、绷紧、大拇指的压力，
充分检验和重新来过、再设想，
你双臂不断希望朝着盲目的确定性

移动的所有方式，而盲目的确定性
将在弹子圈那一次性的时刻外继续。
一万亿次准确性消逝了，就在

你肌肉的伸展与那个标示着
三个圆洞和一条画线的空地之间。
你眯眼从世界的天窗看出去。

5

三个在水泥路的水泥变硬前用大拇指
按出的弹子洞在那个玩弹子游戏的人
消失到澳大利亚之后三十年还继续

存在着。三个按孔，用来继续
演奏随心所欲的音乐。
那就对着它们吹奏吧，听一首你曾经用

均匀的呼吸在空瓶上吹出的
伴唱之歌。即兴。随性
如旧干草在其薄弱的后半生里

高飘在风吹的篱笆上。小鹅笛的土地。

某个烤硬的部位的三个潜听哨
在发出共鸣的细颈土罐上。

6

曾经，小时候，在羊群吃草的牧场上，
托马斯·哈代假装自己死了
一动不动躺在它们娇小的小腿间。

在那块被嗅、被咩叫、长满青草的空间
他试验无限。
他冰冷的小额头像一块铁砧

等待天空来使它唱出他喑哑的存在的
完美音调，而他在那羊毛推搡中
引起的骚动是一道原初的涟漪，

它将从那里向外不断扩散
八十年，它最后的圆周依然是
他心里那同一道涟漪。

7

（我记错了。弗洛伦丝·埃米莉[①]说，
他是匍匐着爬下去的，越过母羊牧地。

---

① 哈代夫人埃米莉在回忆录里说："他回忆说，他小时候跪着爬过母羊牧地，假装在吃草，以便观察羊群会有什么反应。不久他抬头一看，发现它们围成圆圈，满脸惊愕望着他。"

哈代是想跟那些动物面对面，

它们不明事理的眼睛和易于
惊恐使他感到不那么孤单，
使那空气清楚和确定的

预期中的忧伤推迟片刻降临他。
然后羊群的错愕继续浮游
成了他在著名的晚年社交聚会上

所熟悉的眨眼、低语和避开，
当他有时候想象自己是一个幽魂
带着那个新视角周旋。）

8*

史载：当克朗麦克诺伊斯的修道士们
都在祈祷室里祈祷
一艘船出现在他们头顶上空。

拖在船后的锚是如此深
以致钩住了祭坛的栏杆
于是，当摇晃的大船体突然停止

一名船员爬下来抓住粗绳

---

* 本诗题解见第565页。

拼命想把它解开。但徒劳。
“这个人无法忍受我们这里的生活，他会溺毙，”

修道院长说，“除非我们帮他。”于是
他们帮他，那艘自由了的船航行，那个人爬回去
从他所目睹的奇迹中。

9*

一艘不摇摆也不晃动的船曾经
在一九四一年或四二年某个星期日下午
栖息在长草里。从内伊湖

散发出来，以及弥漫于挤来挤去
和蹦来跳去的牛群所在的树篱边的热气
越来越有我依偎的粗花呢裙子和粗花呢袖子的

味道。我记得她们轻快的脚后跟
踏着厚板时发出的细而高的木材音调，
我被抱在肘窝里，像一个秘密，

它此时被揭开了，如同那时的天堂之眼
在三姐妹上方张开，她们在谈话，持续地谈话
在一艘船里，船底的地面仍不断在下陷。

---

* 本诗题解见第 565 页。

10

采石场表面上悬垂的
青草和幼桦。岩石炉盘，从那里你望见
所有被装运的光彩游移

在采石场矿床上那有着一个个清澈
而深邃的危险涡洞的水域上面和外围
并华丽地穿过水域。终极的

可测的深度，终极的
坚如磐石的临近：你能调和
那里薄而透明与厚实的东西吗？

对如此杂乱和无重的积聚
你是等于它还是反对它？
遮护你的眼睛，抬起头面对那音乐[①]。

12

而放松？它的一个意思，
除了一般的缓解、照亮
等等之外，是这个：

一个不寻常的瞬间，当精神

---

① 面对那音乐，意为承担自己行为的后果。

在死前带着纯粹的兴奋闪耀——
我们身上的好盗贼聆听那承诺！[①]

于是把他画在基督右手边，在一个细看虚无空间的
岬角上，如此受拉肢之痛，使得他似乎
难以被他大脑背面的钉子洞孔

翻译成他额头
那一圈月亮光晕所向往的赐福：
今天你要跟我一起在乐园里。

---

① 据《路加福音》，两个跟他同钉的囚犯，有一个开口侮辱他说："你不是基督吗？救救你自己，也救救我们吧！"另外一个却责备那囚犯说："你同样受刑，你就不怕上帝吗？我们受刑是活该；我们所受的不正是我们该得的报应吗？但是这人并没有做过一件坏事。"于是他对耶稣说："耶稣啊，你作王临到的时候，求你记得我！"耶稣对他说："我告诉你，今天你要跟我一起在乐园里。"这个囚犯在《马太福音》里被称为盗贼。"承诺"指耶稣的承诺。

背　景*

13

榛树的秘密活动。涵洞里的小股淌流。
活跃的海光在门阶石板上，
在海自己身上，在寂静的屋顶和三角墙上。

粉刷的避风向阳处。烫如烟囱的树篱。
四脚着地的椅子。绷紧和装满的餐具架。
炉盘和页岩的化石诗歌。

欲望在其护城河内，自在地瞌睡——
像一只吃饱的鸬鹚栖息在正午岩石上，
流放又与那大闪光保持协调。

重新进入这里，作为孤独的成年人、
作为涉过寂静者和作为你第一次来时
就意识到自己在退缩的明确在场。①

14

某个下午我是金叶上的六翼天使。
我站在铁路枕木上倾听云雀、

---

* 本诗题解见第 566 页。

① 以一个自觉的成年人的身份重返青少年时代某些场景。（文德勒）

蚱蜢、布谷鸟、狗吠、急转

然后调整和离去的教练机。
热在齿轨的洁净线条
和光亮上摇曳。两边都有

狗雏菊亭立如处女，热石
被三叶草网住并留着机油的痕迹。
空气跨越，过道等待，平衡骑乘，

没什么占优势[①]，即将发生的无论什么事情
都已经见证自身发生在一段
被赞成和被间断留下记号的时间里。[②]

15*

也用黄金刻画这道风景吧，用浮雕法，
这样一来贪婪的眼睛就不能耗尽它：
马厩稻草，有着伦勃朗微光和抛光，

那里我父亲俯向一个装满盐的茶叶箱，
他攥紧的左拳里防风灯

---

① 没有什么占优势的时刻，对一位目睹人类太多想支配的需要的诗人来说，这是赐福的时刻。（基尔施）

② 在“一段／被赞成和被间断留下记号的时间里”——那是暂停的承认的时间而不是行动的时间——诗人做好那承受得起继续下去的东西的库存。（文德勒）

* 本诗题解见第566页。

被举到齐眉高，右手在摸寻

那不流血、肉色鲜明的咸猪肉，
自腌的猪腿肉拉出来，拿到光里
仔细掂量一会儿然后再放回去。

那天晚上我拥有堆积的埃及谷物。
我望着那哨兵照射在贮藏物上的手电筒光。
我站在门里，隐而不见又被点亮。

19*

记忆作为一座建筑物或一座城市，
灯光明亮，设计合理，布置了
活人造型①和穿戏服的模拟像——

披紫色斗篷的雕像，或漆成红色，
那种戴王冠的，那种涂泥或涂血的：
这样心灵的眼睛就可以自己

跟固定的联想交流并学会
以有意义的次序阅读它自己的内容，
古代教科书建议说

---

* 本诗题解见第566页。
① 活人造型，指活人在舞台上扮演静态画面。

应把熟悉的地方与图像的密码
刻意联系起来。你知道每个背景中的
预兆，你眨眼和集中精神。

22

精神居住在哪里？在记忆中的事物、
已形成的事物、未形成的事物的内部还是外部？
孰先孰后，海鸟的尖叫还是想象中

在黎明的寒冷中呼喊的灵魂？
它最终栖息在哪里？在那座古老石塔中
高悬的寒鸦巢里满是粪便的枝条上

还是俯瞰花坛的大理石半身像上？
完美的形式在多大程度上适合居住？
多风的光又是怎样被居住的？

稳固的音符或稳固的诗行有什么用
如果不能被攻击，以确保可靠？
（向叶芝的鬼魂提出的一系列问题）

24*

荒凉海港的寂静。每一块石头
在水下澄清和休眠，

---

* 本诗题解见第567页。

海港墙是一堵砖石结构的沉默。

饱满。闪耀。对波涛汹涌的大西洋
停泊处几乎不为所动，只有非常
轻微的浪潮击拍船板的啧啧声。

完美的视野：鸟蛤的宣礼塔
被放逐到那里，与又绿又滑的瓶玻璃、
残壳和沙岩变红的花蕾为伍。

空气和海洋以彼此互为前身
而闻名。与无所不在、
均衡、盈溢同位。

跨　越

27

万物流动。哪怕是一个稳固的男人，
做他自己和他的行业的支柱，
穿黄色靴拿拐杖戴柔软毛毡帽，

也能在足踝上生出翅膀并飞速长成
晴天、石柱、道路和交叉路之神，
旅行者的领路人和心灵导师。

“到了船上，找一个拿梣杖的男人，”
我父亲告诉他那位准备出发去伦敦的
妹妹，“整夜都紧挨着他，

你就会很安全。”继续流动，流动，
有灵魂向导相伴的灵魂之旅，
还有拿拐杖的家畜买卖人的神秘！[①]

29

门闩咔嚓响的唐突。
它传递给大拇指的冰凉。它那跷跷板的

① 家畜买卖人，这里原文使用的是复数。希尼父亲是农民，也是家畜买卖人。

起落和无意的苛刻。

那是一种约束和放松的音乐
在这代人中已听不到，却仍在那里等待
拨上拨下，只要恢复碰触。

一旦门闩发声，屋顶
就又是原来的了，门槛是决定性的，
约束力强大如不祥预感。

你的脚步已被听出，那就稍微
弯下身，举起你的右手，
冲动与刻意合一，然后进入。

30

在圣布丽吉德节只要穿过她那用草绳做的
圆圈式腰带，就可以进入新生活。
男人的合适方式是先伸出右腿，

然后右臂、右肩和头，然后是左肩、
左臂和左腿。女人把它从头顶
套下去然后举步跨出它。

他们以这些动作进入的那个空位
变得更空，圆圈脱离世界，
他们可以感到他们头顶上

二月的空气依然柔和，并想象
那条无力的绳子磨损和闪耀如风中的拾落穗
或耕地上一只畅顺无阻的金翅雀。

32*

流水从不失望。
涉水而过永远有所深化。
踏脚石是灵魂的停靠站。

柳条路①可以是指被一些人称作**堤路**的小径，
架设在沼泽的潮湿之上，
或跨过旧排水沟和溪流的堤路。

说这些事情使我恢复平静。还有
我不能提到柳条路或浅滩
而不看见我父亲的影子出现在我面前

在一条通往落日的小路上，打量铁锹和衣服，
它们也许是草泥切割者收藏起来的，或灵魂
在越过那根横跨溪流的原木之前抛弃的。②

---

* 本诗题解见第567页。

① 柳条路，原文Kesh，爱尔兰方言，指用于跨越湿地或沼泽的临时路，有些是用编结的柳条作垫，上面铺上泥土和石子。

② 希尼想象父亲傍晚走路回来，检查农场、估量，然而这是与跨入冥界混合起来的。(原文)行末没有标点符号，模拟了这种两个世界的混合。但这种幻想被下一首诗开头的“还是实在一会儿吧”打断了。(泰勒)

33

还是实在一会儿吧。回忆
外出散步，走在他去世后变得面目
全非的地方，转身离开。

那个早晨瓷砖更硬，窗更冷，
窗玻璃上的雨点抽打得更狠，草儿
更无遮蔽地朝向天空，更受风摧残，

或看上去如此。那座曾由他规划的屋子，
“朴素、大方、平正、普通，你知道”，
一个严格和合式的典型，

对奢华和圣殿的最大限度的斥责，
为它自己的理念而屹立得更稳固
像为照过 X 光的身体而晒出的 X 光片。

34

叶芝说，对那些看见精灵的人，人类皮肤
在之后很长时间里都显得粗糙不堪。
自从我在过道上碰见那张面孔以来

便没有可以匹比的：我与
另一位乘客共坐巴士，从旧金山机场
到伯克利，他在跨越

湾区大桥的半途中，在特雷热岛
军事基地下车。他准备去越南，
但他也有可能是一个归来的新死者，

不惊讶但仍然失望，毕竟
还要再承受他那农场少年的自己，
他刮胡子的伤痕，他非此世的眉头。

36

没错，朋友，我们也穿过一条山谷。
曾经。在黑暗中。所有街灯熄灭。
当危险逼近而游行被驱散。

来自但丁的场景，因为他一个令人
头脑清醒的明喻而变得更可记忆——
譬如说，萤火虫，因为警察的手电筒

聚集和晃动，使我们禁不住要信任
它们那不可预测的、有吸引力的光。
我们像被赶在一起的影子，必须穿过去

并且也确实穿了过去，在慌乱中，到那辆
我们稍早停在那里的车，当我们坐进去，感觉就像
卡戎[①]的船在过河的诗人们的重压下晃动起来。

---

① 卡戎，渡亡魂过冥河去阴间的神，在但丁《炼狱》里，他是渡河的最后船夫。

方　形

37

在智者寒山那些著名的诗中
寒山同时是一个意味着某种
心灵状态的地方。或不同时期的

不同心灵状态，因为那些诗似乎是
一次性的，冲动的，那种引发
我坐在这里面对寒山

已经二十九年，或没有可以
一路走下去的途径的东西——实在令人羡慕，
不花哨，又可信。

仅仅谈论它还不够
但引用它至少可以表明
一门自知其心灵的艺术的品德。

38

我们在月光下登上朱庇特神庙，
感到高处在运输诱惑：
我们既荣幸又来迟而我们知道。

接着我内心某种东西被触动，想预言

而不顾大理石那被热爱的冷淡
和对石刻诗篇的一切仿效。

“打倒大获全胜的形式，”（我说）
“行乞的、病愈中的形式万岁。我们侍候
纯粹之水和祈祷轮的归来。”

对此一个声音回答说：“我们当然没问题。
但其他人正在论坛咖啡馆等着，
纳闷我们去哪里了。你想喝点什么？”

39

当你目光深远而冷峻，坐在巨人堤道
“许愿椅”的玄武岩宝座里，[①]
你的腰背部有一种非常坚固的感觉。

像树液割取时节被绑在枫树上的印第安婴儿，[②]
你从世界之树的坚硬里采集力量。
如果你把手伸出去，事物可能会变成石头。

但你只有鹅肉似的皮和骨，

---

① 巨人堤道位于爱尔兰北岸，属世界遗产。传说是一个巨人砌的，为了形成一座桥，通往苏格兰，那里也有同样的石阵。据说这是为了方便与他住在苏格兰的恋人相会。巨人堤道分为小、中、大堤道，“许愿椅”位于中堤道末端，据说是巨人儿时的座位。

② 这里应是指大人干活时，把婴儿绑在树上。婴儿通常都被放置在用布和木条做的背囊里。

这些岩石和世界奇迹只是
结晶的熔岩，只是许愿椅为其

添加滋味的大地之盐，其巨藻
和臭氧清新你的视野，在你觉得自己
可以接受的范围以外的视野。

40

那时我四岁但也许我变成四百岁
当我遇到一片泥地板那种古老
微湿的感觉。甚至也许四千岁。

不管怎样，事实如此。发臭的水坑里
倒给猫喝的牛奶。赤褐色水罐周围
被溅泼弄暗的污泥。

存在之地。身体深深地服从
其所有变换中的时态。一道半掩的门
敞开，直接通向星光。

从那泥屋我继承了
一大叠独特的、冰凉的记忆砝码，
好把我整个儿放到事物的天平上衡量。

41*

砂床，他们说。砾床。在我
知道河流的浅滩或河流的乐趣之前
我在这些词中知道渴望的矿石。

我重访的那些地方没有败坏
但不会持久。在齐腰深的牛欧芹中，
我重新进入潮流，兴腾或平息

这些构成记忆的流水，
一切事物不断地积聚
当我黄昏时分从桥梁的顶端

或自我的河岸校准姿势。
一点害怕。甜蜜的稍纵即逝。挑逗和溅泼。
轻浸天空的柳枝曳入揉皱的流动。

42**

石南和柳条路和泥炭层依然
一个夏天一个夏天地重现，还有蚱蜢等，
相同但愈来愈少：近于赐福的田野，

---

* 本诗题解见第567页。

** 本诗题解见第567页。

那里只穿衬衫没穿外衣的憔悴者俯身挖掘
或独立黄昏察看沼泽岸——
如今已是幻影，却依然活跃、

有领土，依然确信他们的地面，
依然感兴趣，不知道
阴魂的国度被向后推了多远，

云雀在这些田野外停歇了多久
并且似乎只有对他们来说才是永不停歇的，
他们像一座远山被阳光异彩照亮。

43

选择一条踪迹并跟踪野兔直到
足印停止，就像那样，在雪中。
线索终结。流畅的轻滑。她去了哪里？

当然是重回她的路线，接着一跃数码
跳到一侧；干净利索的中断；无味无迹。
她落在她的窟里，吃起雪来。

不妨也考虑一下“野兔与‘之’字形”
这一古老象形文字，其意思是“存在”，
保持警惕，迂回和闪避

如同我们的朋友，他跃出（再见）我们的视野终于失足了一回（但他当然是经受过考验的）：
震撼心灵者、打落露珠者、目光深远者。[①]

44*

全都消失到光的世界里去了[②]？也许
在我们读这行诗时纯粹的形式确实纷纷
拥挤在繁星闪烁的前厅。在别的情况下

它们没这个效果。留存下来的透亮
变苍白，如我会举起的夜钓绳上的饵虫，
不满足，即使总是为那里什么也没有

做好了准备——原本就只能是这种结果。
尽管事实上它更像钓线被缠住发出啪啪声，
那个承认全都消失的时刻，

当竿尾失去联系而竿头淌口水
而漩涡打着转把一片枯叶默默带走
似乎比水本身的流逝还迅速。

---

① 这几个词，都是《野兔的名字》（见本书）一诗里出现过的，但由于上下文不同，这里的译文亦有异；最后一个名字，希尼在这首诗中也给出新译法，不同于他在《野兔的名字》中的译法。“我们的朋友”应是指野兔。

* 本诗题解见第 568 页。

② 这行诗，是英国诗人亨利·沃恩（1621—1695）的名句。

45[*]

对某些人来说书上的东西可能会成真：
他们将继续在远方活下去，
在河流的出口。

对我们的人来说，不。他们将重新进入
干涸，这对他们来说是地上的天堂，
乐意吃从陶土烤出的烤饼。

也许，对一些人来说，是三角洲的芦苇滩
和永远在打转的有明亮爪子的冰冷海鸟。
对我们的人来说，是烛花

和烫煤烟和来自灰烬的余热。
还有一个法官，他来到他们与太阳之间，
在一根由屋子尘埃形成的光柱里。

46[**]

从背后山上送来的山中空气；
屋前，夏末，石墙围住的田野；
石板瓦盖的屋子里小提琴声扬起

---

* 本诗题解见第 568 页。

** 本诗题解见第 569 页。

如日落时分用扁石打水漂
或平地上不可挽回的滑流
仍在空间背后奔逃。

音乐曾经是上帝存在的证据吗?
只要承认事物不可估量
则这个假设是成立的。

所以让耳朵聆听，如一扇农家窗子
在宁静的光中，那里奢侈的事物
曾经在满帆下驶入被渴望的事物。

47

在一定距离内，从岸上或
下锚区外眺望的看得见的大海
被称为近岸海面。

它愈是空泛，扫视它的眼睛
就愈是强求。
但只要你转身背向它，你的背

就一下子全是眼睛，像百眼巨人。
接着，当你再眺望，会感觉那近岸海面
依然未受侵扰，却不知怎的空出了，

仿佛一支在你视野边界训练的

轻轻摇曳的军队已从海平线背后
撤退，准备演习和重新集结。

48

奇怪，即将发生的事情，一旦被感觉到
便怎样转变成预知的事情；
偶然遇到的事情又怎样

只显现在刚经历过的事情的光中。
七重天也许就是
某种第六感的全部真相的显现。[①]

不管怎样，当光骤然照射在我身上
就像它骤然照射在科尔雷恩外的道路上，
那里风更咸，天空更匆促，

而银锦缎在班恩河上，在介于
油漆电线杆之间的中央水道上颤抖时，
那一天我将与回避我的东西步调一致。

---

① 在最快乐的写作经验中，是作家和材料出现这样一种状态，用罗伯特·弗罗斯特的话来说，就是“意料不到的供应源源不绝增长的那种奇迹”。就是说，可能性的第六感逐渐变成欢欣的奖赏的七重天。（希尼，《第六感，七重天》）

[1994]

一次越轨*

老师让一些大个子男孩在两点
　　　　去搜集柴枝
　　（在匮乏的一九四六年）
而虽然从未把我包括在内

我也想要出去。某个下午
　　　　我跟那些自由地
　　靠土地生活的人一起举手
并发现自己没人管束地早了一个小时，

在相当紊乱、匆忙的天空下，
　　　　走在回家的路上。
　　如果我曾经感到“天空的穹顶”
就在我头上，就是在那一天，

我用谎言满足自己的愿望，
　　　　无所依傍，

---

* 本诗题解见第569页。

对我竟敢提前
感到害怕。那块吉卜赛人的篝火

烤焦路边草的黑地段，那些在光秃秃的
树篱上飘拂的破布，
那寒冷——它使我紧张。
逃学的快乐消失，一只喜鹊升起飞走

留下一片空虚，我穿过它走下来，
在父母的目光中
回到现实，对待整个是否值得的问题，
还有他们那包含无保留地爱的理解。

题解

《金枝》

女预言家对折金枝的指示申明了希尼的美学立场和他作为艺术家和诗人的身份："如果命运召唤你 / 那金枝就很容易得手，自己心甘情愿给你。"但金枝只会为被选中的人而动。如果拥有金枝在这里意指授权，那么它便暗示希尼成为少数被命运召唤去担当诗人角色的人之一。（科林斯）

《标记》

第一部分唤起并表明怎样可以在一次普通活动中跨越边界，或怎样可以设想和感受到闯入另一层经验。第二部分可以被解读成诗人直觉地忠诚于对可见和不可见的形式的痴迷。第三部分以几行诗结束，在这些诗行中隐喻、推测和能量的在场暗示了童年想象性的巧合事件造就了诗歌和诗人。（道格拉斯·邓恩，转引自柯蒂斯）

虽然《标记》中的说话者集中讲述诸如用来做足球场门柱的夹克之类的事情……但是，孩子们"神圣"的游戏空间引向诗人对于时间的直觉，那是充满惊奇、自由和狂喜的时间——一种神圣的时间。（托宾）

我们一群男孩会在夏天傍晚集合，踢球踢至夜幕降临——但我记得的是我们在入夜之后怎样继续下去，甚至继续看见那个球。这变成了诗歌中那额外视域和额外时间的类比，"一场不需要 / 动真格的比赛"，一场用临时标记来玩却具有无穷可能性的比赛。折叠起来的夹克当作球门柱，想象中的边线，幻想中的明星阵容……"某个界线被越过了"，我们进入了某种"难以预知和自由"的状态。（希尼，《踏脚石》）

《父与子》

在这首诗中，我们看到少年如何被初步传授语言知识，以及父与子、过去与未来的角色如何变颠倒和可转换。（诺尔丁）

联系父与子的纽带避过了时间和空间的惯例。最后一节诗把两个人物转移到神话水平，并超越仅仅是把谢默斯·希尼与埃涅阿斯等同起来和把帕特里克·希尼与安基塞斯等同起来：在最后一行中诗人压缩了埃涅阿斯离开焚烧的特洛伊的整个插曲，也即把老安基塞斯背在背后，把年轻的伊罗斯牵在身边的插曲。此外，他做了一次重要的角色转换，因为在他的描述中，儿子（他的头晕眼花通过与安基塞斯的不明就里这一比较而获得诗学价值）被举到父亲强大的肩膀上。谁是父，谁是子？在诗结尾，帕特里克是埃涅阿斯而希尼同时是极其年轻的安基塞斯或一个新的伊罗斯。（齐尔佐特，转引自佩斯特尔）

《幻视》

此诗开始于具体地点，伊尼什博芬岛。但男孩的想象力把他向上提升，超越危险的元素。希尼从未如此优雅地超越界线。虽然在《幻视》中，宗教冲动是非常强烈的，但是它没有限制希尼。第二部分深刻的宗教象征本身并未结束，相反，它以其在第二部分的地位，为最后一部分提供了更深刻的脉络。希尼采用了童话故事方式（“很久以前”和“从此以后……快快乐乐”）来结构最后部分，从而为父亲归来这一不同寻常的记忆提供了更广阔的视角。这个结构，成为叙述者走出他自己的另一种方式，如同男孩在第一部分似乎在做的，并带着崇高的满足俯视他的经验。确实，大地似乎是爱的合适场所。（D. W. 罗斯，见克劳德和霍尔）

第一部分回忆一家人乘船去伊尼什博芬岛旅行。诗人回忆他自己小时候在浮沉的船上恐慌的情形，并以一个把他放置到别处的明喻来看他的家人。这里既有童年觉知又有自我觉知：首次意识到父母会死的时刻，以一种近乎眩晕的方式使一切黯然失色。（科科伦）

第二部分是关于一件艺术作品——一座大教堂正面的雕刻。（吉特）

在这首诗的中间部分，希尼描写一座石雕，它刻画的是耶稣接受施洗者约翰的施洗。（托宾）

再也没有什么比那些“或硬或细或蜿蜒”的线条更不像真实的水了，这些线条被用来象征耶稣站立其中的河水。这首诗问道，有没有一种表现方式，它不是文字的，而是象形文字，如同石中的刻线象征（而不是摹仿）的液体？如果有，如果这些最微小的标志可以在观看者心中唤起水的所有特性，那么也许所有模仿性图像的明暗对照法就可以被表现在一种“石头的”艺术中。诗人敦促自己去信任语言那类似的“绝对的可见”——在“或硬或细或蜿蜒”的线条中——以及相信读者能够补充种种含意。他最后断言，无论在诗歌中还是在埃及书写中，可以有一种象征性的“描绘生命本身的……象形文字”，忠实于其描写对象那“弯弯曲曲”的复杂性。（文德勒）

在讲述了“很久以前”父亲差点溺水，死里逃生的故事之后，出现了父与子之间互相认识和自我启迪的场面。此诗的结尾是一个永恒的互相依存的意象，得救和安慰的记忆的意象，而这记忆如今必须承受的，不是正统的天主教，而是父亲实际的去世。这些诗行以唯一可能的方式恢复了至爱的父亲存在的生动现实：以诗歌语言和形式本身的肌理和压力……（科科伦）

《八月之夜》

诗人想象这个老劳动者（父亲）那双再也不能因铲土活而弄成弓形的手，在（去世后的）另一种生命里以灵巧的奔忙显现；它们变成雪貂，难以抑制又调皮，它们的毛皮翻卷着来自月亮的光辉。（科林斯）

《视野》

正是她的残废，悖论地使得她可以变成一个如此堪作榜样的人物。她的受限制定义了人类意识的本质。希尼更大的意图，是描写这样极端的限制是如何被克服的。（托宾）

《视野》可被解读成希尼的技巧的例证。它描写一个女人，长年坐在轮椅里，凝视同一道风景。她表面上受限制的空间和行动，反讽地造就她扩大的视野。面对她，为叙述者提供了一种教育，一种视角。（波茨）

希尼的姑妈玛丽坐在轮椅里，她只可以望着屋外永不改变的风景……她那毫无抱怨的镇定使视野本身变得有吸引力，如同一道景观因为被一道闸门阻挡而被聚焦。（文德勒）

《干草叉》

最后几行诗，暗示了希尼在诗歌中寻找的超越。他选择追随“那简单的引导 / 掠过它自己的目标”本身就是政治选择；虽然希尼最初承认干草叉作为武器的潜力，因而也是可触摸的权力来源，但是他最终拒绝把它视为武器，从而承认他宁愿选择那放开的手而不是那瞄准的手——和平解决冲突而不是暴力解决冲突。（波茨）

最后一节写得很明白。它说：“让我们继续去体验另一套经验。放开的手是要作为一个松开和慷慨的意象……如同米沃什说的：‘放开那攥紧过去的拳头。’”（希尼，1991 年访谈）

《长凳床》

类似沙发床。

诗集中另一首有政治可能性的诗，这一回写得比较明白，就是《长凳床》。长凳床是一种非常沉重的东西，一种非常乌尔斯特的、农村的东西，一种累赘而沉重的遗产。但你不必完全受负累。永远有办法处理这东西，你知道。（希尼，1991 年访谈）

此诗写的是如何处理文化遗产。长凳床几乎是传统农村房屋里不可或缺的部分，在现代房屋里这种两用家具非常累赘，不实用，且总是妨碍行动。结尾讲到那个守望者，他总是看得很远，前面的世界是如此不同，以致当他从桅杆下来时，实际世界已经改变了。在北爱尔兰的背景下，需要一种非凡的视力，不是拒绝困难的过去遗产，而是从它那里创造新东西，看见超越它的东西。长凳床是一种沙发、床和柜子的混合体，但又不像其中任何组合那样好用，而北爱尔兰也是一种奇怪的混合体，有着不同的东西，却又不是这些不同东西的幸运的混合。（麦克雷）

《重访格兰莫尔》（选）

《拼字游戏》：对一位朋友的记忆通过说话者对拼字游戏的回忆而获得了更新的生命力。游戏的语言和现实的语言邀请说话者用一种新思路来看待游戏盘，倾听那些词会对他说什么。这里，“爱 / 被视为理所当然如同任何别的词 / 被偶然找到并在规则范围内被允许”，但是把爱视为理所当然要比在文字游戏中把词语视为理所当然严重得多。然而，语言、爱和友谊的种种悖论因为这首诗通过游戏的方式披露它们的重要性而变得愈来愈坚持。如果考虑到他的朋友，一位考古学家，“听到”“刮挖、叮当响的工具”也即词语，那它们的重要性就不可低估。（凯瑟琳·马洛伊，转引自马洛伊和凯里）

《除邪十四行诗》：前一节讲诗人的诗歌“物业”，后一节讲诗人拥有真正的房子。

《天窗》：希尼传达他的双重享受：在封闭的阁楼里那种包围起来的安全感和屋顶开了天窗之后被照亮的释放感。回顾起来，我们看到那个密封的阁楼有点儿太保守、太内向；现在，诗人有信心面对外部。对他来说，这不啻是某种拯救，如同那瘫子一样，“他的罪被赦免”了。（麦克雷）

我曾经非常喜欢幽闭环境——面对那堵墙，天花板很低。在那座小屋，我们有这种可爱的旧天花板，而我与玛丽不能达成共识的其中一件事就是天窗。她喜欢开个天窗，而我说：“不，保留那个笼舍，就让那个盖子那样盖住。”有一次我从哈佛回来，踏上小屋的楼梯——天窗开了！实际上，这对我来说是巨大改变；在年近 50 的时候又有点事情做了：我抬起眼睛看天堂……（希尼，《踏脚石》）

《枕上的头》

由于我们已经有两个男孩，所以我们希望有一个女孩；因此，当一个女孩**真的**出生了，那是一种特别的快乐。这首诗描写当时的环境——玛丽在一个早晨，一个 4 月的早晨，感到阵痛，所以我们在黎明刚过就出发去医院，乡间一片宁静，一路上都能见到树下的野鸡。我们俩都知道我们忘不了这个场面……这次经验不同以往，还因为这一回我进了产房。当“被拍过、可触可摸的小女儿”出现时，我就在产房里。（希尼，《踏脚石》）

《佳景》

在《佳景》中，写到一对夫妻“顺流而下毫发未损，/ 在多泥的两岸之间，岸上伤者彻夜对着 / 无火光的爆炸和无回声的炮弹哮叫”：这些诗行显然记录了一种断裂，也即我在哈佛和都柏林所过的“毫发未损”的生活与北爱尔兰普通人正在经历的处境……对我来说，有一种触及禁忌题材的感觉，尤其是在《佳景》中，行使我自己的“特殊判断”，也许甚至是一般判断。这很可能是造成它的陌生感的原因，不过，陌生感也不错。（希尼，《踏脚石》）

在《佳景》中，那对情侣（我们知道，他们极其诗意地来自爱尔兰天主教背景）被描绘成两个“王室受宠者”，他们“未受阻挠、怨声怨气、眼神明亮”。诗结尾时，转而把审问的眼光投向这对情侣。这并非被殖民者的抱怨，而是一位诗人在应付“特权的过量”，或如布罗茨基所言，“朋友，你在帝国里”。（贾斯廷·奎因，转引自奥多诺休）。

《轮中轮》

《轮中轮》是诗集《幻视》中继《幻视》一诗之后第二首明确处理“异同”这个主题的诗。这首诗比前一首诗更富表达力，世界的可触可摸被视为从一种再生的不在场中出现。在回忆他把自行车颠倒过来，把后轮踩得“异乎寻常地快”时，希尼那看似“固定”的描绘生命的象形文字被改变成“永恒运动”。溅回到少年脸上的那可触摸的烂糊和细粒，那粉碎的禾秆，那仿佛被一种比自身更大的“新势头”带着向前的感觉，都是悖论地通过刚刚还存在的东西的消失来显示的。就其本身而言，少年的游戏就像诗人的游戏，乃是一种抛物线式的工具，在其中空虚显露它作为可见和可触摸的宇宙的来源的本质。（托宾）

“保留不删”是一系列圆形意象的最后一个，这些圆形意象一个套一个：“马戏场”“鼓”“擂”“聚光灯”“旋转进场”“套马索”“单脚尖旋转”“翻筋斗者”“又跳又唱绕圈转”（按：这些词都含有或其词根含有圆形之意）。圆圈是完美的象征；圆形运动是圆满和无缺陷的运动。无始无终，圆圈拒绝死亡的定局……（富马加利）

《寄养》

我很多年前在威克洛听到一个故事，关于某一地区的人与魔鬼达成协议。我想不起他们获得什么好处，但是作为交换，他们同意让魔鬼在某日某时辰来收取他们的灵魂。当然，随着时辰逼近，恐慌也加剧，直到在最后时刻来了这群锡匠——流动焊锅匠，他们提议在树上建造一个古怪的锡钟，然后把时间调错。接着，魔鬼来了，他发现他搞错了，发现他来得太早，违背了协议，所以大家都获得解放。（希尼，《踏脚石》）

在中年，他回归童年的原地，以及他最早的诗的原地，发现一种有别于早期作品之“合适位置”的选择。最后几行诗使人想起希尼较早的一首诗，也即《田间耕作》中的《歌》，该诗指涉詹姆斯·斯蒂芬斯翻译的一个爱尔兰古老民间故事中菲昂与奥西恩的辩论。“伟大的菲昂说”：“发生的事物的音乐，那才是世界上最伟大的音乐。”《寄养》证明，“发生的事情”有其音乐，亦有其“郁闷”，有其乏味或抑郁，以及证明有一个“奇迹”的位置，奇迹也许可以与这些低地的水力学共存，如同“神奇事物”与那首关于船员的诗《轻松》中那些偶然事件的世界里的寻常事物共存。因此，《寄养》是一首深思熟虑的过渡诗，其最后一个词几乎已经是诗集紧接着的第二部分的组诗《方形》的组成部分，那个“组诗中的组诗”的第一组正是《轻松》。（科科伦）

“相信”奇迹当然是相信奇迹，以及相信希尼诗歌中的一股难以抗拒的力量。但它也是信任神奇事物，而在他近期诗歌中，希尼是如此信任神奇事物，以致读者可能会觉得神奇事物在他的青少年时代简直太常见了，尤其是他有能力把哪怕是明显有气无力的事情转化（如果不是在当时也是在记忆中）。（约翰·威尔逊·福斯特，见奥多诺休）

《方形》

在组诗《方形》这个总标题下，有四个小组诗：《轻松》《背景》《跨越》和《方形》。每个小组诗包含12首诗，每首十二行，因而整组诗构成某种几何学的“平方”：4×12×12。（科科伦）

各诗呈“方形”，五拍宽、十二行长。（文德勒）

“方形”是童年用词，写时不假思索，但现在似乎有必要解释一下。“摆方形”（摆正姿势；校正）是学校男生的行话，指在弹子游戏中调整姿势，准备好瞄准另一颗珠或瞄准一个弹子洞。写了3首之后，“方形”暗示的平方，又使我觉得可以写12首十二行诗，而由于我觉得这并非不可能，于是就尝试写（最后写成4组十二行诗，每组12首）。（希尼，《第六感，七重天》）

《轻松》1：在写这首诗时，我对它没有计划，对读者也没有图谋，没有什么来继续下去，除了一系列来自内心叶状森林的意象。从一开始，事前没有准备，突然出现一个画面，一个乞丐在一座无屋顶的小屋门口，炉床有一洼雨水，还有高而寒冷的天空里移动的浮云。还有一个感觉，觉得这是一个意象，代表灵魂被召唤，要在永生的边缘接受审判，也就是我曾经从别处知道的“特殊审判”——不同于最后、普通的约沙法谷的审判。特殊审判是一种远远更为孤独的事情，其前景既扩大也迷惑那个被告知要去期待它的孩子的意识。诗中渗透的正是这种扩大、迷惑和孤独的意识。那时，我更强烈地意识到精神意味着什么，因为我不久前曾站在临终的父母的床边，目击发现在这类时刻的纯粹转变，简单、重大而神秘。我已习惯于说现在我已光着脑袋面对宇宙，童年的屋顶已被掀掉。（希尼，《第六感，七重天》）

“无屋顶”事实上是引发《方形》第一首诗的词，如同诗人出色地提炼的（以爱尔兰随处可见的荒废无屋顶的小屋的意象）：在父母过世之后，独自在祖屋里能见到的，就是这种景象。虽然在最初，诗中那个取而代之的颤抖的乞丐使希尼产生基督教的“特殊审判”的错觉——也即在一个人死后，在上帝目光注视下，独自接受审判——但是他抛弃错觉而承认真理：“没有下一回。”希尼在最后一行中说，在废弃的祖屋里，你面对的是“无屋顶的视野”（“视野”这个词，在《斯威尼再生》中的《神职人员》一诗里，是一个指谓“空虚”的词）。这些令人不安的对立词——光辉、乞丐；光，身影；光秃秃，明亮——为读者做好了准备，去迎接那个中心意象，也即那个冰冷的倒影：它不再是有着第一级温暖的家庭壁炉炉床，而是非人性但美丽的云朵生命，反映在第二级水洼的倒影里。我们不能否认无灵魂的云朵的自由漂泊的美丽，但那水洼拒绝透明地面向精神性。一连串无奈的否定紧接而来——“没什么”“没什么”“不”“没有下一回”——但它们受到“视野”和“风”的抑制。“风正在起；我们必须设法活下去”，瓦莱里在《海滨墓园》里说，同样是拒绝死亡的诱惑。（文德勒）

《轻松》2：第二首诗是对第一首结尾的句子“无屋顶的视野。使知识清新的风”的某种唱和式的反应。（希尼，《第六感，七重天》）

重要与犹豫互相对抗。诗以既坚定又流动的自我命令结束。这里，言语的自信受到反讽的震动的轻微动摇，因为希尼用一种流动起伏的语言来表达他坚持诗歌语言的压力和精确，而这流动起伏本身也构成一种摇摆犹豫。在这个意义上，这几行诗道出了他的创作感受力的一个基本方面：在相反的倾向之间摇摆，寻求片刻的平衡和确信，同时留意每一个使这一目标受挫的对立思想倾向。（詹姆斯）

《轻松》8：我们假设祈祷室是向天空敞开的，而船是在空中而非海上。故事的中心是修道院长认识到人类的、地球的空气对船上那个人来说是陌生和致命的，如同陆地和空气对美人鱼而言。当锚脱离祭坛栏杆，船继续航行，那名水手显然把他在下面遇见奇怪生物的事告诉同伴们。此诗提出了什么是寻常什么是奇迹。它们是可以互换的吗？修道士们自己居住在一个奇怪的维度里，既在世上又与世隔绝。他们在祈祷中使自己脱离平凡世界，而作为基督徒，他们接受奇迹，把奇迹作为上帝的本质的一部分。显然，他们似乎看到祈祷室里发现了不寻常的事情，但对那个来访者而言，他们似乎是奇迹。希尼悄悄地打乱了我们关于寻常与奇迹的自以为是的区分。（麦克雷）

《轻松》9：也许是母亲的逝世催生了这首对非常早的童年的回忆的诗，诗中他自己的生命是由她支撑的。这首诗是对某个夏天在内伊湖岸的回忆，当时诗人的母亲和两个姑妈一起坐在这艘不动的船里谈话，诗人是一个非常小的孩子，被抱着，像鸟巢里的鸟儿，在母亲的臂弯里。（奥布赖恩）

《背景》：“背景”一词暗示生命的各种背景，各种保持静态的场景，同时各种活力在这些场景之前或场景之内发生。有关“背景”的理论见于第 19 首诗：

记忆作为一座建筑物或一座城市，
灯光明亮，设计合理，布置了
活人造型和穿戏服的模拟像——

根据文艺复兴的记忆理论，记忆应放置在精神上的视觉化背景中，以便心灵的眼睛可以学习以有意义的次序回想它自己的内容：

古代教科书建议说

应把熟悉的地方与图像的密码
刻意联系起来。你知道每个背景中的
预兆，你眨眼和集中精神。

背景不是象征某种超越它们自身的东西，而是某种*在*它们自身内的东西。一个背景是某种在中年的回顾中被重新看见并被视为在它当年被体验时具有预兆作用的东西，尽管体验者在当年并未认识到那背景中的预兆。（文德勒〔B〕）

《背景》15：从马厩稻草里发现“伦勃朗微光”，是某种新东西。这个场面确实有点儿像是用黄金浮雕法刻画的，生动地描绘处于希尼青少年时代中心位置的卑微的丰盛……他父亲在察看其私人宝藏……虽然他父亲是一家人粮食的守护者，但他更像是一个哨兵而不是一个国王……希尼远远不是对这个场面感到失望，而是把这个看见的时刻珍藏在记忆中：他把父亲的贮藏物的米达斯（贪财国王）的微光转化成“堆积的埃及谷物”，一种他间接地共享的丰盛，“隐而不见又被点亮”。他依旧保持隐而不露，并最终在语言的保险库里打开了这些令人印象深刻的意象。（科林斯）

《背景》19：“你知道每个背景中的 / 预兆。”希尼这些背景诗背后的指令是一种认识论的指令：知道。我们首先通过感官察觉一种现象，一个“背景”。但这仍不能完成知识：我们还必须知道预兆。这种预兆不是通过继现象的察觉之后推断出来的，也不是通过背景而象征性地知道的，而是在充满感官愉悦地在背景中知道的。希尼给自己设置的任务不是寓言的，而是我们也许可以称之为洞悉未来的感知。（文德勒）

《背景》24：回忆涨潮的海港。（卡瓦纳）

在一个寂静和荒凉的时刻，视野获得“完美”，空气和海洋“闻名”于它们的相互性。肉体的充满活力的生命将打破这种完美——因此，这首感恩之诗也像所有“完美”的事物，乃是死亡的象形文字。（文德勒）

《跨越》32：我们依然希望有那样一种条件，使渴望已久的事情和实际的事情能取得一致。一种边界被跨越而不是被争夺的条件：

流水从不失望。

涉水而过永远有所深化。

踏脚石是灵魂的停靠站。

（希尼，《值得一提的事情》）

《方形》41：河流意象被用于暗示时间的流动，“甜蜜的稍纵即逝”，一种持续的奔流，在奔流中“揉皱的流动”和“轻浸天空的柳枝”之美，是伴随着“一点害怕”的。显然，当希尼引入稍纵即逝这个主题，承认童年世界“不会持久”时，是含有一种遗憾的；然而与此同时，他坚称他是在“兴腾或平息”他的记忆而不是屈从于记忆，这表明他拒绝沉湎于怀旧或沉溺于永远保持现状这一无望的意欲。（皮科特）

《方形》42：希尼把他青少年时代的农村劳动者形容为依然出没于一片熟悉的风景的幻影。生命的节奏没有减退，哪怕是在突变和死亡面前。因此，希尼的先辈们所特有的原始活力和持续的警觉使他们“依然感兴趣，不知道／阴魂的国度被向后推了多远”。那土地的老居民依然维持充满活力的存在，在他们死去很久之后诗人仍可以辨认他们。如同所有阴魂，他们存在于时间之外，“像一座远山被阳光异彩照亮”，他们黏附土地就如同阴影黏附光。（科林斯）

《方形》44：亨利·沃恩的 17 世纪玄学派的保证“全都消失到光的世界里”被希尼表达成一个未有答案的问题，然后被置于不可知论的带怀疑的检视之下，最终把这行引诗简化成两个词“全都消失”，其意思刚好与全行相反：不是“全都消失到光的世界里”，而只是“全都消失”……叶子不可能移动得比河流快，而只能跟河流一样快，因此这感觉转回到感觉者的意识，而这意识当然是一种正在思考死亡的永恒与生命的短暂的意识。（科科伦）

《方形》45：希尼想象至爱的农村亲人死后的命运……所有想象中的未来状况都是过去状况的投射，我们期待的任何天堂都是我们留在身后但可以重新遇到的天堂。（卡瓦纳）

这里，来世被以绝对本地特征的方式处理：死者再次（如同在第 42 首中）被放置在他们的前居所的土地上。“地上的天堂”这个不切实际的暂时满足的滥用词，如今也被用来定义唯一可设想的死后满足，也即他们日常生存现实的强化。结尾诗行以一种经变形的家庭生活和忠于职守来取代基督教最后审判的可怕末世论，这种做法就其形而上学的修辞突降法而言是幽默的，就其变形能力而言却依然是壮丽的。事实上，这似乎是一种适当的最后奖赏。就其本身而论，它扮演了但丁在《地狱篇》所称的“对立平衡”的亲切形式。所谓“对立平衡”是指在地狱里对罪人的惩罚与其在人间所犯的罪相称。就是说，希尼这首诗既吸纳了但丁的母题，又偏离它，并且是以一种富于暗示性和修正主义的方式，这种方式与其对世俗、后基督的意识的见证保持一致。（科科伦）

诗结尾中屋子尘埃的平凡性反讽地削弱“一个法官，他来到他们与太阳之间，/ 在一根由屋子尘埃形成的光柱里”的形而上学维度。一如科科伦所说的：“在以不同的方式再创造但丁式的‘对立平衡’的过程中，这首诗是在做着本组诗中另几首诗也以规模较小的方式做的事情：它们频频重新激活传统基

督教和古典的联想，其方式是结合世俗和灵性的重要性，或把显然是规范和琐碎的东西扩大至其寻常界限以外。”（克拉茨）

《方形》46：一名爱尔兰小提琴手演奏传统跳舞音乐时具有发明性的变奏，不为拍子所缚，也不可估量，不管他的天才把他带往哪里，都如同一支贝多芬后期四重奏那样堪称典范，说明一般音乐在表达难以表达的事物时，要比可怜的文字所能做到的直接得多。这里是发明的奢侈，在“满帆下”，在一艘以吉格舞为帆具、里尔舞曲为龙骨的船里，如同修道士们在克朗麦克诺伊斯修道院所见，进入我们大家无意识或有意识都欲求的不管什么东西：进入完美，进入神秘。（加特雷尔）

《一次越轨》

此诗重启熟悉的希尼题材的感人效果，就是反悔的题材，这反悔使那为了自由而违反团体规则的人苦恼——在这里则是一次逃学，最后通过孩子回家得到父母的理解和爱而得到解决。（克里根）

选自《酒精水准仪》（ 1996 ） *

* 酒精水准仪又称气泡水准仪，简称水准仪。一种由一个差不多注满酒精或其他液体的玻璃管构成的装置，包含气泡，气泡的位置被用来测量水平状态。

书名《酒精水准仪》（按：字面意思为“精神水平”）并不是一个含糊的标签。它可能表明某种有别于物质世界的精神维度。它可能是指建筑工人用来确定水平线的工具。它可能指向平静，一种平衡的情绪。（麦克雷）

希尼重复一些熟悉的主题，同时发出将使其早期作品的读者感到吃惊的新音调。书名指一种木匠的水准仪，分辨某个表面是否达到完美水平或垂直。相应地，《酒精水准仪》对平衡、均衡、因果报应有很多东西要说。他的诗，落在我们视为对立面的东西的平衡点上，可以使我们发现有时候我们的视野是完全欺骗我们的。（蒂林哈斯特）

某种重大的事情发生了（指爱尔兰共和军 1994 年停火）；而在这次事件之后，生活必须持续下去。《酒精水准仪》探询那种在“此后”中生活的持续。（文德勒）

《酒精水准仪》是爱尔兰木匠使用的水准仪，一种脚踏实地的物质指涉，指涉精神方面的事情，而这是典型的希尼方式。（正午出版社 1996 年版简介）

希尼诗集《酒精水准仪》里的诗，继续发现在各类题材和环境中的“新开始”的可能性。在一首又一首诗中，成败的关键是在一种永远不停地流动、警惕而完全真实的诗歌中物质、精神和政治的浮力与平衡的机会。（费伯出版社 2001 年再版简介）

这是希尼获诺贝尔文学奖后的第一部诗集，身份认同依然是一个重要主题。伴随着对艺术独立的断言、来自荷兰语和罗马尼亚语的翻译、献给其他民族的作者、学者和艺术家的诗，《酒精水准仪》标志着希尼抵达国际身份。在《酒精水准仪》中希尼继续寻找爱尔兰“动乱”与往昔的联系，但在更多情况下，他似乎比以往任何时候都更直接地处理“动乱”，也比任何时候都更直接地面对由成长和转变提供的各种新可能性。（科林斯）

雨　棒*

——给贝思和兰德

把雨棒倒过来后便可听到
一种你永远也不会知道的
音乐。在一枝仙人掌空柄中

倾盆大雨奔泻、汹涌、激扬，
滔滔流溢。你站在那里像一支笛子
被水吹奏，你再次轻晃它

便有渐弱音流过所有音阶
犹如檐槽止淌。就在这时
焕然一新的叶子垂下稀疏的雨滴，

接着青草和雏菊滑落微小的雨点；
接着是闪亮的雨丝般、几乎是呼吸似的空气。
再把雨棒倒过来。接着发生的

不会因为以前曾发生过一次、

---

* 本诗题解见第640页。

两次、十次、一千次而减弱。
谁在乎所有音乐的发生是不是

沙粒或干种子通过一枝仙人掌流泻?
你像一个穿过一滴雨的耳朵
进入天堂的富翁[①]。再听一遍。

① 进入天堂的富翁，耶稣说过富人进不了天堂，富人进入天堂比骆驼穿过针眼还难。

薄　荷

它看上去像一丛满是尘埃的小荨麻
胡乱地生长在屋子的三角墙边，
就在我们扔垃圾和旧瓶子的地方：
总不见它绿起来，几乎不值一顾。

但是，说实话，它也在我们
生活的后院增添指望和新意，
仿佛某种稚嫩又倔强的东西
闲荡于绿色小巷并渐渐繁茂。

剪刀的窸窣声，星期天早晨的
光，当薄荷被剪和被爱：
我晚近的事情将最先被我遗忘。
但是让所有幸存下来的都自由自在吧。

让薄荷的气味醉人且无力自卫吧
一如放风场里被解放的囚徒。
一如那些被漠视的人，我们对他们翻脸
是因为我们的漠视已经令他们失望。

选自《酒精水准仪》(1996)

四十年代的沙发*

我们全都在沙发上，成一条直线，跪在
彼此背后，从最大到最小，
肘部撬动如活塞，因为这是一列火车

而在门边框墙与卧室门之间
我们的速度和距离难以估量。
最初我们转轨，然后鸣笛，然后

有人验看不见的票
并非常严肃地打孔，
随着一节节车厢在我们身下

愈来愈快地移动，咔嚓咔嚓，沙发脚
也开始晕眩，远处厨房地板上
那些够不着的人也开始挥手。[①]

---

* 本诗题解见第640页。

① 想象中等待迎接抵达旅客的人。（麦克雷）

*

鬼火车？葬礼凤尾船？那雕刻、弯曲的尾部，
那黑色人造革和装饰华丽的憔悴
使它显得好像沙发已达到

漂浮状态。它那踮起脚尖的小脚轮，
它那穗带和流畅的靠背板使它散发
过时的盛典的气息：

当乘客挺直腰板忍受它，
当它在自己的孤僻中保持冷漠，
当不够的玩具在圣诞节早晨，

出现在它上面，它坚持做它自己，
有潜力上天，但铁定在地上，
在也许合情理或令你失望的事物中间。

*

我们进入历史和无知，
在收音机架子下。咦吡—伊—哎，
唱《牧场的骑手们》。现在报告新闻，

不容置疑的播音员说。在他与我们之间
一道巨大的鸿沟修理好了，那里发音
实行独裁统治。天线

从树顶牵下来，穿过窗框里
一个钻孔。当它在风中飘摇，
语言的晃动及其回声

在我们心里牵拉和晃动如水中渔网
或远方火车那抽象、孤独的曲线
当我们进入历史和无知。

*

我们以全部力量占据我们的座位，
适应那不舒服感。
坚持不懈本身已是奖赏。

在前方一个装软垫的扶手上
有人朝一边伸长脖子，司机或
消防员，擦着他无汗的额头，俨然

一副吃苦耐劳的敬业样，似乎
根本就不知道我们的存在；我们感到
一条隧道就快进入视野，我们将一拥而入穿过去

像无灯的车厢在夜里穿过旷野，
我们唯一的工作是坐下来，眼睛直视前方，
准备被运走和发出火车头的声音。

继续撑下去*

——给休[①]

从远方来的风笛手是你
用一把粉刷刷子当做毛皮袋
在身上摇晃，一张厨房椅子
倒搁在你肩上，你右臂
假装在掖你肘下的袋子，
你的突眼和大脸颊几乎爆出
笑声，但把低沉的音调冗长地
保持下去，在屏气之间。

*

那把粉刷刷子。一件发白、磨损的旧物品
搁在牛棚门后，耐心等待着
直到春天的微风招来工作桶里的石灰
和一根搅拌棒去把它和水混在里面。
那些味道令眼睛流泪，我们吸入

---

* 本诗题解见第640页。

① 休是希尼的弟弟。

某种呈绿色的燃烧并想到硫磺。
但刷墙这种实际工作的
溅泼，那被甩打上去的
最初水淋淋然后逐渐越来越白地变干的
宽幅条的灰色，所有这一切都像变魔术。
我们从哪里来，我们知道已归还给了我们的
这个王国到底是什么？我们的影子
在墙上移动而一片柏油似的潮湿地带闪耀着
一整座房子长度的光亮，一条黑分界线
像一条新开、刺鼻、发臭的壕沟。

*

你若在三角墙边撒尿，死者就会聚集。
但各自来。女人在入夜后，
临睡前在那里蹲一会儿，
那是灵魂独个儿的唯一时间，
面孔和身体在天堂的眼睛里
平静的唯一时间。
　　　　　　　脱脂乳和尿，
餐具室，收容的野兽，聆听的卧室。
我们以前都一起在那里，
在一种也许难以翻译到
那些起风的午夜之外的知识中，我们仍不能
肯定究竟发生过没有。它散发山寨黏土
和牛粪的味道。当荆棘树被砍倒

你折断手臂。我也感到那种恐惧
当一只怪鸟连续几天栖息在牛棚屋顶上。

*[①]

那一幕，麦克白在噩梦中无助
又绝望——当他再次遇见那些丑老太婆
并看到锅中的幻影——
我感到那一幕很熟悉。炉床，
水蒸气和嗥叫，冒烟的头发
遮盖一边的脸。“别走近你要去上的
那所学校里的坏小子们。你听到我说了吗？
你听到我在跟你说吗？别忘了！”
接着那根搅拌棒激活稀粥，
水蒸气云冠旋转，一切亲密
和被恐惧笼罩的事物闪亮了一会儿，
然后逐渐黯淡、致命、消失。

*[②]

如同稀粥的灰物质夹杂着血斑
形成污迹溅在白涂料上。他的头原先
占据的地方留下一个干净的部位，其他污点吸入

---

① 本诗描写希尼把童年所见的老妇视为《麦克白》里的巫婆。

② 本诗描写36岁的戴维·麦奎兰在贝拉希镇等待搭便车去上班时被枪杀的事件。贝拉希是希尼老家附近的小镇。(法贝特)

那个像任何早晨一样的早晨
他所背靠的那堵干墙，
兼职后备役成员，携带午餐饭盒。
一辆汽车慢慢驶在城堡街上，停住，
越过三角地带，再次慢驶并停下
在他身边，尽管那不是他要搭的便车。
接着他看见一张普通面孔，
很普通，还有一支枪顶住他的脸。
他右腿被钩向后，脚掌和脚跟
贴着墙，右膝盖稳固地支起，
所以他一动不动，仅靠他全部力量
撑住他自己，然后倒在柏油线外，
用他大量的血喂那排水沟。

*

我亲爱的弟弟，你有好耐力。
你留在你碰巧在的地方。你的大拖拉机
你把它停在三角地带前，你向人们挥手，
你的叫声和笑声盖过发动机的转速，你驾驶
在新路上，以保持旧路通畅。
你把风笛手的毛皮袋称为粉刷刷子
然后装扮一番推着我们穿过厨房，
但你不能使死人走路或洗刷冤屈。
有时候我看见你忍无可忍，
挤奶房，在两头母牛之间

支持住自己，直到你的发作过去，
然后再次在牛粪味中清醒过来
并纳闷，就这些吗？起初
这样，现在这样，将来也这样？[①]
然后揉揉你的眼睛，看见我们的老刷子
挂在牛棚门上，然后继续撑下去。

---

① 这个疑问句是来自基督教礼拜中的《荣耀颂》，原文是肯定句而非疑问句：“起初如何，今日亦然，直到永远。”

两部卡车*

雨下在黑煤和潮湿的暖灰烬上。
院子里有车胎痕迹，阿格纽的旧卡车
起落板全松开而运煤工阿格纽正在用
他那带贝尔法斯特口音的甜言蜜语劝诱我母亲。
她会去马拉费尔特看电影吗？
但下雨了他还有一半货

要往前面送。这一回我们的煤
所来自的矿脉是丝绸般乌亮的，因此烧出来的灰烬
将是最丝绸般的白。马拉费尔特
（经图姆桥）巴士从眼前经过。那半满的卡车
连同其折叠的空煤袋撩动我母亲：
看这裹着皮革围裙的运煤工耍的甜嘴皮！

还看电影哪！一个运煤工的自负……
她走回屋里拿出石墨
和砂纸，这个一九四〇年代的母亲，
全是围绕着炉子的家务，用反手抹掉

---

* 本诗题解见第 642 页。

脸颊上的一半炉灰，当插好销的卡车
加快发动机转速，掉头，驶向马拉费尔特

送最后一批货。啊马拉费尔特！
啊，梦中的红长毛绒[1]和一个城市运煤工，
当时间快进而另一部卡车
吱嘎吱嘎驶入镜头，来到大街上，载着
将把巴士站变成尘土和灰烬的炸药……
这件事情发生之后，我有个幻象，看见我母亲，

一个亡魂，坐在马拉费尔特那个冷地板的候车室里
一张长凳上，我平时就在那里跟她见面，
她的购物袋满是胡乱塞入的灰烬。
死神走出来经过她，就像一个灰土灰脸的运煤工
在重新折起运尸袋，处理他的货物
空袋叠着空袋，在一阵

尘埃和发动机转速声中，但现在它是
哪部卡车？青年阿格纽的，还是那另一个
更沉重、更致命的，它设定要爆炸
在一个她在马拉费尔特的时刻以外的时刻……
那就计算袋子和用甜言蜜语劝诱黑暗吧，运煤工。
听那雨在新灰烬里噼啪作响

---

① 红长毛绒，可能是当时电影院的内部装饰或座位垫衬物。（法贝特）

当你装上一车叫作马拉费尔特的尘土
然后从你的卡车里再次探出身子，成为我母亲的
梦中运煤情人，覆盖一层丝绸般白的灰烬。

布拉斯李子*

红色和水泥尘。一抹未干的血
黏在这泥水匠的指关节上，像布拉斯李子汁斑
渗透他的自备午餐。
　　　　　　　　　　一个耸立的砂浆斗
靠着用砂浆涂抹的墙，他左手里（仅此一次）
明亮的大泥刀垂下
这时他惊讶于他的右手，高而裸地举起：
城堡之王，脚手架行走者，被世界
看见在流血。
　　　　　　　我五十年前
所见颜色黏稠的伤口——
作为预兆的布拉斯李子，怪异，一个要解读的梦——
正与一臂之距的死者同哭泣，来自
无论何处和不知何处、此时此刻的死者。①

---

* 本诗题解见第 642 页。

① 希尼披露历史性时刻（他当时 10 岁），那个征兆证明是不祥预感，近似于他后来从古典神话故事或第二次世界大战传闻所知悉的事情，尤其是近似于他将亲历的北爱尔兰“动乱”的事情。（法贝特）

*

一而再地，那涂抹，那刮削和混合
当他用泥刀撇平又撇平，铺好
一层层阴郁的砂浆。然后砖块
一晃落下，妥妥帖帖摆直。
我特别爱那泥刀的闪光，
边缘和尖锋永远干净
并因为落力而使自己变亮。
它看似轻巧但感觉重如武器，
然而当他举起它总是不费劲。
全是对准、撇去、浮移和闪光
直到他清洗它并把它紧裹在粗麻布里
像一把迷信用刀，必须藏好。

*

伸出舌头来舔血的鬼魂们
拥挤在梯子上，全都未治疗，
有些依然穿戴染血的装备。
开车把他们送回到门口或路上，那儿
他们一度躺在自己血泊中，在剧热的
作呕中和宝贵生命的最后一口气中。
泥刀挥舞者，老友，把他们赶走吧
像奥德修斯在冥府中用他的剑

猛砍猛削，挖壕沟和割切献祭的
羔羊的喉咙。
　　　　但跟他不同——
你是建筑工，不是洗劫者，你的盾牌是砂浆板——
把他们赶回到家中那葡萄酒般暗的滋味，
那锅中煨炖的布拉斯李子味，
那浓稠地舀出，在阳光中冒着蒸汽的果酱。

积极介入*

五十六英磅秤砣。一个固铁
否定单位。压过，铸有
套印小图，梯级般厚，模具制的，短横木

做柄。摆好架势，看上去无害
直到你试图举起它，接着是一股撕裂眼窝、
贬低生命的力量——

引力的黑盒子，静止重量
那不可移动的压和蹲和平方根。
然而用另一个置于

地秤上的秤砣来平衡它——
一个调整良好、刚涂了润滑油的地秤上——
则一切颤抖，互相退让，也就顺了。

---

* 本诗题解见第 643 页。

*

这就是佳音的全部意思：
这承受原则，保持振作
和苦撑，无非是必须

用别人身上的不宽容
来平衡我们自己的，必须
遵守我们所将就和所习惯的

而不管我们喜欢与否。消极的
受苦使世界运转。
世界和平，好心人，所有这些

要有效，就必须维持平衡，
天平稳定，天使的歌曲
就会以非尘世的音高延长。

*

拒绝把另一边脸也凑过去。扔石头。[①]
有一天不这样做，不与你
把自己伤成的顺从者决裂

就是使你的伤、自我、内在规则失望。
预言谁打你！[②] 当士兵们嘲弄
被蒙眼的耶稣而他没有反击

他们既不感到羞耻也没受教化，尽管
显露了某种东西——不行使力量的
力量，永远是无力量者

所臆想的希望的力量。然而，看在耶稣分上，
帮帮我，行吗，只这一次？
预言、立恶表[③]、扔石头。

---

① “另一边脸”典出《马太福音》耶稣的话：“有人打你的右脸，把左脸也转给他。”“扔石头”典出《约翰福音》关于通奸的妇人的段落。耶稣说：“你们当中谁没有罪，谁就先用石头砸她吧！”

② 意译为“你说预言吧！打你的是谁？”典出《路加福音》：“看守耶稣的人戏弄他、殴打他，又蒙住他的眼睛问他说：‘你说预言吧！打你的是谁？’他们还说了很多别的话辱骂他。”

③ 预言，依注①，意为说出是谁打的。立恶表，立恶榜样，引人犯罪。典出《马太福音》。

*

每个问题都有两方面：是的、是的、是的……
但有时，积极介入
才是实质，而不需要

任何自辩或自怜。
唉！某夜，当需要步步紧逼
并以快速出手来一次迎头痛击时

你反驳说是我的狭隘
使我保持热度，就这样输了第一回。
我在原本会造成流血时犹豫

并因此（我错了）失去优势。
一种千不该万不该的骑士精神，老朋友。
到这地步只有脏手段才能变清白。

圣凯文与黑鸟*

然后是圣凯文和黑鸟。
这圣人跪着，手臂伸开，在他那
小房间里，但小房间狭窄，所以

一个翻起的手掌是伸到窗外的，僵硬
如横梁，这时一只黑鸟飞临
在里面生蛋，并安心筑巢。

凯文感到那温暖的鸟蛋，那小胸，那藏入的
整洁的头和爪，发觉他自己
被连接到永生的网络里去了，

感动得生起怜悯：现在他必须连续数周
在阳光和雨水中支撑着手，像树枝，
直到小鸟孵出，长满羽毛，然后飞走。

---

* 本诗题解见第644页。

*

而鉴于整件事不管怎样都是想象的，
那就想象自己是凯文吧。哪个才是他？
忘我还是始终在极度痛苦中

从颈脖一直到他发疼的前臂？
他的手指在沉睡吗？他还能感觉到自己的膝关节吗？
或地底那闭眼的空白

慢慢爬上他全身吗？他的头脑保持淡定吗？
孤独并被清晰地反映在爱的深河[①]里，
“努力而不寻求回报，”他祈祷，

一个他用整个身体做的祈祷
因为他已忘了自我，忘了鸟儿
以及在河边忘了河的名字。

① 爱的深河，一位基督教圣人的完全奉献的爱。（麦克雷）

航线（选）

Ⅳ*

以下供纪录，鉴于
之前和此后的一切：
一个明亮的五月早晨，一九七九年，
刚从纽约飞抵的“红眼”航班下机，
我坐在前往贝尔法斯特的火车上。对归来
感到一种朴素、简单的振奋：斯凯里斯的
大海，婚礼般盛放的山楂花，
北方之旅甜蜜地稳固下来，如一条链
扣在每一个实在的链齿上。
　　　　　　　　　　　这时进来——
仿佛他是某部写实电影的边防警卫——
这个我曾在梦中遇见的人进来，
如今那脸色比在梦中还阴沉，那时
他在一条山边道路上示意我停车，
走过来把手肘搁在车顶上
然后透过开着的汽车车窗解释说

---

* 本诗题解见第 644 页。

我只需要把一辆小型客货车
小心开进在佩蒂戈的下一个
边检站，停车，出来
装出我拿着报关表要去办公室的样子——
但实际上我还要多走十码
来到大街上，与某个人碰头——
另一个校友的名字，眨眼微笑，
我肯定会认识他的，他会在一辆福特牌汽车里
而我会在三个小时内回到家里，绝对
安全……
                他就这样进来坐在
对面并迎头痛击我。
“看在他妈老天的分上，你什么时候
为我们写点什么?”“如果我写点什么，
不管那是什么，我也只为自己而写。”
就这样。或大致相当于这样的话。

那几个月里牢房墙壁上涂满了粪便。[①]
在他的肮脏抗议之后，出了长凯什监狱[②]
红眼是夏兰·纽金特[③]的双眼

---

① 指长凯什监狱政治犯不满狱方的待遇，发动抗议，并把粪便涂在墙上。

② 即梅兹监狱，又称“H—区”。

③ 纽金特以其成为爱尔兰共和军在梅兹监狱的第一个“毛毯人”而闻名。所谓毛毯人是指这些犯人把自己视为政治犯，但当局把他们转往梅兹监狱，当作一般罪犯对待，使他们失去政治犯的特权。纽金特率先采取行动，拒绝穿囚犯制服，转而用床单把自己包裹起来。英国政府拒绝让（接下页）

像来自但丁那满是头垢的地狱
钻探着穿过韵律和意象，那里
我也曾走在正直的维吉尔身后
绝对安全并自由地翻译：
当他说完这一切，他的眼睛转动，
他的牙像咬住一块骨头的狗牙
咬进头颅，再次猛啃起来。

V

当我回答说我来自“远方”
关卡那个警察厉声说：“哪个远方？”
他还没有完全听清楚我说些什么就以为
那是这个国家北部某地的名字。

而现在它——既是我一直居住又是我
离开了的地方——仍然有很长距离要走
像花了多少光年从远方而来
不知还要花多少光年才会抵达的星光。

（接上页）步。由于必须穿上制服才能获分配厕纸，所以犯人们便开始把粪便涂在墙壁上，被称为“肮脏抗议”。（法贝特）

迈锡尼守望者*

——给辛西娅和迪米特里·哈齐①

公牛在我舌头上②

——埃斯库罗斯《阿伽门农》

1. 守望者的战争

有些人哭了，但不是悲伤——喜悦于
国王终于武装起来启航驶往特洛伊，
但我身体内，像敲锣声似的，
依然在预感并忍受
那场杀人盛宴和它带来的生命变形和世界错误。
我曾梦见明亮的蛛网在一个浅滩里流血，
梦见尸体雨点般落下如碎肉
压着沉睡的我——而我
是女王的命令设置又遗忘的守望者，
是她的远见所依靠的盲点。

---

* 本诗题解见第 646 页。

① 迪米特里·哈齐（1921—2006），美国抽象雕塑家。

② 这句话出自守望者之口。他不敢向阿伽门农披露阿伽门农家中的奸情，因而无法履行对主人的道德义务。（法贝特）

然后那公牛便会伏在锣上
把它消音而我会感到我的舌头
像运牛卡车放下的跳板，
被踩踏和发出咔嚓响，流满屎尿，
令人晕眩令人颤抖如火舔，
角斗场里的胜利烽火……
接着我会在失落中醒来，
完全像一只牧羊犬在草丛中伸展，
置身在我所知道的事物中，依然受荣誉约束
要集中精神眺望远方，
越过城市和边境，凝视那条线，
当特洛伊沦陷，烽火将跃过一座座山。

我的哨兵工作是命运，是要回去的家，
是一种我年复一年必须渡过去的
中间状态：当雾霭开始
从田野和水湾消退，当晨光
初放如一缕正在分裂的光，
日复一日，我会又活跃起来，
寂静和曝晒如平原上的冰河沙堆，
支着我的双肘，瞭望，耐心等待，
在我这屋顶上的哨位上……这十年的
等待，也即那场战争带来的结果，
使我这黑镜般冻结的凝视出现裂缝。
如果一个公正之神从天上伸下手来
找一根坚挺的秤杆来悬挂他的秤盘

他会发现绷紧的我就是现成货。
我在命运与恐惧之间维持平衡，
看见它来了，云团充血，带着
胜利之火的红光，那个黎明的擦破外皮的伤口
点燃和爆发，压下来
像熔岩冲向逃离的人群……
支着我的双肘，头向后仰，挡开
克吕泰涅斯特拉①痛苦的叫床声，
它回荡整个宫殿像阿伽门农国王
从战舰上驱出的军队的叫喊。

2. 卡珊德拉*

没有清白的
旁观
这回事。

她弄脏的马甲，
她的小乳房，
她修剪过的、荒

芜的、疙瘩的
朋克头，

---

① 克吕泰涅斯特拉，阿伽门农的妻子。阿伽门农去特洛伊作战后，她成为埃葵斯托夫的情妇，并在阿伽门农归来后与埃葵斯托夫合谋杀害阿伽门农。

* 本诗题解见第 647 页。

那炭黑眼、

饥饿的呆望——
她显露
被反复糟蹋过的疲态

也很简单。
人们
能够感到

那眼里
有一种丢失的真实
聚焦，

一种归家
在她垂下翅膀的
半警惕的

迷惑中。
没有清白
这回事。

称王称霸的
老国王
回来了，

杀儿童
和有什么
拿什么的

国王，
阿伽门农国王
那鼓起的

老雄兽的
阔步回来了。
于是她的希腊语

发声了，
一只产羔羊时的
羔羊，

先知的可怕的
咩咩叫，
那发怒之神的

传宗锤
和脚步声[1]。
还有由此产生的

---

[1] 被阿伽门农抓去当妾的特洛伊公主卡珊德拉讲话了，但是她的预言力量，她对自己将像产羔羊时的羔羊一样被杀的预知，人们将听而不闻，因为遭受性挫折的（举起传宗锤的）阿波罗神命令她讲真话但又无人相信她。（法贝特）

想在当时当地
干她的
旁观者的

震撼的欲望。
他们那裂开
小屄的罪过[①]：

她进去，
走向那把刀，
走向那杀人妻子，

走向那张罩在
她身上和她的奴隶主、
那特洛伊掠劫者身上的网，

说："无非是
抹一下海绵，
如此而已[②]。

影子铰链

---

① 她的话非但没有引起对正义的辩护，反而引起在场男人最卑劣的性胃口并连番强奸她和摧残她。（法贝特）

② 她最后的话是令人绝望地富于预见力的：把过去的犯罪和不公正的记录抹去，轻易如抹海绵。（法贝特）

不可预测地
摇晃，而光

已经熄灭。”

3. 他的黎明幻象

青草之城。堡垒墙。惊呆的宫殿。
我醒来时夜风吹拂我的脸，
好奇，再次警觉，但对胜利的专注

远远比不上我应该有的——
仍然孤立于我对捧场客们的
一贯藐视中，他们总是需要像真正的

阿尔戈斯人[①]那样被人耳闻目睹。嘴巴运动员，
引述神谕和引述日期，
申诉、指控、表决。

无法从那悲痛的远方
翻译出任何有分量的元素。[②]

---

① 阿尔戈斯人即希腊人。“这里，希尼与守望者之间的界线模糊了。希尼愈来愈尖刻的批评瞄准他本土的乌尔斯特和平进展的困境。他对北爱尔兰旧政治和社会体制不看好：依然那样，依然由阿谀奉承者构成，他们一起谋划，大声坚持要分享他们的媒体曝光。”（法贝特）

② 关于此句，后面的评论供参考。“那些人要人们相信，只有解决过去的冤屈，才可以设想向前迈进。”（法贝特）“希尼的守望者绝望于无（接下页）

我们的战争陷入事前的能说会道。

低垂在梗上的小紫罗兰头，
黎明前的蛛丝，都布满露珠、透明纱
和星状网眼，我更多地是透过它们

而感到我们生活其中的那巨大的
时间伤口的跳动。我的灵魂在手中哭泣
当我想触摸它们，我整个生命雨一般

落在我身上，我看见一座座青草之城，
一个个渴望之谷，坟墓，一种风吹过的明亮，
而在远处，一个多山、不祥的地方，

三五成群的人正望着一个男子
跃过一堵新筑的泥墙，另一个则求爱似地
奔跑，好像是要去把他击倒。

4. 那些夜晚

他们两个都需要谈谈，
假装他们需要

（接上页）法把历史的真相翻译成现成语言，因为语言已经是文明的标志，而战争是纯粹的兽性。”（文德勒〔O〕）

我的意见。[1] 背地里
他们各自都吐露说
每次他们做，都是
性爱的超负荷——
并且实际上从一开始
（一个孩子都会注意到）
他们的真实生活就是床。

应该把此事告诉国王，
但谁去告诉他呢
如果不是我自己？我敦促他们
停止，并打破我保持的
有着相反目的的沉默
但依然如故，每天早晨
向埃葵斯托夫满脸堆笑，
既大受恩宠又自我厌恶。
屋顶就像一个耳鼓。

那头公牛成吨成吨喑哑的
惯性保持着，低着头
一动不动如方形石柱。
守望者的保护神阿特拉斯
会出现在我心中，

---

① 守望者分别跟克吕泰涅斯特拉和埃葵斯托夫商量过，他们假装需要他的意见。（法贝特）

他是唯一另一个无时无刻
不警惕着的人，公牛般弯身
在他那云团的重轭下，
在世界的尽头那边。[1]

诸男神和诸女神
络绎不断地、成功地
带着情人去幽会的阁楼，
那些穿过云蔽传来的
砰砰声和呻吟声
整个都压在他肩膀上。
有时候我想到我们
应该被神化，尊为巨砾，
称作爱神的支柱。

在那些日子里，高低贵贱
都开始发挥水平。
当木马里的官兵们
感到海伦的手抚摸
它的木板和肚子
他们几乎骑上彼此。
但结果特洛伊的母亲们
在小巷里首先遭到他们的冲击，

---

① 神话人物阿特拉斯被罚去一天24小时扛着地球那惯性的重量。阿特拉斯也曾目击发生在阁楼里的性活动。（法贝特）

血淋淋的幼儿床和大床。
这场战争使所有男人疯狂，
做乌龟、骑马或站岗，
耀武扬威和吃败仗。

我自己的心灵是一间犯人候审室，
那里做乌龟的阿伽门农国王
用他贵比黄金的体重跺脚。
但是当群山化为一片火海
王后哀号着奔来，
被我出卖的是国王。
我不只是不忠心：
因为他的金条、他的奖赏
是一张绳网、一次血洗。
于是和平降临[①]我们。

5. 他对水的遐思

在特洛伊，在雅典，我看得最清楚
和几乎嗅得到的
是新鲜的水。

---

① 有"和平临头"之意，暗含"大祸"。"希尼达到凶狠的反讽效果，暗示和平已'爆发'。埃斯库罗斯的三部曲将继续推进到下一阶段的暴力循环，奥瑞斯忒斯将杀死母亲克吕泰涅斯特拉，替父亲阿伽门农报仇。第二个反讽是在北爱尔兰，1994 年的停火并没有带来即时的、持久的和平。"（法贝特）

一个注满的浴缸，仍未有人踏入
和未被玷污，在屋墙后等待着，
那屋墙不断被远方平原上被屠杀的人的

呼叫声渗入，直到那位英雄来了
难以理解地涌入
来被服侍以及单独一人，

脱光，身上有血渍，呻吟
和摇晃，溅泼，打瞌睡[①]，
被照顾得如同他是一个陌生人。

然后还有雅典的水井。
或不如说那条一会儿上一会儿下
从卫城通往水井本身的

古老生命线，一道道木台阶
嵌入峭壁的陡面
与一道独立、可作掩护的岩垛之间，

防守者知道和入侵者发现的
秘密楼梯，那里，将成为希腊的东西
与希腊人遭遇，[②]

---

① 阿伽门农从战场上回来的疲倦样。（法贝特）
② 城邦之间的战争。（法贝特）

那是未来和过去、
围城者和被围者的梯子，[1]
进攻的踏车[2]

变成水车，偷偷摸摸的梯级
和习惯的梯级[3]都是同一只
寻找中的赤脚的延伸。

然后是我们自己这梯子，它伸入
一个井架深处，那井架正在
大白天里下沉[4]，男人们在源头

蹚过黄褐色泥浆[5]，然后回到上面时
因为刚刚下到那里而自身更深沉了，
如同退伍的士兵试着走在安全地面上，

发现者，保管者，[6] 预测者，
预测铁水泵和喷涌的龙头
那丰饶的圆嘴中鲜活的水。

---

① 希腊民族由此而诞生。（法贝特）
② 一种巨轮，人或动物在巨轮内部踏板上踩；用来描述进攻者源源不绝。（法贝特）
③ 偷偷摸摸的梯级，指战士的梯级。习惯的梯级，指踩水车。（法贝特）
④ 希尼在遐思中渴望他自己的社会有正面的结果，摩斯巴恩的打井正有这个作用。
⑤ 爱尔兰泥炭地下水有轻微变色。（法贝特）
⑥ 此处是把成语“发现者保管者”（谁找到谁保管）拆开。

砂砾路*

河流砂砾。起初，是这个。
盛夏，垂钓者的摩托车
深埋在路边花丛中，像一个阵亡的骑士
其鬼魂我们最近曾问过："运气怎样?"

当世界的发动机准备好，[①] 绿坚果
更近地朝着漩涡晃荡和聚集。
树林低垂。燧石和小块沙岩
互相磨滑自身并在浅滩的闪耀中

变小，催促麦芽糖似的流水，流水里
成群的米诺鱼被我们吓着了，当我们在玩游戏——
一种永恒，一旦拖拉机把其挂斗卸在
砂砾床上，这永恒也就结束，

混凝土搅拌机随之苏醒过来
而穿粗棉布衣服的男子们像俘虏的鬼魂

---

* 本诗题解见第 647 页。

① 这是第二次世界大战后的时刻，希尼站在机械化进程的门槛上。（法贝特）

开始搅拌水泥、装货、滚动、旋转、滚动，仿佛
法老的砖厂在他们头脑里燃烧。

*

贮藏和赞美砂砾的真实可靠。
给不受蒙骗者的宝石。大地的鱼白。
它对着铁铲而唱的质朴、牙齿颤响的歌
是对诸如“诚实的价值”之类的词的测声和喷沙。

在河流内外美丽，
砂砾王国也在你体内——
在深处、远处，清水流过
焦糖、冰雹和鲭鱼蓝的鹅卵石。

但那实际淘洗过的东西使你保持缓慢和平稳
当你弓背推着满载的手推车
进入一种身体的赦罪里，
那疲倦的骨头和骨髓感到的悔罪的生命。

那就明知不踏实也依然要走在空中，①
在那些搅拌着灰色水泥的一斗斗坚固之物
与一支变戏法般召唤绿色、名叫《砂砾路》② 的
曲子之间某个地方建立你自己。

---

① 亦可译为“明知不合适，依然要得意洋洋”。
② 绿色代表爱尔兰，《砂砾路》是一首爱尔兰名曲。（法贝特）

莫约拉河畔的怀特比*

我也很幸运知道卡德蒙，
回到原处，提着他装满的水桶，
抱着一捆捆的干净禾秆，完美的园丁，
并不专注于他必须做的事情
但又做得很完美，还望着你。
他做完他的天使工作量。[①] 他坚硬如钉子
并且总是一直在做着弹竖琴的诗人，
但他真正的天赋是他依然能够让自己
发出那粗鲁的大咆哮，只是热情地投入
仿佛那些神圣题材是一群
溃散因而需要驱拢的动物。
我从未看见他双手合在一起
除非那是一件关乎双眼朝着天上的事情[②]
以及他用指尖拂过一头生病动物的尿水之后
快速地闻一闻和验一验。[③]
啊，卡德蒙确实是真货色。

---

* 本诗题解见第648页。

① 也许是说做完他规定的工作量，如同一个侍奉的精灵。（法贝特）

② 如同在祈祷。（法贝特）

③ 表明他在评估他照顾的动物的健康。（法贝特）

“诗人椅”*

——给卡罗琳·马尔霍兰

列奥纳多说：太阳从未
见过阴影。现在看看这位雕塑家绕着
她下一部作品转了整整一圈，像一个情人
在变换的角度和固定的爱的范围内。

I

它本身斜移的阴影是你那张
“诗人椅”准备好迎接并高出的，
在它被太阳跟踪的市中心院子里。
它永远警惕着，四腿落在
四脚上——猫脚、山羊脚，也是大而柔软的八字脚；
它的直靠背长出两株青铜的多叶幼树。
城里每个饶舌者，
怪老妇和酒鬼，深夜撒尿者，接吻者，
全都有机会在它上面试坐一下。
这是他们背后空气振翼和充满的方式，

---

* 本诗题解见第 648 页。

是嫩枝抓住他们肩胛骨并使他们快乐的
方式。一旦脱离自然，[①]
他们还要以长叶、开花和迈着天使步伐
回来。或诸如此类的东西。**这也太扯了吧，**
椅上长叶子！你会相信吗？

Ⅱ

接着我看见那张椅在一座白色监狱里，
苏格拉底坐在上面，头顶全秃了，
在明亮的阳光中与朋友们谈话。
他时间不多。他的审判开始那天
一艘碧绿的船驶向阿波罗
在得洛斯的神庙，参加每年一度的
纪念仪式。直到它那绕着花环
和爬藤的索具重新进入雅典港
这座城的生活都是神圣的。
没有处决。没有毒芹碗。没有眼泪
并且此刻也没有，当毒药此刻发挥作用
而在麻痹的各个阶段那个专业狱卒
始终都在跟这群人说话。苏格拉底
在这座城市的中心而这一天
已证明灵魂不朽。那些青铜叶子
无法相信它们的耳朵，如此寂静。

---

① 一旦脱离自然，叶芝《驶向拜占庭》中的诗句。

很快克里托[①]就得合上他的眼睛和嘴巴，
但暂时一切都是一种推迟的、
预知的、想象的和最真实的疼痛。

III

我父亲正在犁那块牧草地的
一、二、三、四面，我坐在把一切尽收眼底的
田野中央，背对他们从来不砍的
荆棘树。[②] 马匹全都只见马蹄
和光洁的肋腹，我全都预先知道。
例如诗是犁铧，把时间
翻过去。例如那张长叶子的椅，
小精灵般的荆棘进入它去迎接未来。
例如永远在此，为了任何一种意义上的善。[③]

---

① 克里托，苏格拉底的亲密朋友。

② 砍荆棘树被认为会带来坏运气。（麦克雷）

③ 此句原文"Of being here for good in every sense"具有多重意义。可把"for good"读成"永远"，也即"任何一种意义上的永远在此"；也可把"for good"读成"为了善（或好）"，也即"永远在此，为了任何一种意义上的善（或好）"等。

秋　千*

指尖轻轻一触你就可以把你
整个儿送到远至——只要你能荡起来——
如同背后被人用力猛推一把。
　　　　　　　　　　　　或迟或早，
我们一个个全都学会怎样飞上高天，
在开放的牲口棚里荡来荡去，
用脚尖踢用力划弓着腰穿越空气。

*

不是弗拉戈纳尔[①]。也不是勃鲁盖尔[②]。更像
汉斯·梅姆灵[③]的天堂之光落在绿色草地边缘上，
照在田野上和树篱上，牲口棚入口
阳光猛烈和怀着期待，垫草
堆在一旁，像一幅基督诞生图的
前景和背景在等待人物出现。

---

* 本诗题解见第649页。

① 弗拉戈纳尔，法国画家，其名作包括《秋千》。

② （老）勃鲁盖尔，佛兰德斯画家，以农村生活、景色和社会风俗题材闻名。

③ 梅姆灵，佛兰德斯画家，以宗教题材闻名。

然后，在中景处，秋千本身
连带垫在它的圈里的不匀称的旧麻袋，
完美地静止，悬挂如松弛的滑轮，
一个垂下来引诱灵魂上升的诱饵。

*

即便如此，我们还是偏爱朝向大地。她
坐在那里威严如一位女皇
把浮肿的脚一次一只浸入
搪瓷盆里，[①] 时不时
从身边地面上一个水壶
给盆里添上一个丰饶的
热气腾腾的弓形。那飞落声是我们
耳中的音乐，她的微笑是一种减罪。
女神照在她那从浴池走来的
宠爱者周围的无论什么光[②]
也正是此时所需的：本该有
新亚麻布、侍从们的服侍、
队列和惊异。然而她拿起
那对卷曲的弹性袜[③]穿上
如同那不会被她辜负但也不是

① 诗人母亲在泡温水脚。(法贝特)

② 诗人可能想起法国画家布歇的《狄安娜出浴》，女神指狄安娜，宠爱者指仙女卡利斯托。(法贝特)

③ 弹性袜，用于治疗静脉曲张、肌肉扭伤等。

她想要过的生活。当她擦净那盆子，
她走来坐下，取悦秋千上的我们，
既不是格格不入也不是舒适自在，
只是被它吸引了一会儿，
半寻回某种半失落的东西。
我们直觉地懂得要任由她那样。

*

你要自己发起，就得把绳子拉到
你背后，再背靠着它往里压
直到它绷紧，再踮起脚尖尽可能用力
往前猛冲。你把一个从你自己腰背部
聚集而来的东西抛入空中。
你俯下头，听见整座牲口棚嘎吱响。

*

我们一个个全都学会怎样飞上高天。
然后村镇消失了，变成小型飞机场，
广岛不在乎人类的骨头，
协和式飞机的鼻尖移向未来。
所以我们是谁呢，竟想不顾一切
待在那里？
　　　　　不顾一切，我们荡啊荡
荡出我们自己，超越

在我们肩胛骨里发疼的椽子，超越
在我们手臂里互相拉扯的枝桠。

两幅拐杖画

I

克莱尔・奥赖利用她祖母的拐杖——
一根曲柄杖——去捕捞最高处的荆棘，
那儿总是长着最成熟的黑莓。
采黑莓时，珀耳塞福涅的地位
与克莱尔相比只值半便士。
她会擅闯和爬过闸门走在铁路上，
那儿煤烟屑会吹成旋花，
火车疾驰而过，锅炉工叫喊
如一个被阻路的国王从他的铁战车里怒吼。

II

以其赶牲畜者的竹杖、黑刺李杖和梣杖，
我父亲汽车后座的横档
已变成某种拐杖店橱窗，
但唯一浏览橱窗的人
是垂着下巴的吉姆，因为吉姆很简单，
无论雨天晴天他都要绝望地绕来绕去，

从挡风玻璃到后窗，双手举到
两边脸颊上，窥视和呻吟。
因此时不时那些拐杖会一根根
被拿出来给他，一根根靠着
车头挡泥板站立；而吉姆
会一根根掂量它们，瞄准
挥舞、比划、刺戳和挡开
那畅通的空气；直到他从其中一根
发现他自己真正的延伸
而这使他欢欣雀跃。他会奔跑和自鸣得意，
俯身向前，右手肘突出，
横握着拐杖，在他面前
成斜角，仿佛他
被它牵着走而它拉着他走
像不可阻挡者的挽具操控杆。

电 话

“别挂线，”她说，“我这就跑出去叫他。
这里天气太好了，他趁机
出去除点杂草。”
　　　　　　　　于是我看见他
匍匐在韭葱收割机旁，
触摸、检查，分开一梗
又一梗，轻轻地拔起
每根不是渐细的、纤弱的、光秃秃的，
高兴地感受小杂草根的每一次崩断，
但也有点心疼……
　　　　　　　　　接着我发现自己在聆听
门厅座钟那放大的沉重滴答响，
电话机就孤零零搁在那儿，在镜面玻璃
和褪色钟摆的安静中……

接着我发现自己在想：换作是现在，
死神会这样来召唤凡人①。

---

① 死神召唤凡人，典出15世纪英国道德剧《召唤凡人》。上帝派遣死神去召唤每一个人，讲述他们在世间的生活。剧中主要人物就叫“凡人”。“如果有现代通信工具，死神会通过电话来提醒其受害者。”（法贝特）

然后是他讲话，而我几乎说我爱他。

差 使

“你快去吧！儿子，要拼命跑，
告诉你妈想办法帮我找找，
我要一个酒精水准仪的气泡
和给这条领带打的新结。”

但他还是很高兴，我知道，当我一动不动，
以用一个微笑粉碎他的微笑和他那骗人的差使
来回敬他，
等待这游戏的下一步。

今晚在威克洛也有一只狗在吠叫*

——纪念多纳图斯·恩沃加

当人类弄清了死亡的真相
他们派一条狗去给丘库送信：
他们希望获准回到生命之屋。
他们不想以永远消失告终
像焚烧的木材消失到浓烟里去
或灰烬被吹散化为乌有。
相反，他们看见他们的灵魂在黄昏时
成群呱呱叫着飞回来，重返同样的旧栖息处
和每天早晨同样的晴天和翼展。
死亡就像在林中度过一晚：
曙光初现他们就回到生命之屋。
（那条狗就是为了把这一切告诉丘库。）

但是死亡和人类占据次要地位
当那条狗小跑着离开小路并开始
在大白天里向另一条狗吠起来，那另一条狗
也从远方河岸上回吠它。

---

* 本诗题解见第 649 页。

这就是为什么癞蛤蟆先找到丘库，
癞蛤蟆当初无意中听到
那条狗要跟丘库说什么。“人类，”他说
（而在这里癞蛤蟆受到绝对信任），
“人类想要死亡持久。”

于是丘库看见变成一群鸟
像夕阳掉落的黑斑朝他飞来的人类灵魂
去到一个地方，那里既没有栖息处也没有树林
也没有任何办法可以回到生命之屋。
他的心灵在瞬间变红又变暗
而那条狗后来告诉他的一切
都无法改变他看见的景象。伟大的酋长们和伟大的爱
没入被摧毁的光里，癞蛤蟆陷入泥中，
那条狗彻夜在尸体之屋后吠叫。

海　滩

父亲在桑迪芒特海滩上
用梣杖画下的虚线
是别的东西，潮水冲不掉。

散　步*

道路焕发魅力，还有那日子、他和她
以及他们带我去的每个地方。当我们快步走
鹅卵石就是河床，星期日空气
是高高的溪流屋顶在寂静中移动
越过盛开的杜鹃花、毛地黄
和毒芹、拉拉藤、爬满有毛边的
常春藤和浓荫的树篱——
直到河床本身出现，
满是砂砾、满是阴影、满是夏季池塘，
形成一道不是用来跨越的世界边缘。
爱牵着我的手走那么远，没有
丝毫怀疑或反讽，不动声色
且有见识，乖戾得如同被咒；①
然后只是保持站在那里，不松手。

---

* 本诗题解见第 649 页。

① 父母的爱……不动感情、理智、有时候暴躁。（法贝特）

*

这里是另一个长镜头。黑白。
不过是负片，在耀眼的黑暗中，
污脏和苍白，那里我们辨认你我，
我们与之挣扎和从中解脱的自我，
两个吞噬彼此之火的幽影，①
两柱阳光中的烈焰，会烧灼会烧焦，
但似乎像一缕缕虚弱的空气、
忽明忽暗的微光、羽毛般的气氛变换……
但依然易于突然重新点燃
如果我们沿途找到烧黑了的青草和枝桠
和一种缭绕不散的以前的火香味，
性欲林烟，巫术，诡计，
使我们没有变得更聪明，只是有更好的状态
去再次加快开垦和喂那火焰。

---

① 虽然这对夫妻仍然活着，有能力愤怒地烧灼和烧焦，但他们也奇怪地如同幽影。类似那些跟但丁说话的鬼魂……他们没有更聪明，然而性爱措词已经再生，这是直接地充满性爱的“来自地下的荣耀”的一个方面，是希尼难以抑制地要说出来的。（文德勒）

在泉源*

你的歌，当你一如往常
闭上眼睛唱它们，就像本地一条
我们过去已知道它每个拐弯处的路——
那条蠓虫遮蔽、高树篱的旁路，你站在那里
凝望和倾听直到一辆汽车
驶来又离去，使你比最初
更孤单。那么，继续唱吧，
亲爱的闭眼者，亲爱的，声音杳远的老手，

独自朝着歌声的源头唱吧，
热忱又隔绝如我们那位
整天在卧室弹钢琴的盲邻居。
她的音符飘向我们，就像井口
吊起的水从水桶撒落，
而我们接着便在那里倾听，屏息、局促。

---

* 本诗题解见第650页。

*

那个生来就盲、声音甜美、内向的音乐家
就像沉重泥土里的银矿脉。
在白天的光里闪耀的夜间水。
但正好也是我们的邻居：露丝·基南。
她触摸我们的脸颊。她让我们触摸她的布莱叶盲字，
在像书的书里墙纸样板[①]扑面而来。
她的手在活动，她的眼睛充满
开放的黑暗和水盈盈的光亮。

她通过我们的声音认识我们。她会说她“看见”
无论什么人或什么事物。跟她在一起
既亲密又有帮助，如同一种治疗，
痊愈了而你并未发觉。当我读一首诗，
里边提到基南的井，她说：
“现在我能看见井底的天空。”

---

① 翻看厚厚的盲文书看上去像翻看墙纸样板册。

在班纳赫*

接着突然间出现在我面前，
那个上门裁缝，他是我的前身：
伏在桌子前，双腿交叉，撕开

一件他必须重新裁剪或重新缝纫的衣服，
他双唇紧闭，牙齿间咬着一条线，
永远隐藏自己的意图，也不给别人意见，

他的眼睑稳如有皱纹的角或熨斗。
不知自己身在何处，既流动又安坐；
被请进厨房，请进那些经他碰触

他就有能力使它们又变回布料的衣服——
突然间他出现在我面前，
未敞开、未掺假、未被照亮。

---

* 本诗题解见第 650 页。

*

工作时他就更有力量，在我的监视之下
不自在，尽管多年来已练就
神秘莫测的本领，当他往针里穿线，

或配搭贴条、衬里、褶边和缝口。
他把针拿在刚好偏离中心处，眯起眼，
把线舔了又舔，然后一下穿过去，

接着不慌不忙把两端线尾拉平，
用力拽两下。接着又继续缝合。
他可曾质疑过这一切究竟有什么意义

或他可会质疑？或在乎他的头躺在哪里？
我的班纳赫佛祖，道
因你在其中而更开阔。

图　伦*

那个星期日上午我们走了很远。
我们长时间站在图伦沼泽里：
那低地，那黑水，那密草
既像幻觉又熟悉。

一条穿过日德兰田野的小径。轻微的车辆声。
柳树丛，灯心草，一座打扫过、带栅门的农家庭院里
沼泽冷杉似的粗硬树，休眠的湿地。
被包裹着，沉默地堆起的青贮饲料。

它完全有可能是一幅静物画，来自那明亮的
《和平乡镇》[1]，那首无可争议的
关于梦幻农场的诗。稻草人张开
双臂，对着小牧场里的卫星

碟形天线，小牧场里一块屹立的石头
已被重新放置并做了风景美化，

---

* 本诗题解见第650页。

① 约翰·休伊特的诗。

有各种游客告示牌，北欧古字母如尼文，
丹麦文，英文。事物已经变迁。

它完全有可能是马尔霍兰镇或斯克里布。[①]
那些小道有白底黑字的
路牌；这是对游客友好的偏远地区，
在那里我们无拘无束，如在家中又远离部族，

更像侦察员而不是陌生人，在外国走动的鬼魂，
不受光的影响，要来一个新的开始
并取得成功，活着而有过失，
又是我们自己了，又自由自主，不差。

1994 年 9 月

---

① 希尼家乡周围的乡镇。

附　笔*

哪天找个时间驾车去西边
进入克莱尔郡，沿着菖蒲岸，
在九月或十月，正当风
和光彼此互相消除
使得海洋的一边狂野地
掀起飞沫并闪烁，而在内陆的石头间
一个青灰色湖泊的表面
被一群天鹅焕发的接地闪电所照亮，
它们的羽毛粗硬地竖起，白上加白，
它们丰满的，看上去倔强的头
缩下或昂起或在水里忙着。
想象你会停下车更彻底地领受它
是没用的。你既不是在这里也不是在那里，
而只是一种有熟悉和陌生的事物从中经过的匆忙
当低沉的连续拍击从侧面扑向汽车
趁着那颗心毫无提防把它猛地吹开。

* 本诗题解见第650页。

题解

《雨棒》

雨棒是一根两端封闭、内放沙粒和干种子的空心棒，原为安第斯山脉印第安部落祭祀用，后来亦作儿童玩具。

《四十年代的沙发》

希尼忆述他和弟弟妹妹们如何按年龄大小在家庭沙发上排成一条线，假装他们是一列火车。（托宾）

主要是它的规模：从雕刻的扶手这边到另一边约六英尺，因此我们全都可以肩并肩坐到上面去……另一些时候，我们会假装我们在火车上或船上，跪在座位上，背对一端，面对另一端，模仿蒸汽火车或巴士换挡的声音。（希尼，《踏脚石》）

沙发放置在收音机下，从收音机里孩子们不仅收听故事还收听国内和国际新闻，也即形成中的历史：因此，正是通过收音机，孩子们“进入历史和无知”。希尼在 1995 年的诺贝尔文学奖演说《相信诗歌》的开头，就提到这首诗和提到这个童年家里的交通场面。不过，在演讲中，他明白地讲出他当时从收音机听到的是什么新闻（“轰炸机和被轰炸城市的名字，战争前线和师级军队的名字，损失的飞机和获得的俘虏的数目，遭受伤亡和各路部队推进的数目”）。如希尼所言：“这些世界痉挛的消息都不是作为恐怖进入我。”（贝内特）

（最后几行诗）当然，我想到的是纳粹大屠杀，还有那次行动的残暴的麻木不仁。（希尼，2001 年访谈）

最后几行诗隐约指涉纳粹时代用货车把受害者运往死亡集中营，这乃是“历史与无知”的领域。这个指涉已在前面的“鬼火车？葬礼凤尾船?”中预示了。（麦克雷）

《继续撑下去》

关于结尾《荣耀颂》引文：如果这引语翻译成拉丁语，则将是以

“Nonne”一词开始，而这表明预期中的答案是：“是的。”这句话基本上是表达华兹华斯很久以前说的：正是在这大地上“我们找到幸福，或根本找不到”。这是继续支撑下去的一个理由。（希尼，《踏脚石》）

这六段诗都以希尼的弟弟当前的耐力为衬托。与希尼从乌尔斯特移民爱尔兰共和国不同，他的弟弟休一直留在北方，经营家族农场，在“动乱”期间始终保持平和，并与邻居们相安无事。此诗一方面是探究促成那种情绪耐力的种种特质，另一方面是概览暴行环境，正是这暴行环境使得他弟弟那斯多葛式的反应成为一种英雄式的反应。

第一幕写休青少年时代难以抑制的幽默，假扮风笛手，倒过来的椅子当风笛，粉刷刷子当毛皮袋，带领兄弟姐妹们操步前进。休不仅靠欢乐活着，还靠他自青少年时代以来就一直在做的对工作的坚定奉献，例如在第二幕里，他过去曾与未来的诗人对粉刷刷子／毛皮袋做适当应用，把家族小屋粉刷一新。在第三幕中，气氛变暗，诗人回忆儿时圣诞节前的迷信：相信死人入夜后会在三角墙边聚集；荆刺树（被认为拥有“小妖精”的力量）倒下，休手臂折断；还有怪鸟连续几天栖息在牛棚屋顶上。在第四幕，道德邪恶（而不只是第三幕简单的迷信）入侵小屋的清白：麦克白、巫婆和他们的幻影在背景中徘徊，诗人的母亲则警告儿子小心学校里的“坏小子”。接着，在第五幕中，镇上发生教派谋杀——应验前面的异教和莎士比亚所暗示的噩梦和屠杀——使一堵粉刷墙涂上了被枪杀男子头上流出的血，他当时正背靠着墙，暗杀者的汽车越过“三角地带”，从他身旁经过。在第六幕中，正是“三角地带”这场谋杀的地点被休重新圣化为普通用途，他把他的拖拉机停在那里，连同他那睦邻的欢欣姿势……我们能够感到诗人对弟弟的深深赞叹，赞叹他恢复日常生存的平衡的能力。然而诗人亦感到弟弟的适应力有其限度……城里那堵涂着血迹的墙，不能像小屋墙那样被粉刷。接着诗人加上了休的另一幅画面，他在挤牛奶时遭受癫痫症式的“发作”之苦……接着诗人让休恢复其习惯性动作：“……继续撑下去”。（文德勒）

《两部卡车》

此诗把两个场景并置，一个是记忆中的20世纪40年代诗人母亲和用旧卡车送煤的爱调情的运煤工，另一个是把马拉费尔特巴士站炸个粉碎的现代炸弹卡车。在第一部卡车的时代，马拉费尔特是一个够清白的地点，但现在因为爆炸案而变成一个可怕和令人不寒而栗的地点。“马拉费尔特”这个名字贯穿于全诗，如同一道咒语，或定时炸弹的滴答声。（尼古拉·梅休伊曾，见林奇、费舍尔、科茨）

“母亲……坐在……长凳上……”：那时，马拉费尔特离我家只有四英里，但我母亲有时候会在那里做一次特别购物，而乘坐巴士有点儿探险的意味——诗中提到的经由图姆桥去马拉费尔特。我在那个候车室跟她度过不少时光，那候车室是一个无装饰的小房间，很难忘记，除了水泥地板和沿着四壁摆放的长凳之外什么也没有。然而我记得最清楚的一幕，是稍后，在1951年万圣节前夕，我从圣科勒姆回家过第一次期中假。有一辆私营巴士走南德里边境线，远至马拉费尔特；当我坐那辆巴士抵达，我发现母亲在候车室里，等待“服务巴士”，那也是我必须换乘的，以便完成最后一段旅程。当时，我以为只是巧合，但多年以后我才明白，她一定是计划好的，以便第一个见到我，以及使我们母子有时间独处一会儿。（希尼，《踏脚石》）

《布拉斯李子》

在诗中，希尼把一个高高站在梯子上惊讶于自己受伤流血的手的泥瓦匠变形，变成荷马史诗《奥德赛》中的奥德修斯，后者赶走从下界冒出来喝他献祭的牲品之血的死者灵魂。（麦卡蒂）

此诗向我们描述那个受伤的泥瓦匠的形象，他的血与水泥尘混和，他不仅在与死者的鬼魂们搏斗，而且在与似乎提供一个解决办法的奥德修斯搏斗。诗人给予这个受伤战士提议的途径，是带领死者回家，通过使他们安息，使他们得到应有的公平对待（浓稠的李子果酱而不是未干的黏血）打破暴力循环。最后，我们必须说，是诗人而不是那个泥瓦匠把死者赶回家。是他给予我们家中葡萄酒暗的滋味，是他舀出“阳光中冒着蒸汽”的浓稠果酱。（奥利里）

《积极介入》

积极介入，原文 Weighing In，这个用语有多重意思，包括“赛前称体重”和“积极加入……活动”等。

在 1992 年也即《幻视》出版之后希尼在期刊上发表的第一首诗是《积极介入》。这首诗掂量人生各方面的一个重要平衡——《酒精水准仪》的中心主题。对在一个问题上以“积极介入”来进入理性辩护的暗示，被打斗前的“赛前称体重”这个更残暴的暗示所平衡。诗人呈现辩论的两个方面，到底我们应当像耶稣所说那样“把另一边脸也凑过去”还是来一个“快速出手”。诗中沮丧的程度是明显的：“消极的 / 受苦使世界运转”“看在耶稣分上，/ 帮帮我”。全诗决绝地下结论：“我在原本会造成流血时犹豫……到这地步只有脏手段才能变清白。”诗中个人指涉是不清楚的，但政治暗示却是明显的……如果说诗人在《幻视》中不再在乎，那么《积极加入》就是一个可能的政治和个人立场。（布兰德斯，见奥多诺休）

在《积极介入》中，希尼向我们展示一个“五十六英磅秤砣”“静止重量 / 那不可移动的压和蹲和平方根”如果得到一个同等重要的平衡，就可以转化为一种“颤抖，互相退让，也就顺了”的东西。但“积极介入”也是打斗前的赛前称体重，而希尼不害怕说出，有时候如果要恢复平衡，我们就得“拒绝把另一边脸也凑过去”；有时候“只有脏手段才能变清白”。然而，达致平衡，达致变清白，是一项艰巨的任务。（奥利里）

他站出来反对把另一边脸也凑上去被人打，而是赞成“但有时，积极介入”。这个关于冲动的、甚至暴力的行动的理念，似乎有悖于他在诗中前面部分称赞的审慎的平衡。这是一个较不宽容、较强势的谢默斯·希尼，有能力宣称在对待某个身份不明的宿怨时“到这地步只有脏手段才能变清白”。（蒂林哈斯特）

这首诗确实暗示有时候让愤怒发泄出来是有益的。但是，事实上这首诗更多不是关于我的愤怒而是关于我恰恰做不到的发泄愤怒。最终，我对“纠正”的考虑可能意味着我在性情上更倾向于掂量而不是积极加入（战圈）。诗中进一步考虑承受、保持振作、苦撑、消极受苦、把另一边脸也凑过去，然后，猛

地，又有另一个转折，针对忍受伤害，针对以德报怨等等。（希尼，《踏脚石》）

通过1940年代日常生活中的一个秤砣，诗人成功地讲清楚陷于纠纷中的不同党派和不同意见所采取的根深蒂固而僵硬的立场之间的鸿沟，以及指出缺乏妥协，而这显然是指涉北爱尔兰的“动乱”。（法贝特）

圣诞节暴露了灵性信息与人类行为之间令人厌烦的鸿沟：希尼看到圣诞颂歌的和解信息（“我们把佳音带给你及你的亲友”）与外面街上的爆炸和暴行之间的不平衡。（法贝特）

希尼把《圣经》的告诫颠倒过来。他举出基督被刽子手戏弄和耶稣的无反应、不还击为例。如果耶稣希望教化士兵们一点什么的话，那么他的希望落空了：他们既不感到羞耻也没有受教化。实际显露的，是软弱的教训，也即“不行使力量的／力量，永远是无力量者／所臆想的希望的力量”。最后，希尼大声地敦促采取直接行动。（法贝特）

《圣凯文与黑鸟》

一个围绕着这个16世纪爱尔兰格伦达洛河谷圣人的形象发展起来的中世纪传奇故事被转化为一个自我牺牲和自我遗忘的寓言，它同样可以被解读成想象力如何完全被其对象占有的形象。（科科伦）

结尾时，苦行变成某种几乎与抒情式的死亡难以区分的东西。凯文在其自我牺牲中失去身份；他忘记他怜悯的对象，他甚至忘记语言：他忘记爱曾经把他放置在那里现在他又被反映在那里的河流的名字。（文德勒）

很多传说描述了他对大自然的爱。（麦克雷）

《航线》（选）

Ⅳ：希尼在火车上受到一个红眼的夏兰·纽金特的挑战，后者刚从长凯什和“肮脏抗议”出来：“看在他妈老天的分上，你什么时候／为我们写点什么？”这双眼睛，他曾在梦中见过，在梦中这双眼睛眨了眨，邀请他去邻近地区放置汽车炸弹。现在这对眼睛钻探着穿过韵律和意象，“来自但丁那满是头

垢的地狱。”（史密斯）

确实发生过火车上那次遭遇。我在诗中使说话者显得比当时更咄咄逼人，但他自以为有权这样要求——而这是这次遭遇的主要和使人吃惊的方面——却是忠实地表现的。实际上，整个过程是颇为谨慎地进行的。我的对话者是新芬党发言人丹尼·莫里森，我当时并不是太清楚他。他从车厢里他的座位走过来，在我面前坐了八至十分钟。没有任何大声嚷嚷或引人瞩目的举动，仿佛是两个人发现他们碰巧坐同一列火车，于是叙叙旧。我不感到受威胁。这是一次直率的面对面的意志或镇定的考验。我无非是对被人命令作出反抗而已。如果任何人要滥用职权，那也轮不到一个党的发言人。此事发生在绝食抗议时期之前，在H－区共和军犯人发动的“肮脏抗议”期间。整件事情已经使我感到巨大压力，我曾考虑过要把我翻译的《乌戈利诺》献给这些犯人。但我们这位朋友的干预毁掉了作出任何此类姿态的可能性。之后，我没有让步，并且与其说是自由地去拒绝，不如说是难以自由地去接受。（希尼，《踏脚石》）

实际上，在1979年，我遇见一名新芬党官员，他一上来就在这件事情上挑战我。为什么我不为当时正在梅兹监狱进行所谓的“肮脏抗议”的共和军犯人写点什么？这些人是在争取获得政治犯待遇的权利。撒切尔夫人坚持要把他们当作她所谓的“普通正派罪犯”。保守党企图把爱尔兰共和军定义为没有任何政治地位的杀人犯，企图使他们的行为失去任何具有政治动机或解放的气息。监狱里发生巨大的骚动。犯人生活在可悲的条件下。他们忍受，以便维护一个原则和一种尊严。我能够明白整件事情，并承认其论据的力量。而力量是准确的词，因为有人要求借用我的名字去支持同时也是爱尔兰共和军宣传运动的东西。他最终在某处把我的拒绝公开出来，宣称我拒绝写或说反对酷刑的东西。一旦爱尔兰共和军临时派自己也开始对人民行使暴力，对北爱尔兰作家来说便一切都变了。我初出道时，在1968—1970年曾颇深地卷入宣传，但那在一定程度是我自己的宣传，在诸如《新政治家》和《听众》中表达少数派的观点。（希尼，1997年《巴黎评论》访谈）

《迈锡尼守望者》

迈锡尼，阿伽门农的王国。

五部分的《迈锡尼守望者》全都是由那个守望者讲述的，他的想象力——他正在等待阿伽门农从特洛伊归来——被特洛伊战争的嗜血所污染。（文德勒）

这组诗，通过特洛伊战争的后果来对北爱尔兰历时四分之一世纪的内部冲突作了一次概括性的透视。那个迈锡尼守望者，希尼的替身，乃是阿伽门农宫殿的守望者。守望者意识到当初伊菲革涅亚被父亲牺牲（按：就在伊菲革涅亚要被阿伽门农杀死去祭神时，一头牡鹿出现，替代她成为祭品），又知悉克吕泰涅斯特拉与埃葵斯托夫趁阿伽门农去特洛伊期间通奸的内幕，因此他是无助的旁观者，看着归来的阿伽门农遭谋杀，又同样无助地目睹遭强奸的卡珊德拉说出的预言。他在结尾时预见洛慕罗斯与瑞摩斯残忍的敌对，这场敌对将赋予下一个帝国同等的血腥历史。《迈锡尼守望者》成为诗集《酒精水准仪》的情感重头戏。它从被卷入内部残杀的交叉火力中的普通市民无能为力的立场出发，它还预言文化中暴力将如流行病般卷土重来，以及代表了文化的一再尝试，尝试洗清那暴力对文化本身的玷污。（文德勒）

十年的特洛伊战争在某种程度上显示了（尽管只是略为触及）与自 1969 年以来的北爱尔兰历史的相关性。此外，那个守望者本人，是某种跑龙套的剧中解说者，在原剧中的戏份完全没有这里希尼分配给他的那么重。在暴力的家族间内战的时期，他这个人物与诗人本人有某种契合。当守望者把自己描述为“女王的命令设置又遗忘的守望者”时，这种契合就变得明显了……虽然他可能被政治戏剧中其他重要演员设置又遗忘了，但是他全部加以接纳，而现在，在最后，他又把这一切都说出来，让所有人注意。（科科伦）

守望者变成了阐述者、评论者、评判者、密友和预见者，在所有这些角色中他既参与又超然，还是他所述的犯罪和罪行的从犯，他是它们的发声器和解释者。因此，这首诗包含希尼作为诗人的最难以预料和原创性的自我表现，他自己在其诗人生涯中，也曾在一场漫长、仍在进行中的互相残杀的本地战争中被吸引去评论，也曾退出宣传性的参与。（科科伦）

那是 1994 年（指爱尔兰共和军停火），而在政治上我们根本就没有比 1974

年进步。事实上，是倒退。于是我不断想着，根据《奥瑞斯忒亚》写一组诗将是脱离那个系统的一个办法，同时也是写一篇相当于20世纪末的《感恩赞》的办法。埃斯库罗斯的三部曲可以成为某种仪式，展望一种可能性，也即从复仇文化转向一个建基于某种更公正的东西的未来。不管怎样，我开始读埃斯库罗斯，而当我读的时候，我开始对整个计划感到灰心。它看上去似乎太过老生常谈——艺术想与人生握手。在我心目中，我需要的是一首像安德鲁·马韦尔论克伦威尔从爱尔兰归来那样的诗，而我准备使用的是某种本·琼森式的面具。至少我最初是这样感觉的。接着，《阿伽门农》第一幕中守望者这个人物便开始不断在我脑中萦绕，尤其是他那处于中间状态的处境、他的责任和内心冲突、他的沉默和理解，这一切不断累积，直到我非常审慎地为他构思一个独白，使用一种有韵的对句，如同一种风钻，试图朝着不管是什么的东西穿入和撼动。在第一首之后，果然，其他几首便确定而自如地写出来，从不同角度和不同层次出发。在某种程度上，这个材料对我来说有着跟沼泽尸体同样的力量和潜力。(希尼，1997年访谈)

《卡珊德拉》:《卡珊德拉》写得极快。当我写《迈锡尼守望者》，钻探到《奥瑞斯忒亚》的床岩时，我碰到一个点，它便如熔化的涓流一样涌出。1994年，当我从哈佛回家的时候，真正的大转变——在所有层面上，不管是个人还是公共的，都是大转变——是翌年八月爱尔兰共和军停火。这是真正的天赐，云雀歌唱，光升起。一切都变好了一点儿，然而我无法仅仅沐浴在事态转变的阳光中，反而是愈来愈愤怒，愤怒于此前多年间被浪费的生命、友谊和可能性。(希尼，1997年访谈)

《砂砾路》

一个来自北爱尔兰的人，自然是很谨慎的。你在警惕中成长，因为那是一个分裂的社会。我的诗歌整体来说是拥抱大地的，然而我也开始抬头仰望而不是向下。我觉得很难处理这样一种感觉，也即在诗歌中奇迹就像事实一样可能。“明知不踏实也依然要走在空中”来自一首叫做《砂砾路》的诗，它写的是重活——推着一车车的砂砾——但也是关于那种举起重物时的悖论的轻松感。我喜欢上与下、脚踏实地又属于天空的那种中间状态。我认为那是诗歌应栖居的地方，在梦幻世界与已知世界之间，因为你并不是只想要照片，同样也并不是只想要幻想。（希尼，2008 年访谈）

《莫约拉河畔的怀特比》

此诗标题刻意把两个在空间上相距几英里的地方合并起来。怀特比是英格兰东北部一个海边城镇，而莫约拉则是靠近希尼北爱尔兰童年家园的河流。诗中向两个合而为一的人致敬：第一个是 7 世纪诗人兼牧人卡德蒙，他来自约克郡，希尼是通过研读而知道他的；第二个是希尼在农场认识的一个园丁。那个谦卑的爱尔兰乡下人对其动物的诚实、智慧、判断和慈悲，是与卡德蒙这个被很多学者认为是英语诗歌之父的历史人物所共有的天赋。（法贝特）

如同此诗标题所暗示的，《莫约拉河畔的怀特比》可以说是一次心情轻松的翻译，把 7 世纪约克郡诗人兼牧人卡德蒙翻译成希尼童年德里郡一个园丁的形式。（科科伦）

《“诗人椅”》

这张放置在城市庭院里的雕刻的青铜椅，连同其动物的四脚和多枝叶的靠背，是一种混合物，既是无生命的物体，又是活的生物和生成的自然，城市和乡村。正是因为这种混合，使过路人坐在上面时感到乐趣无穷，感到自己是这个混合物的一部分，并扩大他们对自身的意识；就此而言这张椅是一个想象力的场所，因此也是一张“诗人椅”。精神的高扬由“一旦脱离自然”开始的这个句子宣布，这句话指涉叶芝的《驶向拜占庭》，在叶芝诗中存在着人工制品与可改变的自然之间的冲突。在一种典型的希尼式手法中，上述高大的概念立即被“或诸如此类的东西”这句轻蔑的话削弱甚至嘲弄，接着又是一个过路人的市侩的犬儒主义：“这也太扯了吧，/ 椅上长叶子！你会相信吗?”这张椅，除了是别的东西外，还是一件好玩的东西，一件带来娱乐的东西，以及一件街头家具。

希尼的心思，想着那张椅，神游到苏格拉底最后的日子。苏格拉底被判处死刑，可依然坚持与朋友们坐在一起，平静地讨论哲学问题。由于必须等到那艘船从得洛斯回来才能执行死刑，所以他的生命在等待那艘船抵达时延长了三十天。这位哲学家使自己确信灵魂不朽，并且十分欢快。他能够在监狱一张椅上，想象一个永久的世界，而对他来说想象的世界即是真实的世界。

第三部分来到诗人所享受的有利位置，那是他小时候坐在父亲的田野中央，背对那株荆棘树。如同在前两部分诗中，这里也有一次想象的行为，也即在诗人高度的意识中的“预先知道”：“马匹全都只见马蹄 / 和光洁的肋腹”。仿佛年轻的希尼可以展望未来，看到他的诗歌穿越时间，做其挖掘工作，知道他现在的座位将成为诗人椅，而他将相信他关于永久的概念：“永远在此”。诗以一个更大的祝福的音调结束：“关于永远在此，为了任何一种意义上的好。”（麦克雷）

《秋千》

我在《秋千》中所描绘的母亲的形象，是照字面意义地，几乎是违背道德地真实的。那是“摄影”，但我希望也是蕴含着心灵神秘的。常常，在黄昏，她会在一个搪瓷盆里用热水泡浮肿的脚。“她拿起 / 那对卷曲的弹性袜穿上 / 如同那不会被她辜负但也不是 / 她想要过的生活。”那时，她有真正的尊严和忍耐。（希尼，《踏脚石》）

《今晚在威克洛也有一只狗在吠叫》

希尼表达了他对尼日利亚学者和批评家多纳图斯·恩沃加逝世的失落感，重写了一个伊博人寓言，该寓言来自恩沃加家乡的尼日利亚民间传说。恩沃加是 20 世纪 50 年代希尼在女王大学的同学。（法贝特）

《散步》

《散步》以希尼小时候与父母在一起的照片开始（第一首），但让路给诗人与妻子的早期画像（第二首）。（科林斯）

《在泉源》

《在泉源》一诗中的露丝·基南，连同诗人“闭上眼睛唱”的妻子，一起被赞美。（文德勒）

《在班纳赫》

希尼在这里把裁缝视为自己的楷模，既认真、神秘莫测，可以化腐朽为神奇，又纯粹是一个匠人，并不追究自己从事的工作的意义，但这本身即包含深刻的禅意。

《图伦》

此诗写于 1994 年 8 月爱尔兰共和军停火之后，这次停火带来了谨慎的希望。诗人和妻子正在丹麦的日德兰，那是一系列“沼泽尸体”在 20 世纪 50 年代出土的地点（参见希尼第三本诗集《熬过冬季》中的《图伦男子》一诗）。（法贝特）

（“既像幻觉又熟悉”）给人的感觉确实如此——熟悉如（希尼家乡的）马尔霍兰镇和斯克里布这些乡镇的托纳沼泽地，这两个地名也都写进诗里了。那仿佛是一个恢复的世界，一个第二次机会的世界，这就是为什么最后一节诗里有莎士比亚的句子“理查又是他自己了”（按：意为“理查恢复正常了”）的回声。我还想掺入某种黎明允诺，就是《哈姆雷特》第一幕结尾时那美丽的小演说：“破晓的鸟儿彻夜歌唱。”我们星期日上午在日德兰时，我感到同样的轻松情绪和可能性的打开。我们像“在外国走动的鬼魂……真不错”，可以说，我们当时体验的，与其说是乐观主义不如说是希望，这就是为什么我喜欢“又是我们自己了”（ourselves again）这句话中蕴含的“新芬”（Sinn Fein）这两个词的复杂回声。（希尼，《踏脚石》）

《附笔》

《附笔》是《酒精水准仪》的压轴诗，但在何种程度上这首诗是一个“附笔”？是不是包含诗集中遗漏或忽略的东西？或包含对诗集中某些元素的事后想法？书名《酒精水准仪》（按：字面意思为“精神水平”）并不是一个含糊的标签。它可能表明某种有别于物质世界的精神维度。它可能是指建筑工人用来确定水平线的工具。它可能指向平静，一种平衡的情绪。也许，《附笔》给出一种最后的强调……那“低沉的连续拍击”是强风但具有某种天鹅的翅膀飞起来的质量。那颗人心容易受这种“熟悉和陌生”的混合所感染，且有一种启示和扩大的震撼。但“吹开”是增强力量而不是破坏。从这一乐观主义角度看，则“附笔”是强调希尼在诗集中所表明的一种欣赏，欣赏静静接受奇迹，接受精神水平与世俗混合在一起。希尼在谈到他这本诗集的野心时说，他希望写这样一种诗歌，它“不是记录耐久的事物，而是提供想象的事物”。（麦克雷）

但是那充分接受的宝贵感知在一个难以忘怀的瞬间恢复了，在这瞬间里那颗心再次像年轻时那样向感觉敞开。也许所有人类的一个共同点是感官的知觉，而世界各地都有很多海岸，可以体验这类风和光的连续拍击。（文德勒）

相信诗歌

诺贝尔演讲（1995）

我第一次遇到斯德哥尔摩这个城市的名字时，并没有想到我有一天会访问它，更别说竟然会作为瑞典文学院和诺贝尔基金会的客人，受到它的欢迎。在那个特别时刻，这样一个结果不只是出乎意外：简直无法设想。在1940年代，当我还是德里郡农村一个不断扩大的家庭中的长子时，我们挤在一个盖传统茅草屋顶的农舍的三个房间里，过着一种穴居生活，它在情绪上和知识上多多少少是能抵御外部世界的。它是一种亲密的、身体的、生物的存在，一间卧室墙外马厩里马匹在夜里发出的声音，与另一间卧室墙外厨房里传出的大人谈话的声音相混。当然，我们吸收正在发生的一切——树上的雨点、天花板里的老鼠、屋后一片田野外铁路沿线轰隆隆的蒸汽火车——但我们仿佛是在冬眠的瞌睡中吸收它们。不知道历史，不懂性，悬浮在古代与现代之间，我们就像我们餐具洗涤室内一桶饮用水那样易受感染和易受影响：每当一列经过的火车带来大地的震动，水面便会微妙地、同心地泛起涟漪，并且是在绝然的寂静中。

但是对我们来说，震动的不只是大地：我们周围和头上的空气也是活生生的，也在发出信号。当一阵风在山毛榉里激起微动，它也激起一条依附在栗树树梢上的天线微动。天线从树顶牵下来，穿过厨房窗子角落里一个钻孔，接入我们的无线电收音机的内部结构里，那里一小阵杂乱的嘟嘟声和吱吱声会突然让位给英国广播公司新闻广播员的声音，猝不及防地讲话，如同一个戏剧情节中的解围人物。那个声音，我们也可以在卧室里听见，它从厨房里大人们的声音范围外和背后输送过来；恰如我们常常可以在每一个声音范围外和背后听见摩尔斯电码那发狂似的、穿透性的信号发送声。

我们可以听到我们父母用本地腔说出的邻居名字，以及新闻广播员以响亮的英语语调说出的轰炸机和被轰炸城市的名字，战争前线和师级军队的名字，损失的飞机和获得的俘虏的数目，遭受伤亡和各路部队推进的数目；当然，我们也总是可以听到另外那些严肃和怪异地令人精神爽朗的词语，“敌人”和“盟友”。但即便如此，这些世界痉挛的消息都不是作为恐怖进入我。如果说新闻广播员语调里有什么不祥的东西，我们对处于危急关头的事件的了解也是有点迟钝的；而如果说当时当地这种政治无知有某种应受责备的东西，却也因此给我那居住环境的安全带来某种积极的影响。

换句话说，战时对我来说是尚不会思考的时期。也是没有读写能力的时期。在一定程度上是不知道历史的时期。然后，随着一年年过去和我的聆听变得更刻意，我会爬到我们那张大沙发的扶手上，把耳朵贴近收音机扬声器。但使我感兴趣的依然不是新闻；我追寻的是故事的刺激，譬如一个连载的侦探故事，讲一个叫作迪克·巴顿的英国特工；或者也许是改编自 W. E. 约翰斯上尉某个冒险故事的广播剧，讲皇家空军一个叫作比格勒斯的飞行能手。由于其他弟弟妹妹慢慢长大，而厨房里又有如此多的事情在发生，于是我不得不贴近那台收音机，以便集中注意力聆听，而在那种与调频盘的专心接近中，我逐渐熟悉了那些外国电台的名字，熟悉了莱比锡、奥斯陆、斯图加特、莫斯科，当然还有斯德哥尔摩。

我还习惯于在调频盘指针一转，从英国广播公司移到爱尔兰广播电台，从伦敦腔移至都柏林腔时，听到外语的短促爆发，而虽然我不明白与欧洲人讲话的那些喉音和咝音的首次邂逅中所说的是些什么，但我已经开始了一次进入世界的广阔性的旅行。这反过来变成一次进入语言的广阔性的旅行，每一个抵达点——不管是在个人的诗歌中还是生命中——都变成一块踏脚石而不是一个目的地，正是这次旅行如今把我带到这个荣幸的位置。然而这个讲台使我觉得更像一个太空站而不是一块踏脚石，这也就是为什么，在我的人生中仅此一次，我胆敢允许自己享受这种走在空中的奢侈。

我相信诗歌，因为它使我这次太空漫步成为可能。我立即就相信它，因为我最近刚好写过一行诗，鼓励自己（以及任何其他也许在听的人）“明知不踏实也要走在空中”[①]。但我相信诗歌，最终是因为诗歌可以创造一个秩序，其忠实于外部现实的冲击、敏感于诗人生命的内部规律，就如同五十年前餐具洗涤室那桶水中泛起和荡漾的微波。一种我们终于可以朝着我们在成长过程中储备的东西长大成熟的秩序。一种满足一切智力中的饥渴和情感中的求索的秩序。换句话说，我相信诗歌，既因为诗歌的自足也因为诗歌是一种帮助，因为它使心灵的中心与其圆周之间、使那个注视着收音机调频盘面上的“斯德哥尔摩”一词的孩子与这个在

① 亦可译为“明知不合适，依然要得意洋洋”。

这最荣幸的时刻面向他在斯德哥尔摩见到的众多面孔的男人之间建立一种流畅而有裨益的关系成为可能。我相信诗歌，因为在我们的时代和在所有的时代，它都因为它在真正的意义上忠实于生命而值得相信。

首先，我是想让那忠实于生命拥有一种具体的现实，并在诗似乎是最直接的时候也即坦率呈现它代表的世界或维护的世界或坚决对抗的世界的时候感到最欢欣鼓舞。甚至在我还是学童的时候，我就喜欢约翰·济慈的《秋颂》，因为它是语言与感觉之间的契约的方舟；青少年时期，我喜欢杰勒德·曼利·霍普金斯，因为他的呼喊有一种张力，这些呼喊是直到阅读他时我才完全明白我本已知道的狂喜和疼痛的等式；我喜欢罗伯特·弗罗斯特，因为他有农民的准确和狡诈的踏实；还基于差不多同样的理由喜欢乔叟。后来，我在威尔弗雷德·欧文的战争诗歌中找到另一种准确，一种道德的踏实，对此我作出并将永远作出深切的反应，它是一种《新约》的感受力遭受并吸收新世纪的野蛮带来的震惊的诗歌。再后来，在伊丽莎白·毕晓普的风格的纯粹结果中，在罗伯特·洛厄尔的风格的无比固执中，以及在帕特里克·卡瓦纳的风格的毫不遮掩的对抗中，我遇到了相信诗歌的能力——以及责任——的进一步理由，这个能力就是说出发生的事情、“可怜这星球”[①] 和“不关心诗歌”[②]。

这种对一门热切且专心致力于揭示事物本来样子的艺术的反复无常的性情，被生长于北爱尔兰的经验和与那个地方生活在一

① 出自洛厄尔诗句。

② 出自欧文诗句：“我尤其不关心诗歌。/ 我的题材是战争的可怜。/ 诗歌就在这可怜中。”

起的经验——尽管过去二十五年来我生活在那个地方之外——所巩固。世界上没有任何地方比它更自豪于它的警觉和现实主义，没有任何地方比它更自认有资格谴责任何修辞的夸饰或梦想的奢华。因此，部分地作为在成长中与这些态度共存并把这些态度内化的结果，我曾有很多年半回避半抵制诸如华莱士·史蒂文斯和赖内·马里亚·里尔克这样风格迥异的诗人的富丽和广阔；未能充分地相信埃米莉·狄金森那结晶质的内向性，所有那些联想的叉状闪电和裂缝；以及未能领会艾略特那幻象的陌生性。而这些多少有些怠慢的态度得到了拒绝给予诗人任何多于其他公民的破格的加固；进而受到必须在持续政治暴力和公众期待的处境中做一个有所作为的诗人的引诱。必须说，那与其说是公众对诗歌的期待，不如说是对各种互不赞成的团体以各种不同的方式赞成的政治立场的期待。

在这类环境中，心灵依然渴望憩息在萨缪尔·约翰逊曾经以极大自信宣称的“真理的稳定性”中，正如它认识它自身的运作和探索的不稳定本质。不需要接受理论指导，意识便迅速地明白到它是各种互相竞争的话语的场所。那个在卧室里同时聆听其爱尔兰家乡的日常习语和英国播音员的官方习语，又从两种习语背后接收到某种别的危难的信号的孩子，那个孩子已经是在接受训练，去迎接他未来的成年困境的种种复杂性，在那个未来中，他必须在各种伦理的、美学的、道德的、政治的、格律的、怀疑的、文化的、话题的、典型的、后殖民的不同敦促中作出裁决，而把所有这些综合起来考虑，根本就是不可能的。所以，我才在1970年代中期迁居另一座小屋，这一回是都柏林以南的威克洛郡，带着我自己的小家庭和一台略欠威仪的收音机，聆听树中的雨声和进一步靠近我家的爆炸事件的新闻——不只是爱尔兰共和军临时派在贝尔法斯特制造的爆炸，还有来自北方的亲英派准军事民兵在都柏林发动的同样残暴的袭击。当我阅读关于奥西普·曼德尔施塔姆在1930年代的命运的悲剧逻辑时，我便感到自己的困境微不足道，而当我听说譬如那位本性特别温和的校友因为被怀疑参与政治谋杀而未经审讯就遭拘留时，我便感到自己这非作战人员的地位受到挑战却又不受动摇。我渴望的并不完全是稳定，而是主动逃避相对主义的危险流沙，一种相信诗歌而又毋须焦虑或辩护的方式。我当时在一首叫作《暴露》的诗中写道：

要是我能够乘着流星而来！
可我却徒步穿过潮湿的树叶，
果皮，秋天疲乏的微风，

想象一个英雄
在某个有围墙的泥泞场子，
他的才华就像一颗石弹
为这个绝望者而飞旋。

我怎会变成这个样？
我经常想到我的朋友们
美丽棱镜般多彩的意见
和一些憎恨我的人的铁砧头脑

当我坐下来掂量又掂量
我那负责任的哀歌。
为啥？为耳朵？为人民？

为背后说的话？

雨透过桤木树滴下来，
它那有益的低声
嗫嚅着失望和腐蚀
然而每一滴都令人想起

钻石的绝对。
我既非拘留犯也非告密者；
一个内在流放者，留着长发
若有所思；一名绿林军

逃过了大屠杀，
利用树干和树皮
做保护色，感觉到
每一阵吹来的风；

他，吹大这些火花
取那微暖，错失了
一生只有一次的凶兆，
彗星那搏动的玫瑰。

在我那代人的学生中最著名的一首诗，一首可以说是把象征主义运动的营养物装在方便的胶囊里的诗中，美国诗人阿奇博尔德·麦克利什断言："一首诗应该等于／而不是真实。"作为一个道出诗歌那种讲出真理但斜斜地讲的能力的挑战性的声明，这是既有说服力又具有矫正作用的。然而有时候一种更深刻的需要会进入，这时候我们希望诗歌不只是令人愉快地正确而且是引人入胜地有智慧，不只是一支在世界表面上弹出的令人吃惊的变奏曲，而是对世界本身进行的重新调音。我们希望那种吃惊是及物的，如同不耐烦的猛拍竟出人意表地恢复电视机的画面，或电击使纤维性颤动的心脏恢复其正常的节律。我们希望列宁格勒监狱门口排长队的那位妇女所希望的，她站在那里，被冻得发紫，害怕地低语着，忍受着斯大林政权的恐怖，问诗人阿赫玛托娃，她能否描写这一切，她的艺术能否胜任这一切。这也是我在威克洛郡那远更受保护的环境中，在写作我刚才引述的那些诗行时同样体验到的需要，需要这样一种诗歌，它将无愧于我前面给出的诗歌的定义，也即作为一种“忠实于外部现实的冲击、敏感于诗人生命的内部规律”的秩序。

1968 年至 1974 年之间北爱尔兰发生的事情的外部现实和内部动力，乃是改变的征兆，应该说是剧烈改变才对，但不管怎样说都是改变，而对于生活在那里的少数派来说，改变是来得太晚了。它应该来得早些，作为 60 年代末街头抗议的发酵的结果才对，但事实并非如此，而一直都在孵化中的危险之蛋很快便破壳。虽然自己心中的基督教道德家被迫去谴责爱尔兰共和军爆炸和谋杀攻势的暴行本质，而自己心中的“纯粹的爱尔兰人”则被英国军队在诸如 1972 年德里郡“血腥星期日”之类的场合的残酷无情所震惊，但是自己心中的少数派公民，那个长大后意识到他所属的群体受到各种正式和非正式手段的不信任和歧视的人，这个公民的看法是与该局势的诗歌真理合为一体的，也即认识到如果北爱尔兰的生活真的要繁荣，就必须改变。但那个公民的看法也与这样一个真理合为一体，也即认识到新的可能性必须以信任为基础，而爱尔兰共和军为追求改变而实施的暴行手段则是对这种信任的破坏。

不过，在英国政府于 1974 年森宁代尔会议之后屈从于乌尔斯特亲英派工人的强制手段之前，一个好心好意的人仍然可以希望弄清楚环境，平衡有前景的东西与破坏性的东西，做 W. B. 叶芝在半世纪前曾试图做的事情，也即“在一个单独的思想中保住现实和公正”。然而，在 1974 年之后，在从那时至 1994 年 8 月停火的漫长二十年中，这样的希望被证明是不可能的。来自下面的暴力没有产生什么，除了产生来自上面的报复性暴力，公正之梦转而被纳入现实的麻木不仁，人们也渐渐习惯于历时四分之一世纪的生命浪费和精神浪费、愈来愈强硬的立场和愈来愈收窄的可能性，而这些都是政治团结、创伤性的痛苦和情感上的纯粹自我保护的自然结果。

北爱尔兰整个令人伤心的历史中最令人伤心的时刻之一，发生在 1976 年 1 月某个晚上，一辆载满下班回家的工人的小型巴士被一伙全副武装的蒙面男子劫持，在枪口威胁下，乘客被勒令在路边站成一列。接着，一名蒙面刽子手对他们说：“你们中间谁是天主教徒，站出来。”碰巧，这群人中除了一人之外，全都是新教徒，因此大家都以为这些蒙面男子是新教准军事民兵，准备对那个例外的天主教徒，那个被假设同情爱尔兰共和军及其一切行动的人实行以牙还牙的教派杀戮。这对他来说是一个恐怖时刻，被夹在惧怕与目击之间，但他还是移步站出来。当时，据说，在作出这个决定的瞬间，以及在冬天夜色的相对掩护下，他感到他身边那个新教徒工人的手拉了拉他的手，并捏了捏，暗示说，别动，我们不会出卖你，谁也不需要知道你信仰什么或属于哪个党派。

然而，这一切都是徒劳，因为那个男子从队列里站了出来；但是，并没有枪口顶着他的太阳穴，他反而是被推到一边，而枪手们则对留在队列里的人开火，因为这些枪手并非新教恐怖分子，而很可能是爱尔兰共和军临时派成员。

有时候很难压抑这样一种想法，觉得历史几乎就像屠宰场一样富有教益；觉得塔西佗说得对，和平无非是冷酷的权力作出决定性行动之后剩下的荒芜。例如，我记得我自己曾被自己的一个想法吓了一跳，这是关于我那位在20世纪70年代因被怀疑参与一宗政治谋杀而遭监禁的朋友：我当时觉得，即使罪名成立，他也许仍然是在帮助催生未来，打破种种压制形式，解放新的潜能，并且是以唯一可行的方式，也就是暴力的方式，因此暴力方式也就顺理成章变成正确的方式——而我被自己这个想法吓了一跳。这个时刻，仿佛是置身于星际寒冷中，令人想起那种不管是内在还是外在的可怕自然环境，在那种自然环境中，人类设想并安排他们的生活。但那只是一个瞬间。我们所寄望的未来的诞生，不用说，是在路边那个受惊的天主教徒的手被另一只手捏了一下时所感到的收缩中，而不是在紧接而来的枪火中，后者是如此绝对和如此荒芜，尽管这也是发生的事情的音乐必不可少的一部分。

作为作家和读者，作为罪人和公民，我们的现实主义和我们的美感使我们警惕，不敢轻易相信积极的音调。枪火激励我们，而这暴行则赋予它旨在引起另一方来对峙的努力以价值。我们对保罗·策兰诗歌中的扭曲怀着敬畏是对的，迷恋萨缪尔·贝克特那叹息的声音也是对的，因为这些都是证据，证明艺术可以随机应变，以某种方式成为纳粹大屠杀幸存者策兰的悲惨命运的必然结果，以及成为法国抵抗运动战士贝克特的庄重的英雄主义的必然结果。同样地，我们对在这些环境中给予太多安慰的东西表示怀疑也是对的；我们这 20 世纪末知识的极端性，把我们大部分文化遗产置于极端的考验中。只有非常愚蠢或非常贫乏的人才会不知道文明的记录是用血和泪写成的，这血和泪尽管遥远却依然真实。而当这种知识倾向与乌尔斯特、以色列、波斯尼亚、卢旺达和地球表面上众多其他伤疤的种种真实情况共存的时候，人们不仅会倾向于不相信人类本性有什么建设性的潜能，而且会倾向于不相信艺术作品中任何太积极的东西。

这就是为什么多年来我俯身于书桌前就如同某个僧人，某个尽职的敛心默祷者俯身于祈祷台前，集中精力深化他的理解，试图承受他分担的那一份世界的重量，并知道他自己不能胜任英雄式的美德或救赎的效果，而是受到他服从他的规则的限制，去重复那个努力和那个姿势。为了那微暖而吹大火花。忘记信仰，为善举而尽力。未能充分地专注于钻石的绝对，因为在钻石的绝对中重要的是被绝对地想象的东西的充足性。然后，终于快乐地，并且不是服从我故乡令人悲伤的环境而是不管这些环境，我挺直身子。我几年前开始尝试在我的推测和想象中为奇迹事物也为残忍事物创造空间。接下来我将再次尝试用一个来自爱尔兰的故事表达这种改变方向的含意。

这是关于另一个僧人的故事，他以忍耐的姿势英勇地撑住自己。故事说，很久以前圣凯文在格伦达洛河谷以十字架的姿态跪着伸开双臂，那是一个隐修地点，离我们在威克洛郡居住的地方不是太远，至今依然是爱尔兰树林最茂密、流水最充沛的静修地之一。不管怎样，当凯文跪着祈祷时，一只黑鸟误把他一只伸开的手当作某种栖息处，于是翩然落在上面，下了一窝蛋，进而在那上面筑巢，仿佛它是一根树枝。这时，他生起无限的怜悯，也受到他那关于爱一切无论大小的生物的信仰感召，于是保持静止不动几小时、几天几夜、几个星期，伸着他的手，直到鸟蛋孵化，羽毛初生的鸟儿长出翅膀，情真意切，尽管违背常理，处于自然进程与瞥见的理想之间的交叉点，同时是路标和提醒物。彰显了那种诗歌秩序，它忠实于一切智力中的饥渴和情感中的求索的秩序。一种我们终于可以朝着我们在成长过程中储备的东西长大成熟的秩序。

如我所说，圣凯文的故事是一个来自爱尔兰的故事。但我觉得，它也完全有可能是来自印度、非洲或北极或美洲。我这样说并不意味着只是为了把它交付给某种民间故事的类型学，或通过在某个多元文化脉络内质疑其受文化限制的地位来对其价值表示异议。相反，它的可信性和它的可流传性是与其本地背景息息相关的。事实上，这一整个概念反而使我觉得可作为另一个例子，说明几个星期前也就是在今年诺贝尔文学奖的消息宣布前的那个上午，我在斯巴达的小博物馆所见的那种作品。

这是源自一种与圣凯文所奉行的信仰非常不同的偶像崇拜的艺术。然而作品里描绘的是一只栖息的鸟、一头着迷的野兽和一个自我陶醉的男人，只不过这一回那个男人是俄耳甫斯，而陶醉则来自音乐而不是祈祷。作品本身是一座小型浮雕，使我忍不住要画一幅它的素描；但我同样忍不住要抄录打印在这件展览品所附的说明卡片上的信息。这个形象感动我，是因为它的古老和耐久，但卡片上的描述也感动我，则是因为它赋予我觉得自己在过去三十年来也一直在做的事情以名字和可信性："许愿板，"说明卡片写道，“可能是本地诗人设来向俄耳甫斯许愿的。希腊化时期的本地作品。”

再次，我希望我不是在感伤甚或盲目崇拜——如同我们学会说的——本地事物。相反，我希望表示，此时此际我乞灵的这类形象和故事确实起到价值承载体的作用。本世纪见证了通过武力击败纳粹；但是苏联政权的瓦解却主要是由这些故事和形象所崇奉的文化价值和心灵抵抗在强制性意识形态盲从底下的绝对坚持不懈引起的。即使我们学会理所当然地和深深地惧怕把任何民族的文化形式和保守主义抬高到规范的和排外主义的系统里，即使我们有可怕的证据证明种族和宗教传统的骄傲可能迅速沦为法西斯主义，我们在这点上的警惕也不应取代我们对本土本身美好事物的爱和信任。相反，对这样的美好事物之持久力和可流传性的信任，应鼓励我们去相信这样一个世界的可能性，那里对每一个传统的有效性的尊重将创造并维持一个良好的政治空间。虽然毁灭性和一而再的屠杀、暗杀和灭绝的行为继续发生，但是标志着巴勒斯坦人与以色列人、非洲人与南非白人之间新关系的那种显示巨大信念的行动，以及欧洲的围墙倒塌和铁幕打开的方式，所有这一切都激起一种希望，希望新的可能性也依然能在爱尔兰出现。那个问题的症结，涉及英国司法权与爱尔兰司法权之间对这个岛屿的一次进行中的分治，以及英国传统与爱尔兰传统之间对北爱尔兰的属性的一次同样持续存在的分治；但是这个地方每一个居民当然都一定会希望参与对它的管治的不同政府能够制定出某些制度，容许那种分治变成有点儿更像网球场的球网，有一条分界线，为灵活的互相让步、为交锋与竞争留下余地，预示一个未来，在那个未来中最初从令人精神爽朗的“敌人”和“盟友”

这类词语流出的活力的源头，最终仍能追溯至一种不那么二元和总的来说不那么具有约束性的词汇。

当诗人 W. B. 叶芝七十多年前站在这个讲台的时候，爱尔兰正从一场创伤性的内战的剧痛中摆脱出来，而那场内战又是紧接着一场与英国人打的独立战争而来的。那场紧接而来的内战是够短暂的：它是在 1923 年 5 月结束的，约七个月后叶芝便驶向斯德哥尔摩；但它是血腥、野蛮和亲密的，它将在未来几个世代强制规定爱尔兰二十六个独立郡范围内的政治条款，这二十六个独立郡是爱尔兰岛的一部分，最初被称为爱尔兰自由邦，继而被称为爱尔兰共和国。

叶芝在其诺贝尔奖演说中几乎没有提到那场内战或那场独立战争。没有谁比他更了解一种政治秩序的建设或破坏与文化生活的创立或毁灭之间的联系，但在这个场合他反而选择谈论爱尔兰戏剧运动。他的故事是关于那场运动的创作目标及其历史性的好运气，也即不仅得到他本人的天才的支持，而且得到他的朋友约翰·密林顿·辛格和奥古丝塔·格雷戈里夫人的天才的支持。他到瑞典来告诉全世界，诗人和戏剧家的本地工作给他的故乡和时代带来转变的重要性，不亚于游击队的伏击战；他在那篇情绪高昂的散文中的夸耀，与他十多年后以诗的形式在《重访市立美术馆》一诗中的夸耀基本上是相同的。在诗中，叶芝写到自己置身于颂扬近期历史事件和人物的肖像画与英雄故事画中间；突然间他意识到已经发生了某种真正划时代的事情："我说：'这不是 / 我青年时代那僵死的爱尔兰，而是 / 诗人们想象过的爱尔兰，可怕而欢快。'"该诗以他全部著作中被引用最多的其中两行结束：

想到人的光荣大多数在哪里开始和结束，

不能不说我的光荣是我有这样一些朋友。

然而，尽管这两行诗本身既广阔又令人振奋，它们仍是一个例子，说明诗歌如何繁荣自己而不是证明自己，它们是诗人的光荣圈[①]，而在这方面如果不是还有其他方面，它们类似于我在这个演说中所做的事情。事实上，我还应当代表我自己引述这首诗中的另一些话："你们，要评判我，别仅仅 / 评判这本或那本书。"不过，我反而要请你们做叶芝请他的读者做的，想想爱尔兰诗人、戏剧家和小说家在过去四十年间所达到的成就，我对他们中有些人是我伟大的朋友而感到自豪。在文学问题上，埃兹拉·庞德曾建议不要接受那些"自己没有写出值得注意的著作的人"的意见，而这是我有幸遵循的建议，因为正是值得注意的著作者——而且不只是我自己国家的著作者——的有益建议，自从三十多年前我在贝尔法斯特开始写作以来一直都在强化我的努力。

然而，叶芝绝不是那么夸张。本世纪为诗歌带来荣誉的，无论从哪个角度评价都必须包括他两个伟大的组诗《一九一九年》和《内战时期的沉思》，后者包含那首关于他窗边的鸟巢的著名抒情诗，那是一只椋鸟在旧墙裂缝里筑的窝巢。当时诗人住在一座诺曼式的塔楼里，该塔楼是爱尔兰早期军事历史的重要部分。当他的思绪转向文明的反讽——也即文明被暴烈而强大的征服者巩固，征服者到头来却委托艺术家和建筑师替其设计和建筑[②]——他便开始把看见母鸟给小鸟喂食的情景与蜜蜂的形象联系起来，那

---

① 指优胜者绕场一周。

② 指组诗《内战时期的沉思》中的第一首。

是一个深刻地根植于诗歌传统的意象，并且总是令人想起一个勤勉、和谐、关怀的政体的理想：

蜜蜂在房子松动的砖石
隙缝里筑巢，那儿
母鸟衔来幼虫和苍蝇。
我的墙在松动；来吧，蜜蜂，
来椋鸟的空屋里筑巢。

我们被包围，那钥匙转动
我们的无把握；某个地方
一个人被杀，或一座房子被烧，
然而辨认不出明显的事实：
来椋鸟的空屋里筑巢吧。

一道石头或木头路障；
约十四天内战；
昨晚他们在路上运送
那个满身是血的年轻死士兵：
来椋鸟的空屋里筑巢吧。

我们曾给这颗心喂食幻想，
这颗心在饲养中逐渐残暴；
更多的实质是在我们的仇恨里
而不是在我们的爱里；啊蜜蜂，
来椋鸟的空屋里筑巢吧。

在过去二十五年间，我在爱尔兰常常听到人们整首或部分朗读这首诗，而这并不奇怪，因为它对生命本身所持的仁慈态度就如同圣凯文，而对发生在生命内部和外部的事情的态度又坚强如荷马。它知道路边还会发生屠杀，知道小型巴士里的工人还会在下班后不久就被排成一列然后遭枪杀；但它也相信捏一捏手是一种现实，相信生物之间切切实实的同情和保护本能是一种现实。它满足了意识在极端危机时期所经历的矛盾的需要，一方面是需要讲真话，而这是困难又会遭惩罚的；另一方面是需要避免让那心灵冷酷到否认自己渴望甜蜜和信任的地步。它是一个证据，证明诗歌可以同时既是等于*又是*真实的，是那个俄罗斯妇女向安娜·阿赫玛托娃寻求的，以及差不多刚好是两百年前威廉·华兹华斯在一个相似的历史危机和个人沮丧时刻所写的那种完全能够胜任的诗歌的一个例子。

当游吟诗人得摩多科斯[1]吟唱特洛伊的沦陷和随之而来的屠城时，奥德修斯流泪了，而荷马说他的泪就像一个妻子在战场上为阵亡的丈夫所流的泪。荷马的史诗式明喻继续下去：

见到男人喘着气就快死在那里，
她滑下去搂着他，呼喊；
接着感到那些长矛在捅她的背和肩，
然后被绑走，遭受奴役和悲伤。
凄惨的哭泣消蚀她的脸颊：

① 腓依基国王阿尔基诺奥斯的宫廷乐师，见《奥德赛》卷八。

但并不比奥德赛的眼泪更凄惨，

此刻被掩饰起来，不被别人见到。

即便是三千年后的今天，当我们拿着电视遥控器对着这么多关于当代残暴事件的现场报道频繁换台，消息高度灵通却陷入日益麻木的危险，对旧新闻片里的集中营和古拉格熟悉得近于过度熟悉，荷马的形象也依然可以使我们恢复理智。落在那位妇女背上和肩上的那些矛柄的冷酷无情，是超越时间和翻译的。这个形象具有纪录片的适当性，呼应了我们所知道的关于难以忍受的一切。

但还有另一种适当性，它是抒情诗所独有的。这与刚才那段诗所建立的“我们听觉深处的庙宇”[①] 有关。这是一种源自曼德尔施塔姆所称的“言语发声的坚定性”、源自完全实现了的诗作所支持的决心和独立[②]的适当性。它在很大程度上与语言裂变和聚变所释放的能量有关，与节律、语调、韵脚和诗节所产生的浮力有关，如同它与诗作的关注点或诗人的可信度有关。事实上，在抒情诗中，可信度变得可辨认，如同诗歌这媒介本身内部一个真实的声音。正是对这个声调的永不止息的追求，一个在埃米莉·狄金森和保罗·策兰诗歌中被调校至其最极端并在约翰·济慈的诗歌中被编排至其最富丽的声调，正是这个声调使诗人的耳朵保持紧张，去聆听所有其他信息丰富的声音背后那个有绝对说服力的声音。

这也就是等于说，我从未完全从那个沙发扶手上爬下来。我也许已经懂得更专注于听新闻和更敏感于新闻背后的世界历史和世界苦难。但是我尽力贴近的那个播音员所讲述的东西，依然不

① 里尔克《献给俄耳甫斯的十四行诗》第一首中的诗句。

② “决心和独立”是华兹华斯一首诗的标题。

完全是对正在发生的事情的报道；它要比那报道更具本能反应，因为作为一个诗人，就这项努力是为了在一种音乐上令人满足的声音秩序赋予的稳定中憩息而言，我事实上是在某种程度上尽力贴近一种紧张。仿佛那涟漪在其扩散至最大时渴望通过它自身的某种重新形成而得到证明似的，渴望被拖入和拖出其起源点。

我也在我阅读的诗歌中尽力贴近这种紧张。例如，我在叶芝的“来椋鸟的空屋里筑巢”这个叠句的不断重复中找到它，连同其恳求语调，其“筑”（build）和“屋”（house）这两个词的力量的枢轴，其在“空”（empty）一词中对解体的承认。我还在由三音节押韵词“幻想”（fantasies）、“仇恨”（enmities）和“蜜蜂”（honey-bees）所维持的均衡的三角形力量中，以及在整首诗作为语言内部一个既定形式的绝对恰当性中找到它。诗歌形式既是船又是锚。它同时是浮力和牵制力，把心灵与身体中离心和向心的无论什么东西那同时发生的满足感考虑在内。而叶芝的作品正是通过这类手段去做必要的诗歌永远在做的事情，也即触及我们富有同情心的本性的根基，同时吸纳不断侵害本性的这个世界那没有同情心的现实。换句话说，诗作的形式对于诗歌的力量所要做的事情是至关重要的，而诗歌的力量所要做的事情常常并将永远给诗歌带来信誉：这力量说服我们意识中脆弱的部分相信它的正确，而不理会它周围处处可见的错误的证据；这力量提醒我们，使我们知道我们是价值的搜寻者和收集者，知道我们的孤独和痛苦是可信用的，只要孤独和痛苦也是我们这不折不扣的人类的一笔保证金。

希尼诗歌的背景和主题

历史背景

阅读希尼的诗歌，需要对发生于爱尔兰整个历史上的反抗压迫的斗争，尤其是12世纪以来的反抗斗争有所了解。

现代北爱尔兰脱胎自古老的乌尔斯特省，这个省总是与爱尔兰其他地区闹不和。在希尼的作品中，几乎没有出现过约两千年前那个神话的、传说的乌尔斯特时期。他可能是刻意回避诸如伟大战士库丘林和致命美人迪尔德丽这样的人物，因为他们已被W. B. 叶芝大量利用过了。与圣帕特里克有紧密联系的基督教，于5世纪抵达爱尔兰，并以其独特的凯尔特形式盛行。海盗袭击和殖民发生于8世纪至12世纪，现时一些北欧语地名依然见证了维京人的影响。在12世纪，诺曼—英国人作为军事盟友被邀请到爱尔兰，但军事战役发展成有计划地占领颇大部分的爱尔兰地区，包括乌尔斯特的各地区。英语被引入公众生活的诸多领域。

诺曼人侵占爱尔兰　在12世纪，诺曼人侵占爱尔兰部分地区，自此，英国（现在是联合王国）一直都在较大或较小程度上参与爱尔兰的管治。

在16世纪，乌尔斯特伟大的伯爵们——蒂龙伯爵休·奥尼尔、蒂尔康奈尔伯爵休·奥唐奈——领导一次起义，反抗伊丽莎白一世女王和她的国家。不幸地，他们原本预期西班牙盟友们的援助，但援助没有及时抵达，伯爵们只好投降。接着，便发生逃往欧洲大陆的“诸伯爵出逃”事件。英王室把乌尔斯特视为一个危险地方，而当詹姆斯一世登基时，他宣布把伯爵们的大片土地拥为己有，并让英国子民来殖民这些地区。历史上，这是英国人建立他们对北爱尔兰六郡的所有权的时期，尽管这些地区与今日成为联合王国一部分的六郡并非完全相同。

奥利弗·克伦威尔 17世纪在爱尔兰历史上是一个多灾多难的世纪。英国感到它在爱尔兰的权威受到削弱。天主教徒处于强势地位，原因是信奉天主教的西班牙帝国崛起，还有梵蒂冈的力量。奥利弗·克伦威尔准备摧毁天主教徒的力量，后来每逢爱尔兰历史上这个时期被提及，他的名字亦变成野蛮的同义词。当他抵达德罗赫达时，他造成三千名天主教徒死亡；当他袭击韦克斯福德时，他造成更多人死亡。后来，他把爱尔兰的土地奖赏给那些追随他的事业的人。

博恩之役 当詹姆斯二世登基时，潮流曾短暂逆转，有利于天主教徒。天主教徒蒂尔康奈尔伯爵被任命为总督，并立即着手把新教徒从军队里清除出去。接着他通过支持英国的詹姆斯二世来削弱军队。正是在这个时候，种下了北爱尔兰今日动乱的祸根。北方不满的新教徒从荷兰请来奥兰治的威廉来帮助他们的事业。当威廉成为英国国王时，新教徒便得到一个强有力的后盾。奥兰治的威廉在1690年的博恩之役中击败詹姆斯二世。这次胜利使新教徒拥有他们统治爱尔兰所需的权力。天主教徒如今被剥夺了投票权，甚至自己的土地权。最终，天主教徒的深刻不满，事实上还有某些新教徒和长老派教徒的不满，导致了“联合爱尔兰人”的建立。他们在阿马与新教徒统治者打了一仗，但失败了。这之后“奥兰治会”便应运而生，该会的目标是确保新教徒永远占上风，支配天主教徒。

醋山之役 还有过几场战役，但反抗者的组织都很差。醋山之役是反抗者最惨重和最血腥的失败。1798 年 5 月，有两万人死亡。法治几乎完全崩溃，而这鼓励当局起草《联合法案》，把英国政府与爱尔兰政府联合起来。当法案于 1800 年通过时，很多反对联合的大地主迁往英国，并允许他们的管理者管理他们的产业。

饥荒 在 1840 年代期间，爱尔兰遭受历史上最大的一次灾难。大多数人靠马铃薯为生，而当那里发生了连续三年的歉收时，饥荒便在整个土地上扩散。在 1840 年代后期，有超过一百万人死亡，更多人移民美国。这些所谓的“棺材船”造成甚至更多人死亡。爱尔兰人口在短短几年间减半。

威廉·格拉斯通相信，要解决爱尔兰问题，就必须建立地方自治。在整个 19 世纪和 20 世纪初，新教徒都反对地方自治这个理念，因为他们觉得这将是新教徒优势的终结。有两个反抗团体建立起来。“乌尔斯特志愿军”是一支致力于新教徒事业的力量，而民族主义者则建立他们自己的“爱尔兰志愿军”。后一个团体宣称自己致力于保护，但是另一个民族主义组织“爱尔兰共和兄弟会”在 1916 年复活节占领了邮政总局并宣布成立爱尔兰共和国。兄弟会很快投降，其中十二位领袖被处死。这些处决引起巨大的同情，大部分天主教徒现在都支持这些反抗者。

分割 1920 年爆发内战，英国政府无力创造任何稳定。同年，提出分割。北方和南方将有各自的议会。这在当时被视为一种临时方案，但最终边境被清楚界定下来。这个国家现在被一分为二，北爱尔兰六郡和南爱尔兰二十六郡。这个安排在 1949 年被永久化，当时联合王国向北爱尔兰保证，分割是英国宪法的一部分。在

1950 年代和 1960 年代期间，北爱尔兰对天主教徒的歧视非常猖獗。很多天主教徒被剥夺工作机会或财产拥有权。很多人还被剥夺了投票权，因此天主教徒几乎没有任何在议会拥有显著代表权的可能性。

民权 1967 年，“北方民权协会”创建，旨在协助处理这类不公正。1968 年 11 月，民权游行者在德里与警察发生冲突。皇家北爱尔兰警察用警棍袭击很多游行者。毫无疑问，这导致了第二年的动乱，贝尔法斯特发生一系列爆炸和死亡事件。1969 年，英军被抽调到北爱尔兰，并继续驻留在那里。爆炸、枪击和杀人事件此后持续不绝，尽管偶尔停火，但是地平线上似乎看不到永久的解决方案。直到 1994 年，才实现试探性停火。1998 年，联合派（统一派）与民族主义者终于签署和平协议《贝尔法斯特协议》，或称《耶稣受难节协议》。

个人背景

谢默斯・希尼 1939 年 4 月 13 日生于北爱尔兰德里郡家族农场摩斯巴恩。父亲帕特里克・希尼，母亲玛格丽特・凯瑟琳。希尼是家中九个兄弟姐妹中的长子，其中一位弟弟在交通事故中死亡，他后来写了《期中假》纪念这位弟弟。他父亲是一个农民，因此他少年时代都是在农场度过的。他很多诗歌的原材料都取自这个农场和农场周围的乡村。希尼本人尽管赞赏父亲和祖父的技能和献身（见《跟随者》和《挖掘》），却不希望自己追随先辈的家族传统。

他入读阿纳霍里什小学（见同名诗），这是一所天主教徒和新教徒儿童“混合”上学的学校。校长伯纳德・墨菲，被希尼写进组诗《斯泰逊岛》第五首。《北爱尔兰教育法案》使贫困家庭的孩子得以接受高等教育；它使希尼能够获得奖学金入读德里郡的圣科勒姆学院。从1951年至1957年，他都是圣科勒姆的寄宿生。他在这里认识后来的诗人和批评家谢默斯·迪恩。他以英语、拉丁语、爱尔兰语、法语和数学均为一等的成绩通过高级考试，并获"国家奖学金"入读贝尔法斯特的女王大学。他在大学获得英国语言和文学一等荣誉学士学位，并获得麦克马伦学术成就奖。他最早的诗发表在大学杂志上，笔名"Incertus"，意为没有把握。

大学毕业后，希尼往圣约瑟夫技术学院进修，获取教师培训学位。1962年，他任教于贝尔法斯特的圣托马斯中学。校长迈克尔·麦克拉弗蒂是一位小说家，他后来被希尼写进《歌唱学校》。希尼开始阅读帕特里克·卡瓦纳的诗，并利用业余时间在女王大学读非全日制研究生。1963年至1966年，他任教于圣约瑟夫教育学院。这个时候，他受到菲利普·霍布斯鲍恩的巨大影响，后者召集了一群志趣相投的年轻人，阅读诗歌和讨论文学。在贝尔法斯特，希尼邂逅未来的妻子玛丽·德夫林。在这个时期，他开始发展成为一个诗人。他有不少诗发表于《新政治家》和其他伦敦刊物。他于1965年与玛丽结婚，有两个儿子迈克尔和克里斯托弗，以及一个女儿凯瑟琳·安。

希尼的第一本诗集《一个自然主义者之死》出版于1966年，当时他27岁，是女王大学的讲师。第二本诗集《进入黑暗之门》出版于1969年。这一年，天主教徒举行民权游行，与国家警察对峙。8月，英军进入贝尔法斯特和德里郡（《歌唱学校》有写及此）。当年夏天希尼刚好在欧洲游历两个月，履行毛姆奖的义务。1970年至1971年，他赴美国，担任伯克利加州大学客座教授。他阅读加里·施耐德和罗伯特·勃莱等人的诗，他们的自由诗对他出版于 1972 年的下一本诗集《熬过冬季》产生了一定的影响。

1971 年，北爱尔兰准许未经审讯对疑犯进行扣留。1972 年 1 月 30 日，德里郡发生“血腥星期日”（这个称号，是沿用 1920 年 11 月 21 日的“血腥星期日”，当时爱尔兰共和军在都柏林杀死十一名英军，报复英军在都柏林一场足球比赛期间枪杀二十一名观众）。来自英军的伞兵打死十三名手无寸铁的民权游行者，打伤十二人。希尼 1972 年参与在纽里的抗议游行，并在组诗《三件组》第三首诗中写到这件事。同年，希尼和家人迁往爱尔兰共和国威克洛郡阿什福德附近的格兰莫尔小屋。它是爱尔兰剧作家辛格庄园的前看门人的小屋，由辛格书信编辑安妮·萨德尔迈耶教授租给希尼一家。数年后，希尼买下了该小屋。同年，《熬过冬季》出版。也是在格兰莫尔，他开始翻译《斯威尼的疯狂》，英译名《斯威尼失常》。这个译本直到 1983 年才出版。

1975 年诗集《北方》出版。1976 年，希尼担任里加斯福特技术培训学院英语系主任。这个时候他结识了来爱尔兰度假的美国诗人罗伯特·洛厄尔。1976 年，希尼一家迁居都柏林，住在桑迪芒特沙滩附近。1979 年诗集《田间耕作》出版。希尼再赴美国，担任一学期的哈佛大学客座教授。1980 年散文和随笔集《专心思考》出版。

1980 年至 1981 年，十名爱尔兰共和军囚犯在绝食抗议中死去。他们是抗议自己被当成罪犯，要求获得政治犯待遇。其中一人（无名）出现在《斯泰逊岛》第九首，可能是弗兰西斯·休斯·贝拉希。在《斯泰逊岛》中写到的其他死于教派冲突的人，还包括希尼的表弟科拉姆·麦卡特尼（第八首）和希尼的朋友威廉·斯特拉森（第七首），后者是教派冲突的受害者，遭两名下班警员枪杀。

1982 年希尼成为哈佛大学驻校诗人，每年教一学期，内容包括创作课和英国现代诗及爱尔兰现代诗课。1984 年诗集《斯泰逊岛》出版，同年担任哈佛大学博伊尔斯顿修辞与雄辩术教授。母亲逝世，希尼在组诗《清理》中纪念她。1986 年，父亲逝世，希尼在《石头裁决》一诗中纪念他。1987 年，诗集《山楂灯笼》出版。1988 年，评论集《舌头的管辖》出版。1989 年，出任为期五年的牛津大学诗歌教授，每年发表三篇演讲。同年，《写作的地点》（理查德·埃尔曼讲座）出版。1991 年，诗集《幻视》出版。

1994 年，北爱尔兰实现试探性停火，希尼在《图伦》一诗中有写及此。1995 年，希尼获诺贝尔文学奖。同年，《诗歌的纠正》（牛津讲座）出版。1996 年，诗集《酒精水准仪》出版。希尼辞去哈佛大学博伊尔斯顿教授职位，担任爱默生驻校诗人，以非教师身份每两年秋天访问哈佛大学一次，为期六周。1998 年，大型诗选集《开垦地：诗选 1966—1996》出版。

关于希尼的个人背景和文学背景，最详细和可靠的，莫过于他的随笔集《发现者，保管者》中第一辑多篇自传性文章（按：这部随笔集的中译本由浙江文艺出版社出版）。

主题

对其成长的地方和人民的忠诚　虽然希尼旅行世界各地，并在不同地方度过相当长的时期，但是他的诗歌重心维持不变。他对他成长的北爱尔兰的地点、人物和本土归属感始终有一份忠诚。作为一位诗人，他继续留在他的本土，并使它为人所知晓。在爱尔兰盖尔语中，有一个漫长的诗歌传统，称为“地方通”，这是一些关于命名各个地方和对它们的依恋的诗。每个地方都有其独特历史，而希尼在最早的作品中就已开始探索和展示各个地方，以及各个地方的习俗，在这些诗中，与本土各个地方和习俗的亲密性成了重要主题。从《山楂灯笼》开始，对本土的执着逐渐减少，仿佛他已承认启示或归属感并不一定要依赖童年记忆。然而，他仍继续表明他从这些地方获益良多，清楚任何通过熟悉而变得独特的地方都可以进行考古式的挖掘，揭示其多层次或多地层的经验。

同样地，他在早期作品中觉得有必要记录“他的”乡亲们的生活中的某种东西，尤其是老一辈乡亲的技能和日常劳作，这些人的生活方式和工作方式已经日渐式微。农场、盖茅屋顶、卜水、用马耕田、抓鳗鱼、打铁、音乐中的口头传统等运作过程，全都生动地出现在希尼诗歌中。他还在各种技艺中，找到了与他的诗歌技艺平行的元素。他的遗产中的重要部分，显然是他自己的家庭。父母和亲戚贯穿于他的诗歌。他们的活动、愿望、失望、关系甚至死亡，都使得诗歌的发明牢牢建立在某种可靠而明显的真实性上。

童年　童年在希尼作品中以三种不同的方式出现：回忆他的成长的诗；与他自己的子女的童年有关的诗；以童真方式对不同处境作出反应的诗。在第一本诗集《一个自然主义者之死》中，很多诗描写来自早年的事件，直接地传递童年经验的希望与恐惧、快乐与痛苦以及朝着成年成长的感觉。在这些诗中，还有一种焦距放大和所有感官处于警惕状态的感觉。语言虽然不是童真的，角度却是。如同在华兹华斯的诗中，这个少年探索自然世界，常常把自己视为闯入者，对这个闯入者大自然也许会寻求报复。

自己成为父亲，也使希尼有机会以间接方式体验某些童年处境。

童年的大胆和发现成为希尼很多诗的基础，并为那种想超越已知事物去接触新事物的冲动提供了意象。诗集《幻视》便收录了特别多这类诗作。具体事物常常是超越事物自身的起点。儿童的心灵往往较少受物理定律的各种限制的约束。

颂扬 从童年起，希尼就明显缺少痛苦或积怨，而他常常是以“其中一个崇敬者”的面目出现。物件、自然世界的进程、爱、人民、制作的技艺、语言本身，都获得了一种诱人和欣赏的反应。他坦承：“我等待着，直到我年近五十 / 才相信奇迹。”但他的诗歌总是颂扬世界的愉悦，“事物都完全建立在自己的形状上”。简单的物件往往具有象征意义。此外，他对愉悦感官的种种感觉的爱好，也生动地反映在他丰富的语言中。虽然他在阅读世界时没有做宗教或神学的解释，但是诗中仍存在着一种精神性，它穿过愉悦感官的事物，伸向更广大的理解。

历史 虽然如果把希尼形容为具有浓厚历史意识的诗人，将是误导的，但是他诗歌中确实有强烈的过去的色彩。在大多数情况下，过去要么是爱尔兰的过去，要么是与爱尔兰有关的过去。他着迷于历史的地层，着迷于社会某一阶段如何源自或建基于一个更早的阶段，以及人类文化如何看似如此经常地重复自身。

不过，普通的历史事件和人物也确实偶尔出现过，主要是出现在爱尔兰历史的重要时刻。大约是 5 世纪至 10 世纪这个时期，也即凯尔特的隐修基督教取代了自然崇拜和德鲁伊特教的时期，成为希尼一批诗的灵感，包括他翻译的《斯威尼失常》。斯威尼的诗意流放和分裂的忠诚吸引了希尼，他还利用斯威尼的视角创作了一系列诗，来反映各种问题。

8 世纪和 9 世纪的海盗袭击和殖民，严重地干扰隐修社团，并给爱尔兰历史引入新元素。对希尼来说，维京人已成为爱尔兰性的一部分，既暴烈又活力充沛，是隐修式静谧的对立面，但有他们自己猛烈的仪式。在接下去的几个世纪中，相似但更彻底和齐心协力的暴力见诸诺曼人，然后是英国人，然后是英国对爱尔兰的侵占。17 世纪的种植园被以一般的方式加以表现，没有特别的本地指涉或苦涩。同样地，聚焦于后来的事件的几首诗，虽然生动而痛苦，但并不是从任何明显的党派立场对爱尔兰历史进行系统性的解读。

道德和政治　希尼诗歌提出两个不同但互相关联的问题。第一，从道德上讲，什么是好生活？第二，他应如何讲述和描写他周围世界的痛苦、残忍和不公正？除了个别例外，道德和政治问题在最初三本诗集中并不是处于显著地位。在第三本诗集《熬过冬季》中，发生明显转变，但要等到第四本诗集《北方》，道德和政治问题才在希尼诗歌中处于中心位置。这时候，北爱尔兰的暴力处于高潮，希尼和家人已迁往南方，责任和选择是不可避免的。1980 年代的三本诗集《田间耕作》《斯泰逊岛》和《山楂灯笼》很大程度上被这些责任和选择占据着。1990 年代初的《幻视》显示情绪的某种放松，不过即使是这本欢快的诗集也是以两首描写下冥府的译诗作为基础结构的。《酒精水准仪》则是平衡的，既非绝对欢快也非全神贯注于沉重的道德负担。

第一个问题也即“好生活”的问题，在希尼诗歌中始终都有思考和再思考。它与前面提到的一些元素都有颇大联系：对其成长的地方和人民的忠诚、对一系列不同经验的欣赏、明智地意识到历史的形成方式、个人感觉的相对性但同时也有对各种不同处境的分享。教育、旅行、工作、宗教、艺术，全都提供了某种可能性，但在这些之中没有一样是希尼专挑出来表达他关于好生活的看法的。事实上，虽然有对人民的极大欣赏，对父母的深情描写，以及爱情诗，但是却瞩目地缺乏英雄。技能受到尊敬，《伤亡人员》中渔民的独立性得到认可，但很难找到一个堪作模范的人物。两个可作为例外的人物，其重要性更多在于他们的普通性。《斯泰逊岛》第七首中的店主被形容为是“完美、整洁、不可想象的受害者”，但是希尼主要记得他是一个足球运动员和“四肢魁伟、得体”的人。在其全部诗歌中被挑出来赞美的人，是《继续撑下去》中他的弟弟休。即使在这里，休也是作为 个有趣和有“好耐力”的人物，而不是一个圣徒或战士。在残暴和即时解决的时代，“继续撑下去”是某种英雄主义，“但你（休）不能使死人走路或洗刷冤屈”。在《山楂灯笼》一诗中，那颗山楂果蔑视冬天，提供了“为小人物点的小灯盏”。希尼说到保持“不让那自尊的灯芯熄灭”而非照亮。他进而从另一个角度看那颗山楂果，把它与希腊犬儒派哲学家第欧根尼比较，后者据说在雅典街道上行走，在光天化日之下提着一个灯笼，宣称要寻找一个正人君子。这首诗反过来道出了希尼自己诗歌中没有正人君子的原因。

第二个问题牵涉希尼对尤其是北爱尔兰的政治斗争和暴力的反应。他一直都对他的罗马天主教、民族主义社区的成长背景直言不讳。虽然他积极参与20世纪60年代末的民权运动，但是他从未公开认可某个政党，并且他本人并非虔诚的天主教徒。他曾被某些联合派（统一派）诬为共和派的辩护人，又被共和派斥为民族主义叛徒。这位诗人作为一个人，显然在这很多年间经历了义愤、同情、仇恨、希望、恐惧、绝望、兴奋、恐怖、忧虑、无能、宽恕、谅解、难以理解；而这样一些情绪也都出现在他的诗歌中。作为诗人，他曾努力写关于这些事件和他本人对这些事件的反应的好诗。这些诗的特色，包括：从神话和历史事例来隐喻当代；面对暴力的恐怖；良心和自我审问；保持距离以便看到更大的画面；道德寓意。

写作和语言 从早期最著名的《挖掘》开始，希尼有很多诗都指涉写作。他很早就意识到诗歌能够成为一种非常强大的力量，但他也清楚诗歌不一定会改变任何事情。历史困境要求诗人“寻找”并“赢得”现实——通过诸多意象（局部隐喻），通过诸多象征（整首诗的象征结构），这诸多意象和象征中没有一个可以单独拥有时空或想象力的相称性去描写公共或私人的历史。这就是为什么每一首诗都只能成为众多踏脚石之一，每一首诗都只能指向——而不是达到——“一个”真理。与此同时，在忠实于其题材、其感觉和其象征形式时，诗人没有忘记那适合于抒情诗的丰富的语言肌理。（综合自戴利、麦克雷、文德勒）

参考资料

希尼诗歌的研究著作和文章非常丰富，这里只列出本书引用过的著作和文章，包括希尼的著作和文章。

艾利森

Jonathan Allison，“The Erotics of Seamus Heaney's Joyce”，*Colby Quarterly*，Volume 30，Issue 1，March 1994.

安德鲁斯

Elmer Andrews，ed.，*The Poetry of Seamus Heaney*. 1998.

奥格

Andrew J. Auge，*A Chastened Communion：Modern Irish Poetry and Catholicism*. 2013.

贝内特

Andrew Bennett，*Ignorance：Literature and Agnoiology*. 2015.

布鲁姆

Harold Bloom，ed.，*Seamus Heaney*. 2009.

卡瓦纳

Michael Cavanagh，*Professing Poetry：Seamus Heaney's Poetics*. 2009.

科林斯

Floyd Collins, *Seamus Heaney*: *The Crisis of Identity*. 2003.

科科伦

Neil Corcoran, *The Poetry of Seamus Heaney*: *A Critical Study*. 1998.

克劳德和霍尔

Ashby Bland Crowder and Jason David Hall, ed., *Seamus Heaney*: *Poet*, *Critic*, *Translator*. 2007.

柯蒂斯

Tony Curtis, ed., *The Art of Seamus Heaney*. 1994.

戴利

Shay Daly, *Seamus Heaney*: *Selected Poems* (*York Notes*). 2000.

迪尤斯纳普

Terence Dewsnap, *Island of Daemons*: *The Lough Derg Pilgrimage and the Poets Patrick Kavanagh*, *Denis Devlin*, *and Seamus Heaney*. 2008.

法贝特

David Fawbert, "Connecting with Seamus Heaney", Website: http://fawbie.com/

弗林

Peter Flynn, *A Woman of Old Wet Leaves*: *Voice and Identity in Seamus Heaney's Wintering Out*. 2000.

福斯特

J. W. Foster, *The Achievement of Seamus Heaney*. 1995.

福利

Andrew Foley, "Befitting Emblems of Adversity: The Bog Poems of Seamus Heaney", *English Studies in Africa*, Volume 41, Issue 1, 1988.

富马加利

Maria Cristina Fumagalli, *The Flight of the Vernacular: Seamus Heaney, Derek Walcott and the Impress of Dante*. 2001.

加特雷尔

Simon Gatrell, "In Step With What Escaped Me: Millennial Reflections on Seamus Heaney's Seeing Things", *The South Carolina Review*, No. 133, 1999.

格洛布

Peter Vilhelm Glob, *The Bog People: Iron-Age Man Preserved*. 1973.

古德拜

John Goodby, *Irish Poetry Since 1950: From Stillness Into History*. 2000.

吉特

Malcolm Guite, *Faith, Hope and Poetry: Theology and Poetic Imagination*. 2012.

希尼

Seamus Heaney, "1972", in "Belfast", *Preoccupations: Selected Prose 1968—1978*. 1980.

Seamus Heaney, "Feeling Into Words", *Preoccupations: Selected Prose*

1968—1978.

Seamus Heaney, "The Sense of Place", *Preoccupations: Selected Prose 1968—1978*.

Seamus Heaney, "The Interesting Case of Nero, Chekhov's Cognac and a Knocker", *The Government of the Tongue*. 1988.

Seamus Heaney, *The Place of Writing*. 1989.

Seamus Heaney, "Sixth Sense, Seventh Heaven", *The Dublin Review*, Issue No. 8, Autumn 2002.

Seamus Heaney, "Human Rights, Poetic Redress", *Irish Times*, March 15, 2008.

Seamus Heaney, "Something to Write Home About", *Finders Keepers: Selected Prose* 1971—2001. 2002.

Seamus Heaney, "Burns's Art Speech", *Finders Keepers: Selected Prose* 1971—2001.

Seamus Heaney, "The Mud Vision", *The Irish Times*, Sept 28, 2013.

Dennis O'Driscoll, *Stepping Stone: Interviews with Seamus Heaney*. 2008.

赫夫斯塔德

Jonathan Hufstader, *Tongue of Water, Teeth of Stone: Northern Irish Poetry and Social Violence*. 1999.

詹姆斯

Stephen James, *Shades of Authority: The Poetry of Lowell, Hill and Heaney*. 2007.

克里根

John Kerrigan, "Hand and Foot", *London Review of Books*, 27 May 1999.

基尔施

Adam Kirsch, "Seamus Heaney: Digging with the Pen", *Harvard Magazine*, November-December 2006.

克拉茨

Maren Gisa Kratz, *O poet guiding me: Dante and Contemporary Irish Poetry*. 2012.

劳埃德

David Loyd, "Seamus Heaney's Field Work", *Ariel: A Review of Interrational English Litevtatcne*, Volume 12 / No. 2, A pril 1981, The University of Calgary.

林奇、费舍尔、科茨

Patricia A. Lynch, Joachim Fischer, Brian Coates, ed., *Back to the Present, Forward to the Past: Irish Writing and History since* 1798. 2006.

马洛伊和凯里

Catharine Malloy and Phyllis Carey, ed., *Seamus Heaney: The Shaping Spirit*. 1996.

麦克雷

Alasdair Macrae, *Seamus Heaney: Selected Poems from Opened Ground* (*York Notes Advanced*). 1998.

麦克锡

Conor McCarthy, *Seamus Heaney and Medieval Poetry*. 2008.

麦卡蒂

Willard McCarty，“Steaming Down the Sunlight”，*English Language and Literature Studies*，Vol. 4，No. 4；2014.

麦吉尼斯

Arthur E. McGuinness，*Seamus Heaney*：Poet and Critic. 1994.

墨菲

Andrew Murphy，*Seamus Heaney*，Second Edition. 2000.

阿尔科比亚—墨菲

Shane Alcobia-Murphy，*Governing the Tongue in Northern Ireland*：*The Place of Art / The Art of Place*. 2005.

诺尔丁

Irene Gilsenan Nordin，*Crediting Marvels in Seamus Heaney's Seeing Things*. 1999.

奥布赖恩

Peggy O'Brien，*Writing Lough Derg*：*From William Carleton to Seamus Heaney*. 2006.

奥多诺休

Bernard O'Donoghue，ed.，*The Cambridge Companion to Seamus Heaney*. 2008.

奥利里

Timothy O'Leary，*Foucault and Fiction*：*The Experience Book*. 2011.

帕克

Michael Parker，*Seamus Heaney：The Making of the Poet*. 1993.

佩斯特尔

Ben Pestell，Pietra Palazzolo，Leon Burnett，ed.，*Translating Myth*. 2016.

皮科特

Edward Picot，*Outcasts from Eden：Ideas of Landscape in British Poetry Since 1945*. 1997.

波茨

Donna L. Potts，*Contemporary Irish Poetry and the Pastoral Tradition*. 2012.

鲁滨逊

Alan Robinson，*Instabilities in Contemporary British Poetry*. 1988.

史密斯

Stan Smith，*Irish Poetry and the Construction of Modern Identity：Ireland Between Fantasy and History*. 2005.

坦普林

Ronald Tamplin，*Seamus Heaney*. 1989.

蒂林哈斯特

Richard Tillinghast，“Poems Into Plowshares”，*New York Times Books*，July 21，1996.

托宾

Daniel Tobin，*The Passage to the Center：Imagination and the Sacred in the Poetry of Seamus Heaney*. 1996.

泰勒

Meg Tyler，*A Singing Contest：Conventions of Sound in the Poetry of Seamus Heaney*. 2013.

文德勒

Helen Vendler，*Seamus Heaney*. 2000.

文德勒〔B〕

Helen Vendler，*Breaking of Style：Hopkins，Heaney，Graham*. 1995.

文德勒〔M〕

Helen Vendler，*The Music of What Happens：Poems，Poets，Critics*. 1988.

文德勒〔O〕

Helen Vendler，*The Ocean，the Bird，and the Scholar*. 2015.

文德勒〔S〕

Helen Vendler，*Soul Says：On Recent Poetry*. 1995.

沃尔

Richard Wall，“A Dialect Glossary for Seamus Heaney's Works”，*Irish University Review*，Vol. 28，No. 1，Spring-Summer，1998.

译后记

将近二十年前，在海外办杂志的朋友想做一个希尼的专辑，并去哈佛大学采访希尼，顺便买了一本刚出版的英文版《开垦地：诗选 1966—1996》（以下简称《开垦地》）让希尼签名送我，大概还介绍了我翻译希尼诗歌和文论的情况。于是我便有了手头这部精装本的《开垦地》和扉页上希尼一句显然经过斟酌的题词，译成汉语是："给犁过开垦地的黄灿然。"日期是 1998 年 10 月 28 日。

说实话，在此后的十多年间，每当我阅读或翻译希尼这部诗选里的诗，我并没有去留意希尼的签名，也没有跟别人提过，因为我对签名本之类的，一点也不感兴趣。但是，自从我四年前承担了希尼这部诗选的翻译以来，我却有好几次对着这扉页上的题词沉思起来。我从来没想过要有系统或大规模地翻译希尼的诗，因为我深知其高难度。几年前就有出版社来问我是否愿意译一本希尼，我也没敢答应。可是，冥冥之中，希尼的题词竟然像预言应验：我最终还是把《开垦地》从头到尾犁了个遍！我以前不敢贸然承担希尼诗集的翻译，除了难度之外，更因为我当时尚有一份全职的夜班工作，时间有限，不像现在，迁居深圳洞背村，专职做翻译。我倒想过要比较有系统和大规模地翻译希尼的文论，并于几年前向浙江文艺出版社推荐了希尼的文论选集《发现者，保管者》——碰巧，由我承担中译的这部文选，几乎与《开垦地》中译同步出版。两部书加起来将近 1300 页，是我迁居洞背村三年多来的主要工作成果。

在上世纪 90 年代，正当我雄心勃勃发展自己的诗艺的时候，布罗茨基、希尼和沃尔科特是我的当代偶像，他们的诗和文论以及他们的诗和文论背后透露的对语言、传统、道德和美学等方面的考量，都是我密切注意和暗中学习的榜样。我也利用我作为职业翻译的方便，介绍他们的作品。继两年前把布罗茨基的《小于一》全译本呈献给中国读者之后，如今又能够较全面地把希尼的诗和诗论中译本呈现给读者，这是我是深感欣慰的。

在此特别感谢我的微信公众号“黄灿然小站”的执编郑春娇，她先后替我做了希尼文选和诗选的初校。还要感谢希尼诗选的编辑们，他们是我遇见的最认真的编辑，认真得有时候“帮倒忙”。譬如说希尼诗中个别用语，并非其字面意义，编辑根据字面意义要求我修改，可是我在翻译过程中查阅过的资料，都已经归还图书馆，而从英文谷歌上查阅的资料，又因为最近翻墙软件在中国大陆遭禁止而难以再查阅，导致我在重新核实时困难重重。好在我当初翻译和查阅资料的过程中，预计到郑春娇和编辑可能会提出质疑，所以把专家们对某些容易引起误会的用词的解释顺便摘录下来，附在我的初稿里，方便重新查阅。

希尼的诗，不仅诗本身难译，而且一首诗、一个句子如果不查阅相关研究著作，随时有可能误解。因此，我沿用并深化我翻译《曼德尔施塔姆诗选》时初步尝试的方法，采集研究者们和希尼本人对希尼诗集、诗作的评论和解释，还编译了一篇《希尼诗歌的背景和主题》，供读者参考。希尼诗作研究网站“联系谢默斯·希尼”的创办人戴维·法贝特先生就我提出的希尼诗作中的若干疑难作出及时的解答，在此表示衷心的感谢。

译　者

2017 年 11 月 17 日，洞背村

图书在版编目（CIP）数据

开垦地：诗选：1966—1996：全 2 册 /（爱尔兰）谢默斯·希尼著；黄灿然译.—南宁：广西人民出版社，2018.3
（希尼系列）
ISBN 978-7-219-10355-5

Ⅰ.①开… Ⅱ.①谢… ②黄… Ⅲ.①诗集—爱尔兰—现代 Ⅳ.①I562.25

中国版本图书馆CIP数据核字（2017）第 212112 号

桂图登字：20－2014－156

开垦地：诗选 1966—1996（上、下）
［爱尔兰］谢默斯·希尼 / 著　黄灿然 / 译

出 版 人　温六零
监　　制　白竹林
责任编辑　吴小龙　许晓琰
责任校对　张莉聆
整体设计　刘　凛
印前制作　麦林书装

出版发行　广西人民出版社
社　　址　广西南宁市桂春路 6 号
邮　　编　530028
印　　刷　恒美印务（广州）有限公司
开　　本　880mm×1230mm　1/32
印　　张　22.5
字　　数　544 千字
版　　次　2018 年 3 月　第 1 版
印　　次　2018 年 3 月　第 1 次印刷
书　　号　ISBN 978-7-219-10355-5
定　　价　118.00 元（上、下）